KB189443

부처님 말씀의

'오리지널 사운드 트랙'

초기경전 공부의

필독서

일러두기

1. 초기경전의 범주에 빨리어 5부 니까야와 한역 4부 아함경을 포함했다. 5부 니까야의 원전은 빨리성전협회(Pali Text Society) 본이며, 4부 아함경의 원전은《대정신수대장경》아함부 1권과 2권을 사용했다.

2. 믿을 만한 번역이 이미 나와 있는 경우에는 새로 번역하지 않고 기존의 번역을 활용했다. 특히 각묵 스님이 번역한《디가 니까야》1~3 전권(초기불전연구원. 2006),《상윳따 니까야》1~6 전권(초기불전연구원. 2009), 그리고 대림 스님이 번역한《앙굿따라 니까야》1~6 전권(초기불전연구원. 2007)의 번역을 발췌해 강설했다.

3. 아함경의 경우 성열 스님의《부처님 말씀》(현암사. 개정증보 2002)의 번역을 활용했다.

미산 스님
초기경전 강의

미산 지음

불광출판사

개정판에 부처

고통을 돌보고 변화시킬 힘

《초기경전 강의》가 나온 지 6년이 되어 개정판을 내게 되었습니다. 그동안 독자들의 성원으로 꾸준히 보급되어, 많은 분들이 부처님의 가르침을 바르게 이해하고 실천하는 데 도움이 되었다고 합니다. 얼마 전 불교전문서점에서 신간서적을 열람하고 있는데, 퇴임교사라고 자신을 소개하며 다가온 분이 상담을 요청한 적이 있습니다. 자신이 대승경전 공부를 몇 년 했는데, 최근에 초기경전을 몇 권 보고 매우 혼란스러워 어떻게 경전 공부를 해야 할지 방황하고 있다고 하였습니다. 이야기를 들어 보니 초기경전의 말씀들은 바로 실천할 수 있어 좋은데, 그럼 대승경전은 이제 보지 말고 버려야 하는 것이냐는 것이었습니다. 가판대에 나와 있는 《초기경전 강의》를 권해주었습니다. "으뜸가는 행복을 전하기 위해 설한 경전들의 의도를 잘 파악하여, 초기경전과 대승경전을 한 꾸러미로 꿰어낼 수 있어야한다"고 말해주었습니다.

《초기경전 강의》는 경전 공부를 시작할 때 읽으면 도움이 되는 서적으로 알려져 있습니다. 이 책을 처음 출판했던 곳에서 더 이상 출판을 할 수 없어 이제는 헌 책도 구입하기 힘들다는 소식을 듣고 서둘러서 개정판을 내게 되었습니다. 〈최상의 행복경〉과 〈자애경〉 등의 새 번역과 수정 보완한 몇 곳을 제외하고, 원래의 내용과 틀을 그대로 유지하였습니다. 개정판을 기꺼이 맡아주신 불광출판사 대표 류지호 님에게 감사드립니다. 초판본에서 출판을 위한 녹취와 정리 등을 맡아 주셨던 소나 임희근 님이 이번에도 잘 살펴주셨습니다. 고마운 마음 전합니다.

끝으로《초기경전 강의》를 통해서 독자들이 연기중도의 가르침을 잘 이해하고 실천할 수 있기를 바랍니다. 부처님이 세상의 고통 앞에서도 고요한 미소를 지을 수 있는 이유는, 그분께 고통을 돌보고 변화시킬 힘이 있었기 때문입니다.

이 책을 읽는 모든 이들이 부처님처럼 적정에 이른 내면에서 은은히 배어나는 기쁨의 빛을 함께 나누길 기원합니다.

2016년 5월
상도선원 염화실에서 미산 합장

책머리에

초기경전의 세계로 초대합니다

'구슬이 서 말이라도 꿰어야 보배'라는 속담이 있습니다. 방대한 불교경전을 어디서부터 어떻게 읽어야 하는지 불교를 처음 접하는 분들은 막연하기만 할 것입니다. 빨리어 니까야에서 번역된 초기경전, 한문전적에서 번역된 대승경전, 실천 수행을 강조하는 선어록 등은 불교의 핵심을 담고 있는 인류 정신문화의 보고입니다.

경전의 전래와 유통과정에서 다양한 언어와 다른 표현방법 때문에, 시대와 지역에 따라 각각 어느 정도 차이점을 띠게 되었습니다. 그런데 요즘 그러한 불일치를 너무 강조한 나머지, 불교의 핵심 가르침조차 놓치고 서로를 폄하하는 일들이 종종 있습니다. 초기경전을 좋아하는 사람은 대승경전은 부처님의 진설眞說이 아니라고 말하고, 대승경전을 신봉하는 사람은 초기경전은 소승에 속하므로 근기根機가 낮은 사람들의 경이라고 폄하합니다. 또한 선어록은 실제 수행의 정수를 드러낸 전적이기에 오직 조사들의 어록에만 의지해 수행할 것을 권하는 분도 있습니다.

이렇게 한쪽으로 치우친 견해들은 부처님의 핵심 가르침인 중도적 태도를 벗어나 있다는 것이 제 생각입니다. 불교는 부처님께서 중생의 고통과 아픔을 해결하고 지고한 행복을 전하기 위해 설한 가르침입니다. 지금의 여러 형태로 전승되어온 것은 지역과 시간이라는 다양한 조건들이 연기적으로 만들어낸 결과물들입니다. 이 결과물인 각종 전적들의 상이점만 들춰내며 서로 옳고 그름만 따지고 묻는다면, 불법을 펴신 원래의 의도를 파악하기 힘들어집니다. 서로의 전통을 존중하며 흩어져 있는 핵심 가르침을 한 꾸러미로 꿰어낸다면, 일관성 있게 흐르는 주요한 사상을 확연히 드러낼 수 있을 것입니다. 이를 실천에 옮기기 위해 상도선원 경전학당에서는 초기경전 강의를 시작으로 대승경전과 선어록 강의를 진행하고 있습니다.

2009년 6월에 시작한 초기경전 1과정 강의가 9월에 끝나자, 명진출판의 안소연 대표께서 강의 내용을 출판하면 좋겠다는 제안을 하셔서 이 책을 엮게 되었습니다. 이보다 앞서 2003년에 세계적 고승 틱낫한 스님께서 명진출판의 초청으로 한국에 한 달 동안 머무시며 전국 주요 도시에서 설법을 하셨습니다. 그때 제가 틱낫한 스님 법문 통역을 맡으며 명진출판과 처음 인연을 맺었습니다. 이번에 이 책을 출판하며 또다시 인연을 맺게 되어 감사합니다.

이 강좌는 모두 8강으로 구성되었습니다. 연기법과 일체법, 삼법인, 사성제, 12연기와 연기법 실천 등 초기불교의 핵심교리를 중심으로 초기경전의 말씀을 발췌하여 강의한 것을 토대로 했습니다. 출판을 위해 녹취와 정리, 그리고 일반 독자들이 접하기 쉽도록 편집과정을 거친 것입니다. 이 복잡하고 힘든 일을 소나 임희근 님이 기꺼이 맡아서 해주셨습니다. 이 자리를 빌려 깊은 감사의 말을 전합니다. 불교경전을 처음 접하는 분들을 위해 쉽고 평이하게 읽힐 수 있도록 세심한 배려를 아끼지 않으신 편집자 최은정 님께도 고마운 마음을 전합니다.

맨 앞의 '강의에 앞서' 부분은 실제 경전 강의에서 했던 내용이 아니고, 책을 만들면서 출판사의 제의로 넣게 되었습니다. 출가수행자로서 제 이력을 이렇게 늘어놓아본 적이 이제껏 없었습니다만, 딱딱하게 보일 강의 내용에 독자들이 친근하게 접근하는 데 도움이 되었으면 하는 마음에서 출판사의 요청을 수락하게 되었습니다. 오직 경전에 대한 관심으로 이 책을 접하는 분은 이 부분을 뛰어넘고 읽으셔도 무방합니다.

끝으로 이 대장정에 불교경전을 통합적 관점에서 이해하고 실천하여 증득하려는 크나큰 원력을 세우고 적극 동참하신 상도선원 경전학당의 법우님들에게도 박수와 격려를 보냅니다. 이 강좌를 마칠 때까지 함께 공부하여 법열을 많은 분들과 두루 나누시리라 믿습니다. 감사합니다.

2010년 4월
상도선원 염화실에서 미산 합장

차례

강의에 들어가며

나의 수행 도정

세간의 여러분이 저 같은 수행자를 만나면 가장 궁금해하는 것이 바로 출가 동기지요. 이번에 제가 경전학당 강의를 시작하면서 "불교가 궁금한 분들은 다 모이십시오." 했더니 어느 분이 이런 질문을 하시더군요. "저는 불교보다 스님이 어떤 동기로 출가하셨는지, 그리고 영국 옥스퍼드까지 공부하러 가신 연유는 무엇인지, 그게 더 궁금하네요." 궁금하다면 간단히 제 삶의 역정을 말씀드리죠.

_ 인연 따라 동진 출가

저는 이른바 '동진童眞 출가'를 했습니다. 어린 나이에 머리 깎고 절에 들어가는 것을 동진 출가라고 하지요. 즉, 동자승이 된 겁니다. 저는 1958년 1월에 전주에서 4남매 중 셋째 아들로 태어났습니다. 어릴 때부터 불자이신 할머니를 따라 절에도 가보고, '옴마니반

메훔' 진언 수행도 하고, 앉을 때도 늘 가부좌로 앉곤 했답니다. 당시 흔히 하듯 어머니가 제 사주를 보러 가면 어딜 가나 하나같이 명이 짧다는 대답을 들었답니다. 스무 살까지 살기도 힘들다는 말을 듣고 부모님은 무척 걱정하셨지요. 원래 전주에서 살았는데, 제가 초등학교 3학년일 때 아버지 일 때문에 온 가족이 서울로 이사하게 되었습니다. 그런데 서울로 이사하고 나서 제 명이 짧을까봐 늘 불안해하시던 어머님은 마침내 저를 절로 보내기로 결심하셨습니다. 그래서 저는 서울에서 초등학교를 한 학기만 다니고 백양사로 내려가게 되었습니다. 그때 제 나이가 열두 살이었습니다. 정식 출가는 아니고, 집에서 살면 단명할 수 있으니 스무 살까지만 절에서 살라고 임시방편으로 저를 백양사로 보낸 것입니다. 이제 와서 돌이켜 보면, 결과적으로 부처님은 제 수명을 길게 늘이셨고 인생길 자체를 바꿔놓으신 셈입니다.

한국에서 유년기나 청소년기에 출가를 하면 대승불교의 교과과정에 따라 차근차근 교육을 받으며 스님으로 육성됩니다. 물론 필수적인 세속의 공부도 병행하게 됩니다. 저도 특별한 계기가 없었다면 그런 길을 평범하게 밟아갔을 것입니다. 그러나 평범할 수도 있었던 인생행로에 큰 파격이 생긴 것은 저의 치열한 궁금증 때문이었습니다. '죽음이란 대체 무엇일까? 죽음을 뛰어넘는 길은 없는 것일까?'

단명할 운명을 피하기 위해 어린 나이에 가족과 떨어져 절에 들어왔기 때문인지, 제 무의식 속에는 죽음에 대한 문제가 팽팽하게 들어차 있었던 것 같습니다. 그런데 결정적인 계기로 인해 저는 어린 나이부터 생사 문제에만 몰두하게 되었습니다. 그 계기에 대해서는 조금 뒤에 말하겠습니다.

_ 백양사에서 성장하다

1968년 모내기가 한창이던 봄날, 아버지의 친구이며 동국대 교무처장직을 맡고 계셨던 백양사 출신 스님을 따라 지프차를 타고 전남 장성의 백양사로 내려갔습니다. 갈 때는 멋모르고 웃으며 갔지만, 절에 도착해 일주문에서 눈을 부릅뜬 사천왕의 무서운 모습을 보자 그만 울음을 터뜨리고 말았습니다. 서울 집에서 백양사에 가서 살라는 어머니 말씀을 들었을 때는 그게 어떤 의미인지도 모르고 철없는 마음에 냉큼 그러겠다고 대답했습니다. 그런데 막상 절에 도착하니 부모형제와 떨어져 살아야 한다는 사실이 실감났는지 울음이 터져 나오더군요. 제가 눈물콧물 흘리며 울고 있으니 백양사의 어느 스님이 저를 달래려고 누룽지를 주셨어요. 저는 콧물을 질질 흘리며 울면서도 배는 고팠는지 누룽지를 먹으면서 계속 울었다고 합니다.

그날부터 절 생활이 시작되었습니다. 절에는 제 또래 아이들이 있어서 금방 친구도 생겨 절 생활에 쉽게 적응했습니다. 당시만 해도 어린 나이에 절에서 자라는 아이들이 여럿 있었어요. 이들과 함께 아랫마을 초등학교에 다녔는데, 보통 아이들은 절에서 사는 우리에게 우호적인 편이어서 학교생활은 나름대로 즐거웠습니다. 그때 절에서 함께 생활한 여섯 아이들 중에 훗날 스님이 된 것은 저 하나뿐이었습니다.

방학 때는 서울 집으로 돌아가서 부모님, 형제들과 함께 지냈습니다. 그런데 가족과 지내면 참 좋은데도 이상하게 한 달쯤 있으면 몸이 시름시름 아프더군요. 개학이 다가오면 어머니는 막내아들을 다시 절로 보내야 하는 아쉬움에 마음이 안 좋으셨습니다. 철없는 저는 그런 어머니 마음도 모르고 가족과 떨어지기 싫다며 백양사로 돌아가지 않겠다고 떼를 쓰고는 했지요. 그러면 어머니는 "스무 살까지만 있다 와라." 하시며 저를 달래서 절로 돌려보내고는 하셨습니다. 절 생활에 그런대로 잘 적응하면서도 어머니를 보고 싶은 마음이 늘 컸습니다. 어머니는 가끔 절로 편지를 보내주셨는데, 항상 "훌륭한 사람이 되어 만인을 위해 큰일을 해야 한다."고 교훈처럼 말씀하셨어요. 하지만 아버지는 어머니와 달리 제게 무덤덤한 편이셨습니다.

초등학교를 졸업하고, 역시 절 아래 동네에 있는 중학교에 다녔습니다. 공부머리는 있었는지 성적은 좋았습니다. 자랑 같지만, 늘 전교 1등을 했습니다. 특히 영어가 재미있어서 영어 과목은 늘 좋은 성적을 받았습니다. 교과서로 성에 차지 않아 광주에 가서 《안현필 삼위일체 영어》라는 당시 인기 있던 참고서를 사다가 영어공부를 했습니다.

여느 아이들처럼 평범한 환경이 아니었는데도 제가 딴 생각하지 않고 잘 자랄 수 있었던 것은 은사스님이 친아버지처럼 사랑해주셨기 때문입니다. 출가할 때는 절만 정하는 것이 아니라 은사스님을 정해 그 밑의 상좌로 들어가게 됩니다. 제 은사 창오 스님은 어린 저를 위해 영양제인 원기소를 챙겨주실 정도로 따뜻하고 너그러운 분이셨습니다. 마치 속세에서 자식에게 하듯이 제게 많은 사랑과 정성을 쏟아주셨기에 균형 있게 성장할 수 있었습니다.

_ 처음 접한 죽음

중학교 2학년이던 어느 날, 제 일생일대 잊지 못할 사건이 일어났습니다. 주지스님 방으로 심부름을 가서 방문을 열었는데, 돌아가신 스님이 방바닥에 누워 계신 모습을 보았습니다. 그 모습을 목격한 순간 형언할 수 없는 공포심이 엄습했습니다. 저는 가까스로 방에서 기어 나와 주지스님이 돌아가셨다고 어른스님들께 알리고 난 뒤 곧바로 지대방에 숨어들었습니다. 주지스님이 입적하신 모습을 바로 눈앞에서 보고 너무도 큰 충격을 받은 것입니다. 워낙 어려서부터 일찍 죽는다는 소리를 들은 탓에, 무의식 속에 강하게 자리 잡고 있던 죽음이라는 주제가 조건을 만나자 현재의식으로 전환된 것입니다. 당시 주지스님은 위암 말기로 병 때문에 돌아가신 것인데, 하필 제가 그 모습을 맨 먼저 목격하게 된 것이 문제였던 거죠.

'스무 살 안에 죽을 것'이라는 예언이 머릿속에서 떠나질 않았습니다. 저는 두려움 때문에 방에 숨어서 꼼짝도 안 했습니다. '나이 스물을 넘기지 못하고 저런 죽음을 맞는다니….' 이 생각에 사로잡혀 도저히 학업을 지속할 수 없었습니다. 이 일이 있기 전에는 보통 아이들처럼 아침에 일찍 일어나기도 싫고 청소하기도 싫고 잠 한번 실컷 자보는 것이 소원이었습니다. 그런데 이후로 사람이 완전히 달라져버렸습니다. 학교도 건성으로 다니고, 시험도 안중에 없고, 수업시간에도 선생님 몰래 불교 책만 읽었으니까요.

이때 백양사 선방에서 공부하던 연수 스님이라는 분이 계셨습니다. 중학교 2학년 때였습니다. 어느 날 이 스님께 "생사 문제를 해결하는 것이 바로 참선"이라는 말을 듣고, 저는 학교를 그만두고 스님을 따라 수행길에 나섰습니다. 은사스님은 강력히 반대하시며 끝까지 말리셨습니다. 학교 공부는 때를 놓치면 못하는 법이니 부디 대학까지 마치고 나서 본격적인 수행을 하라고 저를 설득하셨습니다. 하지만 저는 은사스님의 간곡한 만류도 뿌리치고 연수 스님과 함께 도망치듯 길을 나섰습니다. 첫차를 타고 경북 문경 김룡사로 가서 다시 삭발을 했습니다. 은사스님은 연수 스님 때문에 내가 이렇게 됐다고 무척 속상해하셨어요. 하지만 서울 농대에 다니다 말고 발심 출가한 연수 스님은 순수한 분이셨어요. 어린 나이에 생사 문제로 심각하게 고민하는 저를 도와주려는 순수한 마음에 수행을 권하셨던 겁니다.

은사스님은 이 일로 무척 상심해 보름 넘게 식사도 제대로 안 하시고 눈물을 흘리셨다고 합니다. 하지만 저는 '은사스님과 나를 위해서라도 떠나야 한다. 그것이 은사스님을 더 크게 위하는 길이다.'라는 생각에 단호히 정을 끊고 떠났습니다. 그런 결정을 한다는 것 자체가 엄청난 갈등을 일으켰고, 이런 이유 때문이라도 더욱 열심히 수행해야 한다고 생각했습니다. 중국 당나라 때의 고승이신 동산 양개 스님의 〈사친서〉에 보면 그런 심정을 적어놓은 것이 있습니다. 부모가 싫어서가 아니라 더 높은 차원에서 부모를 위하려고 떠난 심정을 말이죠. 아들이 학업도 중단하고 수행길에 나섰다는 소식을 들은 속가 부모님도 '절에는 그냥 스무 살까지만 있다 와야 하는데…' 하시며 전국 방방곡곡의 사찰로 나를 찾아다니셨다고 합니다. 한번은 대구 동화사에 있다는 소문을 들고 부모님께서 그리로 오셨는데, 마침 저는 오시기 바로 전날 법주사로 옮겨가 간발의 차이로 서로 마주치지 않은 적도 있습니다.

_ 수행 또 수행

아무튼 이렇게 백양사를 떠나 김룡사에 가서 삭발을 하고 김룡
사의 산내 암자인 금선대로 가서 몇몇 수좌스님들과 함께 본격적인
정진을 시작했습니다. 백양사와 속세의 집뿐만 아니라 다니던 중학
교에서도 난리가 났습니다. 어느 날 암자에서 수행하다 본사로 내려
오니 선생님과 급우들로부터 편지가 와 있었습니다. "모두 애타게
기다리고 있으니 돌아와서 같이 공부하자. 선생님 집에서 학교를 다
니면 된다." 이런 따뜻한 배려가 담긴 편지들이었습니다. 하지만 저
는 몇 통을 읽다가 모두 아궁이에 넣어 태워버렸습니다. 고맙고 좋
은 말들이었지만 어린 마음에 그런 소리가 왜 그리 세속적으로 들렸
던지….

나중에 법주사로 가서는 강원講院에 들어갔는데, 거기서는 내
키지 않는 교학 공부를 많이 해야 했습니다. 제게는 눈앞에 닥친 생
사 문제부터 해결하는 게 급한데, 일어 특강, 한문 특강 같은 그와는
무관한 과목을 공부하는 게 불만이었던 거지요. 제 딴에는 고차원의
정신적인 세계를 지향하고 있는데, 절에 오는 신도들, 특히 보살님
들이 저를 보고 불쌍하다고 하면 저는 내심 오히려 그분들이 불쌍하
다고 생각했습니다.

결국은 수행만 해야겠다는 열의로 강원도 그만두고 문경 원적
암으로 서암 큰스님을 찾아갔습니다. 큰스님께서는 저를 흔연히 받
아주시며 "스님 생활을 잘하려면 겸손하고 하심하는 법부터 배워야
한다." 하시며 공양주 소임을 맡기셨습니다. 큰스님은 직접 불 때고
밥 하는 법 등을 가르쳐주시고, 매일 아침과 저녁에 한 시간씩 데리

고 앉혀 좌선 정진을 시키셨습니다. 그 나머지 시간은 생활이 곧 수행이라 하시며, 나물도 뜯고 밭도 매면서 일상사 속에서 화두를 놓지 말고 챙기라고 하셨습니다.

불을 때는데 역풍이 불어 나무가 잘 안 타서 입으로 후후 불고 있으면, 어느새 서암 큰스님이 옆구리를 쿡 찌르며 "화두 들어!" 하고 다그치셨습니다. 그러면 정신이 번쩍 나곤 했지요. 삶 속에서 깨어 있는 마음을 유지하는 훈련을 시키신 것입니다. 큰스님께 '이 뭣고' 화두를 처음 받아 참구하며 한철을 신심과 열정으로 알차게 보냈습니다. '보고 듣고 숨 쉬는 자가 분명히 있는데, 이것이 도대체 무엇인가? 이 뭣고? 이 뭣고?' 이렇게 화두를 들고 일하며 원적암에서 지냈습니다. 활구活句 참선은 비단 선방에 앉을 때뿐만 아니라 생활 속에서도 하는 것임을 가르쳐주신 것입니다. 큰스님은 "바가지 꼭지를 잡지 않고 중간을 잡으면 부러진다. 꼭지를 잡아라."고 가르치셨습니다. 마음을 바르게 쓰라는 가르침이지요.

이후 원적암을 떠나 봉암사로 수행처를 옮겼습니다. 당시 봉암사에는 서옹 큰스님이 조실스님으로 계시어 큰스님의 지도를 받으며 정진할 수 있었습니다. 봉암사에서 정진하며 매끼 밥을 지은 일은 제 인생에 큰 경험이었다고 생각합니다. 지금은 봉암사가 조계종 종립 선원으로 유명하지만, 1970년대 초반에는 구참납자久參衲子(오래 정진한 출가 수행자)들이 20명 남짓 모여 정진하는 곳이었습니다. 항상 20~30인분의 밥을 짓는 것이 제가 할 일이었는데, 남보다 먼저 일어나 큰 가마솥에 어렵게 불을 때고, 시시각각 불길을 살피며 조절해야 했습니다. 하지만 힘든 줄도 몰랐습니다. 저는 실수하지 않고 밥을 꽤 잘 지었습니다. 신심으로 그렇게 했다는 생각이 듭니다.

미산 스님 초기경전 강의

수행 정진하는 스님들께 밥을 해드리는 선방 공양주는 공덕이 크다 하여, 지금도 스님들이 서로 맡으려고 줄을 서는 소임이랍니다. 그런 소임을 일찍이 열대여섯 살에 맡아 했으니 영광 아니겠습니까.

원적암에서 정진하며 '행주좌와行住坐臥 수행(생활 속에서 늘 마음을 놓치지 않고 챙기는 수행)'을 배웠기에 밥 지으며 화두 드는 것이 어렵지는 않았습니다. 그렇지만 워낙 구참스님들이 많아 좌선 시간이 성에 차지 않았습니다. 그래서 저처럼 첫 마음을 낸 수행자들을 친절히 지도해주신다는 송광사 구산 큰스님을 찾아갔습니다. 구산 큰스님 문하의 선방에서는 하루 14시간 정진을 하는데, 이렇게 하루에 10시간 이상, 때로는 밤잠도 자지 않고 몰아붙여 정진하는 것을 '가행정진'이라고 합니다. 하지만 제 나이가 너무 어려 그곳 선방에서 받아주지 않았습니다.

저는 어릴 때부터 속명을 따서 '완두 고집'이라고 불릴 정도로 한 고집 했습니다. 이대로 물러설 수 없기에, 일주일 동안 매일 구산 큰스님께 졸랐습니다. 살고 죽는 일대사一大事를 해결해야겠으니 부디 방부를 들이게 해달라고 청하고 또 청해서 드디어 허락을 받았습니다. 단 조건이 하나 있었지요. 하루에 8시간씩 한철을 잘 정진하면 그때는 어른 스님들이 수행하는 선방에 방부를 들여준다고 하셨습니다. 그래서 제 딴에는 열심히 정진했지만 몸이 따라주지 않았습니다. 아파서 병원에 가보니 폐결핵과 늑막염 3기라고 했습니다. 더이상 정진이 불가능한 상태였습니다. 당장 저의 본사인 백양사로 내려가 치료를 받아야 했습니다. 백양사의 은사스님은 이 소식을 듣자마자 얼른 오라며 사람을 보내셨습니다.

_ 다시 은사스님 슬하로

아버지 같은 은사스님의 간곡한 만류를 뿌리치고 떠나왔는데, 수행을 마치지도 못하고 돌아가자니 정말 면목이 없었습니다. 하지만 은사스님은 따뜻한 얼굴로 다시 맞아주셨습니다. 손수 산에 다니며 약초를 뜯어 달여서 먹여주시고, 바위에서 나는 석장포라는 풀을 찧어 늑막염 부위에 붙이고 소금찜질도 해주셨습니다. 이런 민간요법과 한약, 무엇보다도 은사스님의 정성 어린 간호 덕분에 저는 병을 이길 수 있었습니다. 반년 후에는 병이 나아서 다시 선방으로 돌아가려고 했습니다.

하지만 은사스님과 부모님을 비롯한 모든 분들이 만류했습니다. 참선 공부는 두고두고 할 수 있지만 학교 공부는 때가 있으니, 제발 정규교육만이라도 마치라고 간곡하게 당부하셨습니다. 그래서 전에 다니던 중학교 2학년에 복학했습니다. 예비스님이 되는 사미계는 이미 중학교 1학년 때 받은 상태였고, 백양사에서 남은 중학교 과정을 마치고 불교재단에서 운영하는 광주 정광고등학교로 진학했습니다. 이미 동기들보다 3년이나 뒤처져 있었습니다.

고등학교 시절에는 종교부장을 맡아 열심히 활동했습니다. 학교 앞에 사는 중학생 집에 가정교사로 들어가 1년 반 동안 숙식하면서 학교에 다녔습니다. 고등학교 때도 계속 남모르게 음덕陰德을 닦아야겠다는 생각에 학교의 화장실 청소를 도맡아 했습니다. 낮에 학생들이 용변을 보며 구더기를 밟아 죽이는 것을 보고는 아침 일찍 가서 물청소를 3년간 계속했습니다. 그러다 어느 날 담임선생님과 딱 마주쳤습니다. 선생님은 "그동안 청소한 게 너였구나!" 하시며 이를 학교에 알리셨고, 그 덕분에 선행상을 받았습니다.

고등학교 3학년 때는 가정교사를 그만두고 입시공부를 위해 자취생활을 했습니다. 이때 제 은사스님은 백양사를 떠나 나주 불회사의 주지스님으로 가 계셨습니다. 그래서 저는 주말이면 불회사에 가서 지내다가 김치를 얻어와 자취방에서 1주일간 밥을 해먹으며 학교에 다녔습니다. 불회사 입구부터 1킬로미터에 달하는 측백나무 숲길을 걸어 나오면서 앞으로 어떻게 살아가야 할까를 그려보곤 했습니다. 유학을 가서 세계적인 불교학자들과 토론하며 공부하는 것을 상상하기도 했습니다. 그래도 제게 가장 큰 관심은 수행이었습니다. 수행을 더 잘하기 위해 그 이론과 실제를 잘 정리해야겠다는 생각을 늘 했습니다. 남보다 이른 시기에 수행을 떠났다가 병 때문에 좌절해서 학교로 돌아갔기 때문에 더욱 수행에 마음이 가 있었던 것입니다.

_ 공부에 뜻을 두다

고등학교 3학년 때 군 입대를 앞두고 신체검사를 받았습니다. 군의관이 제 이력서를 보더니 "스님이면 동국대에 가야겠네. 평발이니 방위로 가면 되겠군."이라며 방위 판정을 해주었습니다. 그래서 군복무는 절에서 아랫마을로 출퇴근하며 방위 근무를 하게 되었습니다. 약수리 마을 사람들 모두 제가 스님인 걸 알고 있었고 중대장도 이를 감안해주어, 오후 시간에는 틈을 내어 대학입시 공부를 할 수 있었습니다.

방위 복무를 마친 후인 1980년, 대학 입학시험을 준비하기 위해 서울 상도동 백운암에 일고여덟 달쯤 머물렀습니다. 상도동 언덕 숲속에 있던 백운암은 당시 조계종 종정이던 서옹 큰스님께서 서울에 계실 때 주석하시던 도량으로, 현재 상도선원의 모체가 된 암자입니다. 여기서 학원에 다니며 공부하고, 동국대에 응시해서 합격한 후에는 기숙사로 거처를 옮기게 되었습니다. 동국대 선학과禪學科 재학 중에 고익진 교수님의 원시불교 강의와 종교학 강의를 듣고 큰 영향을 받았습니다.

　　그간에도 수행은 꾸준히 해온지라 대학생이 된 제 자신을 점검해보니, 어릴 때 느꼈던 죽음에 대한 두려움은 많이 사라져 있었습니다. 헐떡이는 마음, 찾아 헤매는 마음도 많이 차분해져서 이렇게 계속 마음공부를 해가면 생사 문제를 해결할 수 있겠다는 자신감이 들었습니다. 그러면서 수행의 밑바탕이 되는 이론과 실제를 좀 더 체계적으로 정리하기 위해 경전 공부, 교학 공부를 제대로 해야겠다는 생각이 들었습니다. 제 학문의 여정은 이렇게 시작되었습니다.

　　동국대를 졸업하고 스리랑카의 페라데니아대학교, 인도의 뿌나대학교, 거기서 다시 영국의 옥스퍼드대학교, 미국의 하버드대학교에 이르는 길다면 긴 여정이었습니다. 스무 살 전까지는 오직 수행에만 마음이 있었다면, 대학 진학 후 비로소 학문 쪽에 마음이 동한 것입니다. 그러나 학문을 위한 학문이 아니라, 어디까지나 마음수행을 제대로 하기 위한 실질적인 불교 공부를 하자는 생각이었습니다.

_ 20대의 고민

81학번으로 입학한 저는 동국대와 성신여대의 불교학생회 지도법사 역할도 했습니다. 당시 조계종 종단 사태로 학내에서는 데모가 한창이었습니다. 동국대 기숙사의 자치회장을 맡고 있던 저는 우리의 의사를 표현하기 위해 총무원에 들어가 7일간 단식을 하여 몸이 극도로 약해졌습니다. 그때 이런 생각을 했습니다. '개혁은 정말로 중요하지만 그보다 먼저 나 스스로 바뀌지 않으면 안 된다. 나 자신이 열심히 수행하지 않고 인위적으로 뭔가를 바꾼다 해서 될 일이 아니다. 수행으로 내가 바뀌어 개혁의 인자가 되자.' 이런 생각을 가지고, 그간 열의를 가지고 몸을 던져 참여하던 활동들을 정리했습니다. 그리고 대학교 3학년 2학기부터는 학교 공부에만 집중했습니다. 특히 영어 공부에 집중하기 위해 열심히 영어학원을 다녔습니다. 영어는 중학생 때부터 좋아하던 과목이어서 공부는 어렵지 않았습니다. 이때는 시사영어사에서 나온《김영로 영어순해》라는 참고서로 공부했던 기억이 납니다.

동국대 졸업을 앞둔 스물예닐곱 살 무렵에는 사실 고민이 많았습니다. 졸업하고 바로 선방으로 가서 계속 수행에만 전념할 것인가, 유학을 떠나 공부를 더할 것인가. 심사숙고 끝에 유학 쪽을 택했습니다. 동국대 3학년 무렵, 속가의 모친이 대학 졸업하면 속세로 돌아오는 것이 어떻겠느냐고 권하시더군요. "너는 본래 몸도 약하니, 환속하여 한의대에 새로 진학해서 가업을 잇고 남들에게 의술을 베풀면서 평범하게 살면 어떻겠냐?"고 물으셨습니다. 어머니의 간곡한 권유에 마음이 조금 동하기는 했지만, 설령 환속을 한다 해도 저는 역시 수행하면서 살아갈 수밖에 없을 터였습니다. 아무리 생각해봐도 제가 가고 싶은 길은 승려의 길이고, 저는 어차피 수행하고 살 몸이었습니다. 세상에 태어나 가치 있는 것은 수행자의 삶이라고밖에 생각되지 않았습니다. 그래서 어머니를 설득했습니다. "일찍 죽는다는 소리에 절에 들어와 지금까지 부처님 은혜로 살았습니다. 그런데 무사히 스물을 넘기고 서른을 바라보는 이제 와서 어찌 절을 떠날 수 있겠습니까?" 그랬더니 어떻게 말리겠냐며 어머니께서 결국 승복하셨습니다.

_ 공부 길을 떠나다

대학 졸업 후에는 유학을 가기로 결정하고, 동주 스님이 주지로 계시던 상도동 사자암에서 1년 반 동안 기거하면서 어린이·청소년 법회를 이끌었습니다. 이때의 경험이 지금 상도선원의 어린이·청소년 법회에 적극 힘쓰게 하는 원동력이 된 것 같습니다.

그리고 스리랑카로 유학을 떠났습니다. 페라데니아대학교에 재학하면서 처음 1년간은 영어를 확실하게 익혔습니다. 그런데 당시 스리랑카는 치열한 내전 중이었기에 그 나라에서 더 이상 학업을 지속하는 것은 불가능했습니다. 2년을 보내고 나서 인도의 뿌나대학교로 가서 빨리어를 철저히 공부하고 3년 동안 불교 원전 공부를 했습니다. 그런데 인도의 불교 연구는 훈고학적인 면은 강하지만 비판정신이 부족했습니다. 체계적인 현대 불교학을 하려면 좀 더 발전하는 길로 가야 할 것 같았습니다. 때마침 인도로 유학 와 있던 영국

학생으로부터 옥스퍼드대학교에 좋은 교수님이 계시다는 말을 듣고, 곧바로 영국행을 추진했습니다. 그 뒤 학위를 취득할 때까지 제 스승이 되실 곰브리치 교수와 인연이 되려고 그랬는지, 마침 그분이 경전 읽기 모임에 초청을 받아 한국에 오셨습니다. 그 행사에서 제가 통역을 맡게 되었고, 다행히 행사가 잘 진행되어 그분에게 인정을 받았습니다. 그 뒤에는 옥스퍼드에 가서 그분의 지도하에 공부하며 많은 도움을 받았습니다.

영국으로 간 지 1년쯤 되었을 때, 런던 한인회 모임에 참석하게 되었습니다. 그때 텔레비전 뉴스 앵커를 하던 백지연 씨가 영국에 와서 이 모임에 참석하게 됐는데, 저를 보고 놀라며 "스님이 어떻게 옥스퍼드까지 오시게 되었어요?"라고 물었습니다. 제 소개를 하면서 "불교 교학을 제대로 연구하는 사람에게는 옥스퍼드대학교가 중요하다."고 대답해주었습니다. 실제로 옥스퍼드대학교에서 제가 몸담고 공부했던 동양학부는 빨리성전협회Pali Text Society(PTS)의 회장이 교수로 있는, 동양학의 산실입니다. 막스 밀러 교수는 제1차 세계대전을 피해 옥스퍼드에 와서 《동방의 성전들The Sacred Books of The East》전 50권을 집필하여 서양 지성사에 중요한 한 획을 그었습니다. 피상적으로 생각하면 옥스퍼드는 서양의 유명 대학이니 주로 기독교 정신을 공부할 것 같지만, 실제로 불교학계에서는 영국을 특히 중요시합니다. 빨리 삼장三藏도 PTS에서 영역한 것이지요. 한국 불교의 현대화를 위해서는 이런 원전 연구가 중요합니다. 제가 이런 사실을 백지연 씨에게 말해주었더니 그제야 이해를 하시더군요.

_ 옥스퍼드에서 배운 것

영국에서 어떻게 영어 수업을 따라갔는지 궁금해하시는 분이 많은데, 저는 어학 공부를 위해 학기 시작보다 몇 달 먼저 영국에 갔습니다. 스님 한 사람이 한국에서 온다고 이미 소문이 나 있더군요. 정식 입학 전에 글쓰기 코스에 등록한 후 곰브리치 교수님 댁에서 한 달간 머물렀습니다. 그 집에서는 텔레비전을 바보상자라고 하여 두지 않았기에 라디오 방송을 들으며 영어 공부를 했으며, 한편으로는 옥스퍼드대학교 산하 어학원에 등록해 영어를 익히고서 입학을 했습니다.

박사과정에 들어가자 발제하고 토론하는 세미나식 수업이라 처음에는 무척 힘들었습니다. 빨리어에 신경을 쓰면 영어가 안 되고, 영어에 신경을 쓰면 빨리어가 안 되어 고생했습니다. 제 딴에는 한국, 스리랑카, 인도에서 영어를 꽤 잘한다고 자신했는데, 본토인들과 대화하고 수업하는 것은 심리적으로 힘이 들었습니다. 그래도 1년쯤 지나니 영어 수업에 적응이 되더군요.

옥스퍼드에서 공부한 지 1년이 지나자 학교생활이 익숙해졌습니다. 첫 여름방학이 시작될 즈음 지도교수님이 만나자고 하셨습니다. 혹시 무슨 문제가 있어 그런가 하고 두근거리는 마음으로 연구실에 갔습니다. 하지만 뜻밖에도 장학생으로 추천을 해줄 테니 신청해보라는 것이었습니다. 그렇지 않아도 앞으로 어떻게 학비를 조달할까 고민 중이었는데, 너무나 기쁜 일이었습니다. 물론 신청한다고 모두 장학생으로 선발되는 것은 아니지만 지도교수님의 배려와 제 학습능력에 대한 긍정적 평가의 결과라 생각되었습니다. 여름방학이 끝날 때쯤 통보가 왔습니다. 영국 부총장연합회에서 외국 유학생들한테 주는 ORS Overseas Research Scholarship 장학생으로 선발된 것입니다.

옥스퍼드대학교는 행정적인 큰 단위고, 그 밑에 40여 개의 칼리지가 있습니다. 칼리지별로 학습과 생활을 책임지고 강좌도 개설됩니다. 또한 각 칼리지마다 특색 있는 부속식당이 있습니다. 거기에는 교수 전용으로 '하이 테이블'이 있고, 교수석 쪽 벽에는 이 학교 출신의 유명 철학자나 문인들의 초상화가 죽 걸려 있습니다. 옥스퍼드 사람들은 존 스튜어트 밀, 애덤 스미스 등 세계적인 위인들이 자기 동창이라는 데 자부심이 강합니다. 제가 다닌 곳은 밸리올 칼리지Balliol College였는데, 옥스퍼드에서 가장 일찍 만들어진 칼리지로 이곳 소속인 지도교수 곰브리치 박사가 저를 그리로 이끌어주었습니다.

머튼 칼리지에는 제 동기인 헝가리 출신 학생이 특별 장학생으로 들어가, 자기가 초청하면 하이 테이블에서 교수들과 함께 식사할 수 있다며 한번은 저를 초대했습니다. 모두 양복 정장에 나비넥타이를 매고 검정구두를 신는 것이 그 식당의 드레스 코드였죠. 그런데 저는 유일한 옷이 승복이니, 빡빡 깎은 머리 모양에 두루마기를 깨끗이 다려 입고 들어갔습니다. 교수들이 신기하게 바라보더군요. 1부에는 식사를 하고 2부에는 다과와 포도주를 나누며 환담을 하는데, 어찌나 길게 이야기를 나누는지 계를 지키는 수행자인 저는 와인 대신 주스 한 잔으로 두세 시간을 버텨야 했습니다.

그 후 런던 연화사에서 법회를 도와달라고 하여 1년간 법회를 하면서 어렵사리 공부를 이어갔습니다. 첫 3년간은 패엽경을 수집

하여 면밀히 비교 연구를 하다가 우여곡절 끝에 지도교수의 독려로 논문에만 전념하기 위해 독일로 가게 되었습니다. 곰브리치 교수가 체류 지원금을 마련해주면서 독일에 가서 자료를 수집해오라고 하여 베를린에 가서 두 달간 연구에 전념했습니다. 이때 논문 주제를 '찰나설'로 바꾸게 되었습니다. 밤잠도 줄여가며 1장章을 집필해서 6개월 후 확인 절차에서 무사히 통과되니 지도교수님도 안심하셨습니다. 도중에 주제를 바꿨으니 논문을 6년간 완성한 셈인데, 이럴수록 심리적으로 자신감을 갖고 밀어붙여야 한다는 것을 알았습니다. 이 역시 꾸준한 수행에 힘입은 바가 큽니다.

그리고 마침내 〈테라와다 불교의 찰나설 연구—그 기원과 발전〉이라는 논문으로 박사학위를 받았습니다. 그간의 공부가 하나의 결실을 맺은 것입니다. 1993년 영국을 떠나 귀국했다가 곧바로 미국 하버드대학교로 가서 세계종교연구소 선임연구원으로 1년간 세계의 여러 종교를 전공한 학자들과 교류하면서 연구생활을 했습니다.

_ 균형 잡힌 수행법을 찾아서

이렇게 학문의 길을 가면서도 항상 수행에 대한 생각은 놓치지 않았습니다. 방학 때만 되면 고엔까 명상센터, 틱낫한 스님이 지도하시는 플럼 빌리지 등에 가서 초기불교 경전에 나오는 위빠사나 수행법을 배워 일상에서 실천했습니다. 경전에 나오는 부처님 말씀을 직접 체험하고 체득하니 그지없이 환희심이 들었습니다. 초기불교의 호흡법 등 수행법에 큰 관심을 가지고 여러 수행센터를 탐방하여 선지식 친견, 자료 수집 등을 했습니다.

하버드에서 연구원 생활을 마치고 한국으로 돌아와서는 동국대에서 한 학기 동안 강의를 하다가, 서옹 큰스님의 권유로 백양사 운문암 선방으로 가서 정진했습니다. 평생 간화선 수행을 하셨고 중국 임제 선사의 정신을 받들어 '참사람 운동'을 펼치신 서옹 스님은 "이제 실참실구實參實求하여 생사문제를 해결해야지 불교 학문만 해서는 죽을 때 아무 소용없다." 하시며 화두를 들고 참선하라고 경책하셨습니다. 일찍이 소년 시절에 했던 '이 뭣고' 화두를 다시 참구하라 하시어 하안거 한철을 백양사 운문선원에서 열심히 정진했습니다. 당시에는 오후불식을 꼬박 지켜가며 정진하고, 점심 공양 후 2시간 동안 매일 백암산 산행을 하여 몸과 마음이 더없이 가볍고 맑았습니다. 그리고 백양사 참사람수련원 원장직을 맡아 수행지도를 하다가, 2002년 종단의 소임을 맡아 사회부장 일을 1년 넘게 하였지요. 2004년에 중앙승가대에 교수로 부임했는데, 이 시기에 서옹 큰스님이 예전에 주석하시던 백운암 주지를 맡아달라는 부탁을 받았습니다. 교학을 연찬 강의하는 학자이자 한 사찰의 주지라는 두 길을 함께 가면서도 예나 지금이나 항상 존재의 참모습을 찾기 위해 정진하고 있습니다.

'이 뭣고'란 나 자신의 실존에 대한 의문입니다. 지금 여기서 보고 듣고 숨 쉬는 구체적인 존재현상에 관한 궁극적 물음이죠. '이것이 무엇인가?' 묻고 또 물어도 답은 잡힐 듯 잡히지 않습니다. 답답한 마음이 지속되다가 폭발 직전까지 갑니다. 이를 두고 의정擬情이 생겼다고 하지요. 이쯤 되면 '이 뭣고'라는 문제는 더 이상 되뇔 필요 없고, 오로지 답 찾는 데 몰입해야 합니다. 어떤 관념의 때도 문

지 않은 단지 '답'만을 말입니다. 의심이 의정이 되고 의정이 의단疑
團이 되면서 움직이건 앉아 있건 누워 있건 말하건 입 다물건 화두
일념이 형성됩니다. 이리하여 의단독로疑團獨露, 즉 터질 듯한 의심
이 깨지며 문득 깨달음의 경지에 이르게 됩니다. 언어도단 심행처
멸言語道斷 心行處滅, 즉 말길이 끊어지고 마음과 행함이 모두 없어
져 오도 가도 못하는 은산철벽에 갇힌 상태에서 한걸음 더 나아가는
것, 백척간두에서 한 발 더 내디더 한 번 크게 죽었다 살아나는 것,
이것이 간화선의 요체입니다. "펄펄 끓는 화탕火湯에서 연꽃을 피우
라." 하신 서옹 큰스님의 말씀도 바로 이것입니다. 온몸을 의단이라
는 펄펄 끓는 용광로에 던져 한 송이 연꽃으로 피어나는 것이죠. 여
여如如한 존재의 참모습을 그대로 삶 속에서 드러내, 연기·공·중도
의 실천행을 지속해가는 것입니다. 날마다 마음빛을 돌이키면 '있는
그대로'를 실감하면서 화두가 성성히 드러나며 공부가 익어갑니다.

_ 팔정도 법회를 열다

지금 백운암의 후신인 상도선원의 불자들은 이러한 간화선 수
행을 저와 함께하고 있습니다. 허물어진 백운암을 새로 지으면서 옛
암자명에 '상도선원'을 덧붙이게 된 것도 이러한 연유입니다. 불자
들이 오랜 세월 신심으로 키워온 백운암이라는 '암자'는 무상의 도
리에 따라 자취를 감췄지만, 미학이 있는 아담한 건물로 새로 태어
났습니다. 그 도량은 모두가 참선하며 자신의 진면목을 보고 깨치는
수행처, 즉 '선원禪院'인 것입니다.

상도선원은 현대의 불자들이 동참할 수 있도록 법회를 매주 일요일에 열고 있습니다. 절이 제대로 지어지기 전에는 음력 초하루 법회만 열었지만, 불자들의 수가 늘어나면서 고심 끝에 세운 법당은 좁은 대지면적 때문에 지하에 만들 수밖에 없었습니다. 처음에는 매주 토요일 오후에 법회를 열다가 일요일 오전으로 바꾸면서 참석자가 확 늘어났습니다. 일요일에 열리는 법회 이름은 '팔정도 법회'입니다. 부처님은 우리에게 팔정도라는 바른 길을 제시하셨지요. 앞으로 더 자세히 이야기하겠지만, 부처님의 깨달음에 이르기 위해서는 제대로 수행을 해야 하는데 그 '제대로' 가는 길이 바로 '팔정도八正道', 즉 여덟 가지 바른 길입니다. 그 길을 따라가면 '우리도 부처님같이' 걷게 됩니다.

팔정도의 첫 번째가 정견正見, 즉 바른 견해입니다. 견해가 바르지 못하면 아무리 열심히 절에 다니고 봉사활동을 해도 자기가 어디로 가고 있는지를 모릅니다. 제대로 된 등산로가 아닌 길로 아무리 땀 흘리며 열심히 걸어가도 결국 정상에 이르지 못한 채 자칫하면 길을 잃고 노력만 낭비하고 망연자실하게 됩니다.

정견을 세우려면 어떻게 해야 할까요? 가장 기본이 되는 것이 부처님 말씀, 즉 경전을 읽는 일입니다. 팔정도 수행을 위해 우선 경전, 그 중에서도 초기경전 공부는 필수입니다. 간화선 수행을 하든 위빠사나 수행을 하든 효과적으로 하려면 수행의 경전적 근거를 알아야 합니다. 부처님께서 수행을 왜 하라고 하셨는지, 어떻게 하라고 하셨는지를 알아야 제대로 수행할 수 있으니까요.

_ 질문을 위한 출발

근년 들어 초기불교에 대한 관심이 커지고 초기경전이 속속 번역되면서, 오직 초기경전만 읽어야 한다고 강조하는 분들도 간혹 있습니다. 초기경전이냐 대승경전이냐 논쟁이 일어나서 이 때문에 불자들은 적이 혼란스러워합니다. 온라인이나 신문지상에서 논쟁이 불붙고 있는데, 건설적인 논쟁은 좋은 일입니다. '좋은 게 좋은 것'이라고 적당히 넘어갈 일은 아니고, 이런 논쟁으로 인해 불교 경전 읽기에 대한 관심이 촉발된다는 긍정적 측면은 있습니다. 그러나 논쟁이 붙으면 구체적으로 매듭을 지어가면서 공부해야 합니다. 논쟁만 하고 있을 수는 없으니까요.

불교는 질문의 종교, 수행의 종교, 깨달음의 종교입니다. 일찍이 2,600여 년 전 깨달음을 얻고 설파하신 부처님의 말씀을 오늘의 좌표 위에서 정확히 읽고 습득하고 삶 속에서 그대로 구현하는 것이야말로 반드시 해야 할 일이며, 사찰마다 불자 모임마다 개인마다 경전을 제대로 알아야 할 것입니다. 제가 이번에 학문적 연구자들이 아닌 일반 불자들을 대상으로 초기경전을 강의하겠다고 결정한 것은 바로 이런 이유 때문입니다.

자, 그럼 이제 차근차근 초기경전 공부를 위한 여행을 떠나봅시다.

1강

올바른 경전
공부를 위한
로드맵

부처님의 경전,
특히 초기경전을 알고자
하는 것은 부처님이 어떻게
사셨으며, 당신의 제자인
우리가 지금 여기서 어떻게
살아야 하는지 깨달음을
얻는 것입니다.
진리를 찾고자 하는
사람들에게 이는
대단히 매력적이며,
또 반드시 해야만 하는
'시간여행'입니다.

경전의 바다로 떠나는 여행

여기 모이신 분들은 불교가 무엇인지 알고 싶어서 오셨을 겁니다. 보통 기독교는 '믿음의 종교', 불교는 '질문의 종교'라고 합니다. 불교를 잘 모른다는 분들도 '이 뭣고?'라든가 '나는 무엇인가?'라는 화두에 대해 몇 번쯤은 들어보셨을 겁니다. 불교는 '이것이 이러하니 이렇게 믿어라!' 하지 않고 '이것이 무엇인가?'를 자꾸 질문해보라고 합니다. 그렇게 질문을 던져 스스로 답을 찾으라고 합니다.

질문이라는 것은 사람이 지닌 생각의 체계를 쉴 새 없이 자극하는 행위입니다. 학교에서 강의를 듣거나 직장에서 회의를 해보면 알겠지만, 질문이 많은 사람은 그만큼 생각도 많은 것입니다. 그래서인지 불교에 관심 있는 사람들 중에서 이런 푸념도 심심치 않게 나옵니다. 불교에 정식으로 입문하고 싶지만 마음만 가지고는 안 되더라는 것이지요. 불교는 신도들에게 그저 와서 믿으면 구원받는다고 말하는 종교가 아니라, 자기 스스로 생각하고 공부하고 수행하여 깨달으라고 합니다. 그래서 답부터 제시해서 믿음을 강요하지 않습니다. 부처님 자신부터 그렇게 하시지 않았습니다. 《앙굿따라 니까야》의 〈깔라마경〉을 보면 부처님께서 이렇게 말씀하셨지요.

소문으로 들었다 해서,
대대로 전승되어온다고 해서,
'그렇다 하더라' 해서,
성전에 써 있다고 해서,
논리적이어서,
추론에 의해서,
이유가 적절하다고 해서,
우리가 사색하여 얻은 견해와 일치한다고 해서,
유력한 사람이 한 말이라 해서,
혹은 '이 사문은 우리의 스승이다'라는 생각 때문에
그대로 따르지는 말라.

그대들은 참으로 스스로가
'이러한 법들은 해로운 것이고,
이러한 법들은 비난받아 마땅하고,
이런 법들은 지자智者들의 비난을 받을 것이고,
이러한 법들을 많이 받들어 행하면
손해와 괴로움이 있게 된다.'고 알게 되면,
그때 그것들을 버리도록 하라.

《앙굿따라 니까야》(각묵 스님 옮김, 초기불전연구원 펴냄) 1권 171~173

불교를 접하고 불교를 안다는 것은 이 생에 태어나서 만난 큰
축복이라고 생각합니다.

위없이 깊고 깊은 미묘한 법이여,
백천만겁百千萬劫이 지나도록 만나기 어려우나
내 이제 이를 듣고 받아 지니니
원컨대 여래의 진실한 뜻을 알고 새기고자 합니다.

불자들은 경을 읽기 시작할 때 이러한 개경게開經偈를 외웁니
다. '불교'란 글자 그대로 '부처님의 가르침'입니다. 2,600여 년 전
세상에 오셨던 석가모니 부처님이 어떤 가르침을 남기셨는가. 무어
라 가르치셨기에 긴 세월 동안 수많은 불자들이 그 말씀을 따르며
수행하고 있는가. 그걸 알아야 비로소 불교에 입문하는 것입니다.
'부처님께 귀의한다' 함은 부처님을 신격화하여 무조건 믿으면
서 그분이 우리의 행복한 삶이나 사후의 구원을 보장해주기를 기대
하는 것이 아닙니다. 부처님은 몸소 깨달은 진리와 그 진리에 이르
는 길을 제시하셔서 우리의 비할 바 없는 길잡이가 되신 것입니다.

_ 진리의 문 앞에서

사람은 오직 먹고살기 위해서만 세상에 태어난 것일까요? 짐승도 미물도, 모든 중생은 생명을 받아 그 생명을 부지하기 위해 먹고 살다가 목숨이 다하면 죽어갑니다. 그런데 아침에 눈떠서 밤에 다시 자리에 누울 때까지 세상살이는 마치 우리가 먹고살기 위해 태어난 것처럼 팽팽 돌아갑니다. 이러한 세상에 태어나 먹고사는 일에만 골몰하다가 진리가 무엇인지 제대로 알지도 못한 채 떠난다면 얼마나 억울하겠습니까. 불교를 안다는 것은 진리를 아는 문에 들어가는 것입니다. 진리를 바로 알면 이 세상에 태어난 것이 허무하지도 억울하지도 않고, 사물과 생을 있는 그대로 보면서 지금 여기에서 편안할 수 있습니다.

진리의 문에 들어가기 위해 어린 나이에 입산한 저도 선방에 들어가 참선을 배우고 나름대로 진리 추구에 몰두했지만, 대승경전만을 접하면서 다소 불명확하고 추상적으로 느껴지는 부분이 있었습니다. 동국대에 입학한 뒤 고익진 선생님께 원시불교 경전을 배우면서 '아, 빨리어 경전을 배우면 불교를 더 잘 이해할 수 있겠다.'는 생각이 들었습니다.

《서유기》의 주인공인 현장 법사가 진리가 담긴 경전을 구하기 위해 손오공과 저팔계를 데리고 온갖 위험을 무릅쓰며 서역으로 구법여행을 떠났듯이, 저도 그런 절실한 심정으로 1987년에 스리랑카로 떠났습니다. 스리랑카의 페라데니아대학교에서 1년 동안 공부하면서 그곳 풍토에 적응하지 못해 몸무게가 10킬로그램이나 빠질 정도로 몸 고생이 심했습니다. 하지만 원전을 배워 부처님의 원음을 생생히 접할 수 있다는 희망 때문에 마음만은 더할 나위 없이 기뻤습니다. 그 뒤 인도의 뿌나대학교에서 3년 반 동안 공부하다가, 훈고학적 해석에서 한걸음 나아가 체계적으로 문헌 연구를 하기 위해 영국으로 공부하러 갔습니다. 빨리성전협회가 있는 옥스퍼드대학교에서 박사학위를 마치기까지 제 구법의 길은 계속되었고, 그 여행은 지금도 이어지고 있습니다.

우리도 부처님처럼 사는 길, 불교를 제대로 이해하고 삶 속에서 구체적으로 실천할 수 있는 길은 무엇일까요? 제 생각에 가장 빠른 지름길이자 바른 길은 부처님께서 직접 하신 말씀을 기록한 경전을 공부하는 것이라고 봅니다. 스님이든 재가불자든 부처님의 경전, 특히 초기경전을 알고자 하는 것은 부처님이 어떻게 사셨으며, 당신의 제자인 우리가 지금 여기서 어떻게 살아야 하는지를 알기 위해 그 말씀을 생생하게 듣고 싶기 때문입니다. 진리를 찾고자 하는 사람들에게 이는 대단히 매력적이며, 또 반드시 해야만 하는 '시간여행'입니다.

여행 첫날은 으레 궁금한 것들이 많게 마련이지요. 앞으로 어떤 길을 거쳐 어떤 곳을 가보게 될까, 궁금하고 설레시죠? 오늘은 8주 동안 어떤 공부를 할 것인가에 대해 전체적으로 조망해 보고 '로드맵'을 제시하는 시간입니다. 우선 불교경전에 대한 이해를 돕기 위해 몇 가지 이야기를 해보겠습니다.

_ 초기경전은 부처님 말씀의 '오리지널 사운드 트랙'

불교, 기독교, 이슬람교를 보통 세계 3대 종교라고 합니다. 기독교의 경전은 구약·신약성서이고, 이슬람교는 코란 한 권인데, 불교에는 무척 방대한 양의 경전이 있습니다. 그래서 '많다'는 것을 강조해서 '8만 4천 경전'이라고 표현하는데, 해인사에 보관된 팔만대장경은 그 방대한 불교경전을 총괄한 것이라고 할 수 있습니다. 이 팔만대장경은 원어인 산스크리트어로 쓰인 경전을 한문으로 옮긴 번역본입니다.

학자들이 추정하기로 부처님이 설법하셨을 당시에 구어口語로 가장 많이 쓰였던 말은 '빨리어'라고 합니다. 그러니까 부처님은 빨리어로 설법하셨다고 추측할 수 있습니다. 그런데 빨리어는 자체적인 문자가 따로 없고 말만 남아 있습니다. 그래서 지금도 스리랑카에서는 싱할리어 문자, 타이에서는 타이어 문자, 미얀마에서는 미얀마어 문자로 표기됩니다. 고대 언어는 그런 경우가 많습니다. 아마도 빨리어는 마가다국의 방언이었을 거라고 학자들은 말합니다. 그렇게 빨리어로 구전된 부처님 말씀은 초기경전으로 잘 보존되어 있습니다.

그렇다면 초기경전으로 만들어지기까지 어떤 방식으로 부처님 말씀을 보존해왔을까요? 그 시대에는 녹음기 같은 것도 없었을 텐데요. 놀랍게도 그 방법은 암송이었습니다. 설법을 직접 들은 부처님의 제자들이 그 내용을 외우고, 그 제자들의 제자들이 외우는 식으로 500~600년에 걸쳐 암송을 통해 전해져 왔습니다. 그러다 '경전편찬회의'라고 할 수 있는 결집을 통해 외운 내용을 서로 확인하는 작업을 계속했습니다. 1차, 2차, 3차, 4차 결집, 이렇게 큰 계기가 있을 때마다 경전암송대회를 통해 외운 것들을 정리하고 확인한 것입니다. 정말 대단하지 않습니까? 지금 우리의 암기력이 아무리 좋다 해도 그때 부처님의 제자들과 대를 이어 그것을 외운 제자들의 기억력에 비할 수 있을까요?

인도에서는 이전부터 베다 경전을 달달 외우는 '스므르띠smṛti'라는 '기억의 전통'이 있었다고 합니다. 그래서 오늘날 우리의 상상을 초월할 만큼 뛰어난 암송 능력이 있었던 것이지요. 게다가 비구 500명 중에서 엄선된 뛰어난 사람들만이 부처님 말씀을 암송했다고 하는데, 지금으로 친다면 '멘사Mensa' 회원쯤 될 겁니다. 그렇게 암송으로 내려오던 부처님 말씀이 처음 문자로 정착된 것은 기원전 1세기경 스리랑카에서입니다. 이런 과정을 통해 부처님 말씀이 차츰 문자로 정리되고 편집된 것입니다.

섬나라인 스리랑카에서는 패엽(종려나무의 새 잎)을 채취하여 삶아서 편편하게 편 다음 햇볕에 말려 그 위에 '뼁갈라'라는 철펜으로 경전을 필사했습니다. 글씨를 쓰고 그 위에 까만 그을음을 올린 후 닦아내면 움푹 팬 곳에 먹墨이 들어가 글자가 선명하게 보입니다. 이것을 '패엽경貝葉經'이라고 합니다. 인도 남부에서도 이런 방법으로 부처님 말씀을 나뭇잎에 필사하여 기록했습니다. 인도 북부 카슈미르 지방에서는 자작나무 껍질을 벗겨 거기에 필사를 했습니다.

이런 필사 전통이 인도에서 계속 이어지다가 중국으로 건너갔습니다. 중국에서는 부처님 말씀을 중국어로 번역하기 시작했는데, 약 2,000년 전의 일입니다. 이렇게 하여 5~6세기경에는 대부분의 경전들이 한문으로 번역되었습니다. 그리고 한문으로 번역된 부처님 말씀이 우리나라에도 들어와서 해인사에서는 팔만대장경의 경·율·론 삼장三藏을 모두 목각으로 판각했습니다. 이것이 8세기경의 일이죠. 우리는 이미 이때부터 세계 사람들이 깜짝 놀랄 만한 장서를 갖게 된 것입니다. 불교가 전파되면서 한자문화권에도 부처님 말씀을 베껴 쓰고 새로운 주석서를 남기는 필사 문화가 발달한 것입니다.

그런데 혹시 이런 의심이 들지는 않습니까? '사람의 기억이란 한계가 있는데, 오직 암송으로만 전해져 내려온 내용을 어떻게 100% 믿을 수 있겠는가? 암송자들의 머리가 아무리 좋다 한들 잘못 들었을 수도 있고, 중간에 기억의 오류가 생겨서 정확한 내용이 전해지지 않았을 수도 있지 않을까?' 그런데 제가 영국에 유학하고 있을 때 그런 의심을 싹 씻어버릴 만한 놀라운 증거를 직접 보았습니다. 대영박물관 도서관에 갔다가 아주 오래된 필사본을 보고 깜짝 놀랐습니다.

아프가니스탄·파키스탄·인도 세 나라의 국경이 만나는 중앙아시아의 간다라 지방의 사막에서 경전 하나가 발굴되었습니다. 학자들이 연구해본 결과, 이 경전은 약 2,000여 년 전에 기록된 것으로 지금까지 발견된 것 중에서 가장 오래된 경전으로 판명되었습니다. 저는 영국에 가기 전 스리랑카에 있을 때 많은 패엽경을 수집해서 연구해봤기 때문에 패엽경에 대해서는 어느 정도 식견이 있습니다. 옥스퍼드에서도 오래된 패엽경을 필름으로 떠서 경전의 내용과 같은가 다른가를 비교하는 작업도 2~3년간 계속했습니다. 보통 나무껍질에 쓴 글은 공기 중에 그냥 보관하면 기껏해야 500~600년이

지나면 다 푸슬푸슬 부스러지고 맙니다. 만든 지 400~500년 정도면 아주 오래된 패엽경이라고 볼 수 있어요.

그런데 2,000년 전에 만들어진 경전이 긴 세월에도 불구하고 잘 보존될 수 있었던 것은 사막 한가운데 서 있는 탑 밑에 묻혀 있었기 때문이라고 합니다. 그래서 2,000년 동안이나 보존되었다는 것은 고고학적으로뿐만 아니라 경전사에서도 아주 획기적인 일입니다. 이 일이 CNN을 통해 세계 톱뉴스로 전해지기도 했습니다. 그 사막에서 발견된 경전은 '카로스티'라는 중앙아시아 문자로 기록되어 있는데, 내용이나 주석 내용이 지금 우리가 갖고 있는 초기경전(빨리어 경전이든 아함경이든)과 거의 비슷합니다. 그러니 400~500년 동안 암송으로 전해졌다 해도 초기경전에는 부처님의 원음이 고스란히 남아 있다는 것을 의심하지 않아도 됩니다. 쉽게 말하자면, 초기경전은 부처님 말씀의 '오리지널 사운드 트랙'이라고 보면 이해가 빠를 것입니다. 이렇게 경전은 유구한 역사를 통해 형성되고 전승되었습니다.

이번 경전학당에서 여러분과 함께 공부하려는 것은 초기경전입니다. 음악 감상에 비유하자면, 원곡을 먼저 들어봐야 그 곡을 가지고 변주나 편곡한 것을 들어도 차이점이 뭔지 이해가 잘되지 않겠습니까? 불교를 공부하다 보면 이런저런 경전 이름을 많이 듣게 됩니다. 그런데 대체 어떤 경전을 초기경전이라 하는가, 이런 궁금증이 생기겠지요. '초기경전'은 부처님께서 초기에 설법하신 말씀을 모아 놓은 겁니다. 너무 간단한가요? 그렇지만 초기경전 공부는 결코 간단하고 쉬운 일이 아닙니다.

_ 초기경전·원시경전·근본경전?

'초기'라는 말을 쓰는 것에는 가치중립적이면서도 연대기적인 의미가 있습니다. '원시경전'이나 '근본경전'이라는 말도 들어보셨을 겁니다. 그런데 저는 두 가지 이유 때문에 이 두 용어를 일부러 쓰지 않으려 합니다.

첫째, '원시경전'이라는 용어를 쓰면 잘 모르는 사람들은 원시시대에 쓰인 경전이라고 오해를 합니다. 초기경전 중에서도 특히 〈육방예경〉 같은 경전을 읽어보면, 먼 옛날에 국한된 말씀이 아니라 지금 21세기에도 너무나 딱 들어맞는 말씀이 많습니다. 이런 이유로 저는 '원시경전'이라는 말을 안 쓰고 '초기경전'이라는 용어를 쓸 것입니다.

둘째, 근본경전이라는 용어도 저는 배제하고 있어요. 초기경전 계통의 자료를 찾다 보면 '근본경전'이라는 말이 가끔 나오기도 합니다. '근본'이라는 단어가 처음에는 저도 매력적으로 느껴졌지요. 그런데 요즘 우리 주변에서 일어나는 많은 문제들은 대부분 '근본주의자'들이 일으키고 있어요. 기독교 근본주의자들, 이슬람교 근본주의자들, 그리고 불교에도 '초기불교 근본주의자'들이 있답니다. 오직 초기불교만이 옳고, 대승경전이나 선불교의 가르침은 전부 가짜요, 이른바 '짝퉁'이라는 편견을 가진 사람들이지요. 그래서 행여 그런 근본주의와 연결될까봐 그 단어를 쓰는 것이 꺼려집니다.

근본이라는 말에는 '이때의 가르침만이 근본이고 다른 것은 다 틀렸다'는 매우 편협한 입장과 생각이 숨어 있을 수 있습니다. 근본이란 말은 원래 좋은 말이지만, 이런 식으로 오염되었기 때문에 저는 근본불교니 근본경전이니 하는 말을 되도록 쓰지 않습니다. 그러면 중립적인 표현은 무엇일까요? 그냥 '초기경전'입니다.

_ 초기경전의 두 가지 큰 줄기

이 강좌는 초기경전의 세계, 그 입문에 해당합니다. 총 8강으로 이루어지는데, 불교의 핵심교리를 바탕으로 그에 해당하는 경전을 발췌해서 읽어가며 공부할 것입니다.

앞에서 '근본불교'라는 표현에 대해 말했지만, 교리를 두고도 '근본교리'라는 말을 즐겨 쓰는 분들이 계십니다. '근본교리' 대신에 '핵심교리'라는 말을 쓰면 좋습니다. 이 '핵심'은 초기불교에도 대승불교에도 선불교에도 있습니다. 이 '핵심'은 여러 시대의 불교에 걸쳐 공유되는 것입니다. 우리가 초기불교를 공부하면서 핵심을 잘 정리해놓으면 나중에 대승경전이나 선어록을 공부할 때 아주 탄탄한 바탕이 되어서, 훨씬 더 근원적으로 쉽게 부처님 말씀을 이해할 수 있겠습니다.

여기서 경전의 체계를 간단하게 정리해둘 필요가 있겠습니다. 불교경전에는 초기경전과 대승경전이 있습니다. 초기경전은 크게 '빨리 니까야Pāli Nikāya'와 '아함경阿含經'으로 나눌 수 있는데, 이 둘의 차이점에 대해 큰 맥락부터 이야기하고 세부적인 설명을 하겠습니다.

빨리 니까야는 부처님이 당시에 하신 설법을 구성하여 편집한 것입니다. 경전 길이, 주제, 법수法數(경전 내용에 나오는 숫자)에 맞춰 여러 방식으로 편집하여, 경전을 읽되 하나의 체계성을 가지고 읽도록 해놓은 것입니다. 이것이 바로 '빨리 경장經藏'입니다.

초기경전의 종류

빨리 니까야 : 부처님이 당시에 말씀하신 설법을 구성하여 편집한 것.

아함경 : 산스크리트어로 쓰인 초기 가르침이 중국으로 전해져 한문으로 번역된 것.

'띠삐따까tipiṭaka'라는 말이 있는데, '띠ti'는 숫자 3, '삐따까 piṭaka'는 장藏이란 뜻입니다. 한문으로 하면 '삼장三藏'이죠. 여기서 '장'은 광주리나 바구니를 말합니다. 광주리는 무엇을 담을 수 있는 물건이죠. 그래서 경經의 광주리에는 부처님 말씀만 담았다 하여 이를 경장, 즉 '숫따 삐따까sutta pitaka'라고 합니다. '숫따'란 줄을 맞춰 하나로 꿰어놓은 것을 말하는데, 패엽경을 보면 조각난 나뭇잎을 꿰어놓아 한 장 한 장 넘겨가며 볼 수 있게 되어 있습니다.

삼장에는 경장 말고 율장律藏, 즉 '위나야 삐따까vinaya piṭaka'도 있는데, 수행생활의 지침과 계율을 모아놓은 것입니다. 경장과 율장이 가장 먼저 성립되었고, 더 나중에 편집된 논장論藏, 즉 '아비담마 삐따까abhidhamma piṭaka'는 부처님 말씀을 체계적으로 정리해서 이해하기 쉽게 해설한 것입니다. 이렇게 경장, 율장, 논장, 세 가지를 합해 '삼장'이라고 합니다. 삼장을 빨리어로는 위에서 썼듯이 '띠삐따까', 그리고 산스크리트어로는 '트리삐따까tripiṭaka'라고 하죠. 예컨대, 해인사에 보관된 세계문화유산인 팔만대장경을 서양 사람들이 이야기할 때는 '트리삐따까 코리아나Tripiṭaka Koreana'라고 합니다.

빨리어 경장의 구성

빨리어 삼장의 구성을 다음의 표로 정리해보았습니다.

●

빨리 삼장三藏, Pāli tipiṭaka

경장(숫따 삐따까)	부처님 말씀을 모아놓은 것.
율장(위나야 삐따까)	수행생활의 지침과 계율을 모아놓은 것.
논장(아비담마 삐따까)	부처님 말씀을 체계적으로 정리해서 해설한 것.

우리가 주로 공부할 것은 경장, 즉 부처님 말씀을 모은 경전으로, 총 다섯 부류로 구성되어 있습니다.

1) **디가 니까야**Dīgha-nikāya 장부長部 34경
2) **맛지마 니까야**Majjhima-nikāya 중부中部 152경
3) **상윳따 니까야**Saṁyutta-nikāya 상응부相應部 2,872경
4) **앙굿따라 니까야**Aṅguttara-nikāya 증지부增支部 2,198경
5) **꿋다까 니까야**Khuddaka-nikāya 소부小部
  ① 꿋다까빠따Khuddakapāṭha 소송경小誦經
  ② 담마빠다Dhammapada 법구경法句經
  ③ 우다나Udāna 자설경自說經
  ④ 이띠부따까Itivuttaka 여시어경如是語經
  ⑤ 숫따니빠따Suttanipāta 경집經集
  ⑥ 위마나와뚜Vimānavatthu 천궁사경天宮事經

⑦ 뻬따와뚜Pettavatthu 아귀사경餓鬼事經

⑧ 테라가타Theragāthā 장로게경長老偈經

⑨ 테리가타Therīgāthā 장로니게경長老尼偈經

⑩ 자따까Jātaka 본생경本生經

⑪ 니데싸Niddesa 의석義釋

　　– 마하 니데싸Mahā-Nidessa 대의석大義釋

　　– 쭐라 니데싸Cūḷa-Nidessa 소의석小義釋

⑫ 빠띠삼비다막가Paṭisambhidāmagga 무애해도無碍解道

⑬ 아빠다나Apadāna 비유경譬喩經

⑭ 붓다왐사Buddahvaṁsa 불종성경佛種姓經

⑮ 짜리야삐따까Cariyāpiṭaka 소행장경所行藏經

＊ 밀린다팡하Milindapañha 밀린다왕문경彌蘭陀王問經

1) 《디가 니까야》는 한문으로 '장부長部'라고 하는데, 길이가 긴 경전들입니다. 부部(니까야)는 편집할 때 경을 모아 놓은 단위를 말합니다.《디가 니까야》는 총 34경으로 구성되었습니다.

2) 《맛지마 니까야》는 '중부中部'입니다. '맛지마'는 가운데라는 뜻으로 모두 152경이 포함되는데, 길이는 《디가 니까야》의 경들보다 짧고 《상윳따 니까야》,《앙굿따라 니까야》의 경들보다는 깁니다.

3) 《상윳따 니까야》는 '상응부相應部'입니다. '상'은 함께, '윳따'는 묶임이라는 뜻으로, 서로 관련 있는 주제별로 모아놓은 경전입니다.

4) 《앙굿따라 니까야》는 1에서 10까지 숫자를 하나하나 더해가며 법수별로 경의 체계를 정리해놓은 것으로, '증지부增支部'라고 합

니다. 길이가 상대적으로 짧은 총 2,198경들을 모은 것입니다.

여기까지를 '4부 니까야'라고 합니다.

5) 《꿋다까 니까야》, 즉 '소부小部'에는 구체적으로 각각의 텍스트들이 형성되어 있는데, 15개의 경전이 여기에 포함됩니다. 이 중에서 굉장히 유명한 경전이 두 가지 있는데, '법구경'으로 익숙한 〈담마빠다〉와 법정 스님께서 번역한 〈숫따니빠따〉입니다.

〈숫따니빠따〉는 '경집經集'이라고 하는데, 매우 오래된 경전들이 여기에 포함됩니다. 산문 형식도 있지만, 주로 시적으로 표현된 아름다운 내용이 많습니다. 〈담마빠다〉는 수십 개의 언어로 번역되었는데, 영어로 번역된 것만도 수십 가지나 됩니다.

〈우다나〉는 부처님께서 성도하시고 7번을 옮겨 다니며 49일 동안 깨달음의 내용을 회상하신 것을 정리한 경전입니다. 〈이띠붓따까〉는 부처님이 제자와 보살 등에게 과거세의 행적을 설한 내용을 담은 경전이고, 〈위마나와뚜〉는 하늘나라의 일들을 서술해놓은 경전이고, 〈뻬따와뚜〉는 아귀들의 일을 서술해놓은 것입니다. 〈테라가타〉는 장로게입니다. '테라'는 존자尊者, 혹은 장로長老란 뜻인데, 지금 개신교에서 쓰는 '장로'라는 호칭이 원래부터 불교에 있던 말입니다. 그쪽에서 갖다 쓰니까 오히려 불교에서는 잘 쓰지 못하고 있지요. '자비'라는 말도 추기경님이 말씀하셔서 천주교에서 나온 말처럼 되어버렸지만 원래는 불교에서 쓰는 말입니다.

이처럼 방대한 팔만대장경 자체가 문헌학의 보고입니다. 〈테라가타〉는 장로들이 수행경험(오도송, 법열에 취해 나온 좋은 생각과 시)을 쓴 것이고, 〈테리가타〉는 여성 수행자인 비구니들이 쓴 글이며, 〈자따카〉는 부처님의 전생 이야기를 재미있게 엮어놓은 것입니다. 빨리성전협회에서 나온 6권으로 된 〈자따까〉는 이솝 우화처럼 동물과 관련된 이야기들이 많아서 내용이 아주 풍부하고 재미있습니다. 수행하실 때 삼매 중에 새가 날아와 부처님 머리 위에 집을 지었다는 이야기 등, 부처님의 수행과 인연이 있는 동물들에 대한 재미있는 일화가 많습니다.

〈니데싸〉에는 '마하 니데싸'와 '쭐라 니데싸'가 있는데, 주석적인 성격이 여기서부터 나타나기 시작합니다. 경전에서 해설이 필요한 부분들을 발췌하여 하나하나 설명했는데, 해설 내용이 자세하진 않지만 이미 경전 해설의 시도가 시작되었다는 데 의의가 있습니다. 〈빠띠삼비다막가〉는 내용상으로 보면 아비담마의 요소가 많아 주석서의 성격이 있습니다. 또한 상좌부의 매우 중요한 논서인 《위수띠막가》의 저본이 되었을 가능성이 높습니다. 실지로 《청정도론》에 보면 〈무애해도〉가 자주 인용됩니다.

〈아빠다나〉는 〈자따카〉와 비슷한데, 중생의 많은 업의 종류를 비유나 실제 예화를 통해 설명해놓은 불교 문학작품입니다. 〈붓다왐사〉는 부처님의 전기를 기록해놓은 것입니다. 마명 스님이 산스크리트어로 지은 《붓다짜리따》라는 아름다운 텍스트도 있는데, 빨리 경전에서는 그에 해당하는 것이 바로 〈붓다왐사〉입니다. 또 비슷한 유의 경전이 〈짜리야삐따까〉인데, 여기도 부처님의 여러 행적을 모아서 정리해놓았습니다.

《꿋다까 니까야》는 이상 15개의 경전으로 구성되어 있습니다.

앞서 '빨리어 경장의 구성'을 설명할 때 목록의 마지막에 덧붙인 《밀린다팡하》는 '메난드로스(밀린다)'라는 그리스 왕과 '나가세나'라는 고승이 나눈 세계적인 대담입니다. 한문 번역본은《나선비구경 那善比丘經》입니다. 동서양이 만나 삶과 우주의 진리에 대해 서로 논하고 대담한 내용으로 지금 현대인들이 하고 싶은 질문들도 다양하게 나와 있지요. 그런데 《밀린다팡하》는 보통 강의를 잘 안 하더군요. 저는 인도에 있을 때 이것을 빨리어로 읽으며, 언젠가는 이걸 가지고 체계적인 강의를 해야겠다고 맘먹었습니다. 《밀린다팡하》는 경전이라기보다는 교리문답서입니다. 그것도 가벼운 문답서가 아니라 깊이 있는 대화가 담겨 있는 책입니다. '왜 윤회하는가?', '무아인데 어떻게 윤회하는가?', '알고 짓는 죄가 큰가, 모르고 짓는 죄가 큰가?' 같은, 여러분이 평소에 궁금해하는 질문들이 많이 나옵니다. 흥미롭겠지요? 여기까지 이 강의의 전체적인 로드맵에 대해 말씀드렸습니다.

_ 한역 초기경전의 구성

그럼 이제 한역漢譯 초기경전으로 넘어갑시다. 한역 경전에는 4아함(아가마āgama)이 있습니다. 북방불교 전통에서는 얼마 전까지만 해도 빨리어 경전이 번역되어 있지 않았습니다. 그런데 지난 10여 년간 여러 학자들과 스님들이 공부하여 빨리어 경장이 거의 속속들이 번역되고 있습니다. 《디가 니까야》는 각묵 스님과 대림 스님이 완역했고, 《맛지마 니까야》, 《상윳따 니까야》는 전재성 박사가 번역했습니다.＊《앙굿따라 니까야》는 대림 스님, 전재성 박사가 각기 번역한 것이 있고, 《상윳따 니까야》는 각묵 스님의 번역본이 2009년 10월에 출간되었습니다.

이 강의에서는 필요한 경전을 제가 발췌해서 읽고 설명하겠지만, 더 깊이 있게 공부하고 싶으신 분들은 이 번역본들을 체계적으로 읽어보는 것이 좋습니다. 물론 가장 좋은 것은 저처럼 마음을 내어 본격적으로 빨리어 공부를 하는 것입니다. 정말 심도 깊은 경전 공부를 해야겠다 싶으면 꼭 원전으로 공부하시라고 권하고 싶습니다. 번역본을 읽는 것도 좋지만, 원전을 읽으면 맛이 다릅니다. 거기서만 느껴지는 고유의 에너지가 있습니다.

공부를 위해 말씀드리자면, 제가 추천하는 번역은 각묵 스님, 대림 스님 두 분이 하신 것들입니다. 이분들은 인도에서 원전 공부를 철저히 하셨으며, 평생 부처님 경전을 우리말로 번역하는 일을 큰 원력으로 삼고 하나하나 실천하고 계십니다. 처음에는 한 가지 경전만 보다가 나중에 경전을 보는 안목이 생기면 여러 번역본들을 비교해서 보는 것도 좋습니다. 하지만 처음부터 이것저것 많이 보게 되면 혼동이 됩니다.

한역 4아함은 《장아함경》, 《중아함경》, 《잡아함경》, 《증일아함경》으로 구성되었습니다. 이 네 가지 아함경은 《디가 니까야》, 《맛지마 니까야》, 《상윳따 니까야》, 《앙굿따라 니까야》에 상응합니다. 그러나 완전히 똑같지는 않고, 같은 경들도 있지만 자세히 살펴보면

＊　《맛지마 니까야》의 각묵 스님 번역본이 이 강의 후인 2012년 출간됨.

조금씩 다른데 전체적인 주제는 서로 맞습니다. 그걸 문헌학적으로 '상응'한다고 하지요.

《장아함경》과 《디가 니까야》는 서로 비슷합니다. 《장아함경》은 약 30경으로 되어 있는데, 《디가 니까야》는 34경입니다. 《장아함경》의 원전은 아마도 산스크리트어였을 것으로 추정됩니다. 빨리어 경전들은 모두 상좌부, 즉 테라와다에 속하는 경전들인데 《장아함경》은 아마도 법장부라는 부파에 속하는 경전이라고 추정됩니다.

《중아함경》은 《맛지마 니까야》에 상응하는데, 한역인 《중아함경》이 221경으로 더 많습니다. 《잡아함경》은 《상윳따 니까야》에 비해서 경전 수가 적습니다. 이 둘은 설일체유부의 '소전所典'으로 추정됩니다. 《증일아함경》은 471경으로 구성되어 있는데, 여기에는 대승불교적 요소도 조금 포함되어 있다고 합니다. 후기에 성립된 경전이라 할 수 있죠. 다음의 표에서 알기 쉽게 정리해보았습니다.

◉
빨리어 경장과 한역 아함경의 상응 관계

빨리어 경장	한역 4아함
《디가 니까야》 34경	《장아함경》 30경
《맛지마 니까야》 152경	《중아함경》 221경
《상윳따 니까야》 2,872경	《잡아함경》 1,362경
《앙굿따라 니까야》 2,198경	《증일아함경》 471경

이 표에서 보는 것처럼 4아함과 4니까야는 서로 상응합니다. 앞으로 빨리 니까야와 아함경에서 골고루 발췌하여 함께 읽을 계획입니다. 어떤 부분은 정말 중요한데 빨리 니까야에는 없고, 어떤 부분

은 흥미로운데 아함경에는 없는 것도 있습니다. 이 두 가지는 전부 초기경전으로 분류되므로 중요한 경전이라면 빨리어이든 한역이든 상관 않고 자유롭게 발췌하여 읽어보겠습니다.

빨리어만이 진설眞說이고 다른 것은 다 잘못되었다고 생각하는 분들은 심지어 아함경도 원전이 아니라며 안 보려고 합니다. 하지만 그건 너무 극단적인 태도라고 봅니다. 아함경은 한문으로 번역된 것이지만 서기 300~400년에 번역되어서 부처님 말씀의 초기 형태가 많이 보존되어 있습니다. 초기경전 중《안반수의경》같은 것은 150년경, 서기 2세기에 번역된 것입니다. 그리고 아함경에 담긴 내용들도 초기불교적인 것들이기에 저는 여러분과 공부할 때 빨리 니까야와 아함경을 넘나들려고 합니다.

불교의 네 가지 핵심교리

불교 교리 공부를 위한 교재로 예전에 포교원에서 낸 《불교 교리》라는 책이 있었습니다. 제가 영국 유학에서 돌아와 시중에 나와 있는 불교 교리에 대한 책들을 죽 모아봤습니다. 그런데 책들을 살펴보니 승려인 제가 봐도 무척이나 어렵게 쓰여 있더군요. 그래서 실무자들에게 왜 이렇게 어려운 교리책이 포교원 교재로 나왔느냐고 물은 적이 있습니다. 그랬더니 몇 달 후에 기획서를 갖고 저를 찾아와서는 이번에 불교 교리책 개정 작업에 들어갔다며 그 중 한 장章을 써달라는 요청을 하더군요. 그래서 제가 말하는 대로 집필을 한다면 참여하겠다고 했지요. 그리고 다음과 같은 사항을 당부했습니다.

첫째, 교리서란 불자들이 읽고 이해할 수 있는 책이어야 한다는 것. 둘째, 교리가 그저 교리로만 남거나 현실의 삶과 유리되어 생활 속에서 실천할 수 없다면 아무 소용이 없으니 실제의 삶과 연관된 예나 항목으로 구체화되어야 한다는 것. 그리고 저뿐만 아니라 다른 필진도 모두 그렇게 원고를 쓰도록 집필지침을 만들어 공유하자고 했습니다.

그렇게 하여 모두 4부로 된《불교의 이해와 신행》에서 '부처님의 가르침' 중 '불교의 핵심교리' 부분을 제가 썼습니다. 사실 옛날에 어떤 스님이 몇 년도에 뭘 했는지, 이런 것은 일반 불자들에게는 별 의미도 없고 중요하지 않잖아요. 불교학자에게나 중요한 것이지요. 이런 생각을 가지고 제가 쓴 글을 중심으로 불교 교리를 다시 정리하면서 초기경전을 자연스레 접하는 방식으로 이 강의를 구성해 보았습니다.

저는 불교의 핵심교리를 크게 네 가지로 봅니다. 바로 '연기법緣起法, 일체법一切法, 삼법인三法印, 사성제四聖諦'입니다. 이 네 가지를 차근차근 설명하고, 그 다음에는 연기법을 다시 한 번 자세히 해설한 뒤, 생활 속에서 연기법을 어떻게 실천할 수 있을까 하는 내용으로 마무리하겠습니다.

_ 모든 불교 공부는 연기법으로 통한다

불교의 핵심 가르침은 뭐니 뭐니 해도 연기법이라고 생각합니다. 그래서 이 연기법을 생활 속에서 어떻게 실천할 것인가에 주안점을 두고 불교 공부를 해야 된다고 봅니다. 그래서 앞에 말한 핵심 교리 부분을 집필할 때도 연기법에서 시작하여 연기법으로 끝나는 체계로 구성했습니다. 어차피 일체법, 삼법인, 사성제도 연기법을 다양한 관점에서 이해하고 실천하기 위한 부처님의 가르침이지요.

이와 같이 초기경전의 전체 틀은 말씀드렸고, 앞으로 2강에서 부처님의 핵심 가르침은 무엇이며, 그에 대해 부처님 말씀을 기록한 경전들은 어떤 것이 있는가를 보겠습니다. 지금은 오리엔테이션에 해당하니 여기에 대한 서적들도 소개해드리지요.

삶의 이치와 우주 만유의 이법을 가르쳐주는 연기법은 초기경전의 여러 곳에서 반복적으로 설해집니다. 초기경전 말고도 연기법과 관련된 많은 가르침이 있는데, 특히 대승불교의 꽃이라 할《화엄경》은 연기법을 우주적인 차원에서 확대해석한 것입니다. 그래서《화엄경》을 제대로 공부하려면 연기법의 ABC를 확실히 알아야 합니다.

《상윳따 니까야》에 보면 여러 곳에서 연기법에 대한 말씀이 나옵니다. 연기법의 특징이 무엇인지를 다양한 관점에서 알아볼 것입니다. 제가 이 강의를 위해 아함경 곳곳에서 이 부분을 찾아 읽어보았는데,《잡아함경》에는 대승경전인《금강경》에 나오는 표현이 그대로 나오더군요. '아상我相, 인상人相, 중생상衆生相, 수자상壽者相'이라는 표현입니다. 이런 부분이 바로 초기경전과 대승경전을 이어주는 코드가 된다고 생각합니다. 이런 경전들을 발췌해서 함께 읽으며 초기경전의 바탕 위에 대승경전이 이해되도록 할 예정입니다.

이어 3강에서는 '오온五蘊, 십이처十二處, 십팔계十八界'를 중심으로 이야기할 것입니다. '오온'이라는 개념은 4부 니까야 전체에 반복해서 나오는데, 왜 그럴까요? 부처님은 세계의 존재현상과 인간을 오온으로 분석하기를 즐기셨습니다. '우리 존재란 도대체 무엇일까?'라는 물음에 대해 오온, 십이처, 십팔계로 설명한 것이지요.

4강에서는 '삼법인'에 대해 이야기하면서 역시 다양한 경전에서 발췌하여 읽겠습니다. '무상無常·고苦·무아無我'가 삼법인입니다. 무상에 관해 부처님이 말씀하신 것이 여러 경전에서 나오고, 무아에 관한 말씀도 많이 하셨지만, 특히 고에 대한 언급을 많이 하셨습니다. 고의 문제를 해결하기 위해 괴로움의 본질과 실상에 대해 상세하게 말씀하셨습니다. 《상윳따 니까야》에서는 여러 부분에 이것이 나오는데, 발췌해서 함께 읽어보도록 하겠습니다.

5강에서는 '사성제'에 대해 집중적으로 공부해보겠습니다. 부처님이 성도 후 처음으로 교진여 등 다섯 비구에게 설하신 것이 니까야와 율장에 나오는 〈초전법륜경〉입니다. 처음으로 법의 바퀴를 굴려 포교하면서 설하신 이 경을 발췌하여 강의할 예정입니다. 사실 사성제의 모든 교리를 총망라해서 책을 구성하고 강의할 수도 있습니다. 옛날 세친 스님이 저술한 《구사론》도 사성제라는 큰 틀을 갖고 구성해놓았습니다.

20세기 초에 냐나띨뽀니까라는 독일 출신의 유대인 스님이 계셨습니다. 이분은 제1차 세계대전을 피해 스리랑카로 가서 스님이 되어 수십 년간 불교 공부와 경전 번역에 정진하셨습니다. 그리고 불자협회에서 일반인들을 위한 좋은 글을 펴내며 불교를 알리기 위해 많은 노력을 기울이셨습니다. 이분의 스승님은 냐나띨로까 스님이라는 독일 분으로 《부디스트 딕셔너리Buddhist Dictionary》라는 불교 소사전을 쓰신 분입니다. 1900년대 초부터 독일인들이 스리랑카, 미얀마, 인도 등지에 가서 불교 공부를 많이 했습니다.

영국은 1800년대 후반에 식민지인 인도와 스리랑카로부터 빨리 어 경전을 입수했습니다. 당시 스리랑카 집정관이었던 리스 데이

미산 스님 초기경전 강의

비즈Rhys Davids가 경전을 보고 크게 감탄하여 집정관의 지위도 버리고 전 재산을 헌납해서 불교연구소를 설립했습니다. 그래서 빨리어 삼장을 전부 로마자로 바꾸고 영어로 번역하기 시작했습니다. 영국에는 빨리성전협회가 지금도 있는데, 제가 영국의 옥스퍼드에 가서 공부한 이유도 바로 PTS 때문이었습니다. 제가 그곳에서 공부하고 싶다는 편지를 보냈더니 다행히 제 뜻이 받아들여져 거기서 6년간 공부할 수 있었습니다. 서양의 선진국 중에서 영국과 독일이 불교의 원전 연구에서 가장 선구적인 역할을 하고 있습니다.

냐나띨로까 스님이 빨리어 경장에서 사성제와 관련된 경구들을 뽑아 다시 '사성제(고·집·멸·도) 구조'로 편집하여 《붓다와짜나 Buddhavacana》라는 책을 냈습니다. 이때 빨리어가 로마자로 표기된 이유는, 앞서 말씀드린 대로 빨리어가 구어인지라 자체적인 문자가 없기 때문입니다. 그래서 미얀마에 가면 미얀마 문자로 표기되고 스리랑카에서는 싱할리 문자로 표기되고 있습니다. 지금의 학자들 대부분에게 로마자가 간편하고 또 국제화되어 있기 때문에 경전을 인용할 때는 항상 PTS 것이 표준이 됩니다. 로마자로 표기만 한 것이 아니라 빨리어 뜻을 그대로 살려 영어로 번역도 해놓으셨습니다. 제가 학인 스님들에게 이 책을 중심으로 공부하자고 하여 다음 학기부터 스터디를 하기로 했습니다. 그러나 여러분은 김재성 교수가 번역한 《붓다의 말씀》*이라는 책이 나와 있으니 이 번역본을 보시면 됩니다.

＊ 《붓다의 말씀》, 냐나틸로카 스님 엮음, 김재성 옮김, 고요한소리, 2002.

6강에서는 업과 윤회라는 주제를 12연기법을 가지고 공부해보겠습니다. 이 강의에서 가장 중요한 경전이 〈마하땅하상카야 숫따〉입니다. 《맛지마 니까야》에 나오는 이 경을 보면 12연기에 대해 부처님께서 직접 자세히 해설하셨는데, 그 이유는 제자들 간의 다툼 때문이었습니다. 사띠라는 승려가 잘못된 사견을 가지고 동료 승려들에게 자기 주장을 내세웁니다. 그러자 동료 승려가 부처님께 가서, "사띠가 '식識'이 이 생에서 저 생으로 건너가 윤회한다고 하는데, 이것이 맞는 이야깁니까?"라고 여쭈었습니다.

이 물음에 부처님께서는 화내지 않으시고 사띠에게 "이 어리석은 사람아!"라고 한마디 하십니다. 부처님께서 쓰신 말 중에서 매우 강한 표현이죠. 그리고 "내가 언제 식이 이 생에서 저 생으로 옮겨간다 했느냐. 식은 연기하는 것이다."라고 말씀하시며 대중을 모으라 하시고 수백 명이 모인 자리에서 12연기에 대해 자세하게 해설해주십니다. 이것이 6강의 주제가 될 것입니다.

7강은 생활 속의 연기법 실천입니다. 실천은 생활 속에서 해야 합니다. 특히 여러분은 각기 가족의 한 구성원으로 살아가기 때문에, 가족 사이에 연기적 사유방식과 생활방식이 체화되지 않으면 불교를 실천하지 못하는 셈입니다. 연기법을 이해하고 연기적 삶을 살지 않으면 불자가 아닙니다. 저는 어떤 사안이 있을 때 연기와 중도의 관점에서 늘 생각하려 하고 그것이 몸에 배도록 노력합니다. 여러분도 이 강의를 듣고 나면 그것이 체화되어야 합니다. 그러면 지금까지 건성으로 불교를 믿었다 하더라도 이제부터는 진정한 불자다운 삶이 나옵니다.

그래서 함께 읽을 경전으로 《디가 니까야》의 〈육방예경〉을 골랐습니다. 어느 바라문이 새벽부터 나와 여섯 방향으로 절을 합니다. 왜 육방에 절을 하느냐고 물어보니, 아버님이 돌아가시기 전에 여섯 방향(동서남북상하)에 대고 절을 하라고 당부하셔서 그런다고 대답합니다. 그러자 부처님께서 그 의미를 이야기해주십니다. '상'은 스승, '하'는 하인들에게 하는 것이고, 절하는 이유는 그들을 존경하고 좋은 관계를 맺어 행복하게 살기 위해서라고 합니다. 그리고 부부 관계, 부모자식 관계, 고용인과 고용주 관계에서 어떤 덕목을 실천할 것인지를 구체적으로 말씀하십니다. 제가 법회 법문 중에 가끔 이 경을 인용하는데, 이번 기회에 이 경을 전부 공부할 것입니다. 단편적 인용을 넘어 전체적으로 공부할 수 있는 좋은 기회죠.

8강에서도 연기법과 관련된 부처님 말씀을 구체적으로 살펴보고, 이에 해당하는 경전으로 〈최상의 행복경(마하망갈라 숫따)〉과 〈자애경(메따 숫따)〉, 〈자애송〉, 〈보배경(라따나 숫따)〉을 읽을 것입니다. 〈최상의 행복경〉과 〈자애경〉은 읽으면 읽을수록 마음이 편안해지고 행복해지는 내용입니다.

스리랑카, 미얀마 등 남방불교 국가에 가보면 〈자애경〉, 〈최상의 행복경〉, 〈보배경〉을 가장 많이 독송합니다. 마치 우리가 《반야심경》을 독송하듯 거기서는 재가자들이 스님께 공양하러 가면 이 경을 빼놓지 않고 독송합니다. 먼 길을 떠날 때는 아침 일찍 스님을 찾아가서 기도해달라고 하면, 스님이 그 자리에서 〈최상의 행복경〉이나 〈보배경〉을 독송해주며 팔에 하얀 실을 매줍니다. 이것이 모든 액운과 재앙을 물리치게 하고 마음을 늘 행복하고 자애롭게 해준다고 그분들은 믿고 있더군요.

왜
초기경전인가?

왜 우리는 초기경전부터 공부해야 할까요? 불교의 핵심교리는 연기법과 일체법, 삼법인, 사성제, 이 네 가지라고 저는 늘 이야기합니다. 이 핵심교리를 가장 명료하게 체득할 수 있는 비법이 바로 초기경전에 있습니다. 초기경전을 꾸준히 읽다 보면 이 네 가지 교리가 계속 반복해서 나오기 때문에 불교의 기본 틀이 마음속에 확립됩니다. 체화된다는 뜻이죠. 그렇게 될 때 불교 공부도 재미있어지고, 후에 대승경전을 읽어도 어딘가 현실과 유리된 듯한 느낌을 받지 않게 됩니다. 선어록을 읽어도 추상적이지 않고 매우 구체화되어 그 본질을 꿰뚫어볼 수 있는 직관력이 생깁니다.

물론 초기경전과 여기서 파생된 아비담마 해설서들은 매우 분석적입니다. 그런데 이런 분석은 논리의 훈련일 뿐만 아니라 '담마 dhamma, 法', 즉 일체의 존재현상을 명료하게 보기 위한 훈련이기도

미산 스님 초기경전 강의

합니다. 그런 훈련을 통해 우리는 직관의 세계로 갈 수 있는 통로를 마련하는 것입니다. 선불교는 그냥 바로 그 직관으로 들어가려 합니다. 그런데 직관으로 들어갔다 할지라도 남들을 교화하고 그 직관의 세계로 인도하려면 자세한 분석이 필요합니다. 초기경전은 그런 요소들을 다 가지고 있습니다. 직접 공부해보시면 알게 됩니다. 머리 싸매고 깊이 고민할 필요가 없을 정도로, 읽으면 무슨 얘긴지 금방 알 수 있게 직접적으로 표현되어 있습니다.

그리고 초기경전의 말씀은 어떤 경전을 읽더라도 '한맛一味'입니다. 모든 초기경전은 해탈로 인도한다는 뜻입니다. 경전 안에 이러한 말씀이 나와 있습니다. 《중아함경》에도 나오는 말씀인데, 제가 빨리어로 한 번 읽어보겠습니다.

세타 삐 마하 사무다요 에까 라소
settha pi mahā samuddayo eka raso

담마위나요 에까 라소 위무띠 라소
dhammavinayo eka raso vimutti raso

바닷물은 한 가지 맛, 즉 소금 맛만 가지고 있다.
마찬가지로 이 법과 율도 한 가지 맛, 즉 해탈의 맛만 가지고 있다.

_ 반복의 미덕

지금 이 구절을 빨리어로 독송하니 비록 뜻은 모르더라도 '오리지널 사운드 트랙' 특유의 맛이 느껴지지 않습니까? 이처럼 부처님의 초기경전을 읽으면 바로 대자유의 경지에 들 수 있고, 자유의 단맛을 느낄 수 있다는 것이 제가 체험한 바입니다. 특히 초기경전을 반복해서 소리내어 읽으면 마음이 편안하고 자유로워집니다.

주의할 점은, 초기경전은 구전된 내용을 기록한 것이라서 되풀이되는 부분이 많다는 것입니다. 현대인들은 반복을 싫어하지요. 예컨대 제가 한 말 또 하고 또 하면 여러분은 속으로 '아이구, 저 스님은 쓰는 말이 저것밖에 없나? 만날 저 말만 해.'라며 지루해하겠지요. 그런데 경전을 읽어보면 같은 말이 조금씩 바뀌어서 자꾸 반복되는 것을 알 수 있습니다. 여기에는 중요한 의도가 있어요. 반복을 해야만 정확하게 기억되기 때문입니다. 가령 제가 여러분께 경전 읽기 숙제를 내드린다고 해보세요. 경전을 읽어오라고 할 때는 큰소리로 또박또박 읽어야 합니다. 반복되는 부분이라고 해서 뛰어넘지 말고요. 반복해서 읽으면 자기도 모르는 새에 기억하게 됩니다. 연세 드신 분들은 절대로 경전을 못 외운다고 하시지만, 백 번 천 번쯤 반복해서 읽어보세요. 안 외워지는지.

일전에 혜거 스님께서 중앙승가대에 오셔서 '한문과 불교'라는 주제로 강의하시며 들려주신 일화가 있습니다. 혜거 스님이 옛날에 탄허 큰스님한테 글을 배우실 때, 무조건 외우라고 하시더랍니다. 그러면 다음날 강의 때 전날의 내용을 외워서 바쳐야 했답니다. 혜거 스님은 몇 십 번만 읽으면 외웠는데, 나중에 보니 그때 300번 달달 읽어서 외운 사람이 훨씬 더 글을 잘 읽더라는 겁니다. 당시 그 사람은 자기가 미련하여 300번이나 읽는다고 자책했지만, 그렇게 하니 결국엔 더 낫더라는 거죠. 반복을 많이 해서 머릿속에 장기적으로 확실히 입력되었기 때문입니다. 학교 다닐 때 벼락치기로 공부한 것은 시험 끝나고 나면 싹 잊어버리죠. 그런데 미련하게 읽고 또 읽고 쓰고 또 쓰고 한 내용은 오랫동안 머릿속에 남아 있습니다. 그리고 그 남은 것들은 삶 속에 배어나옵니다. 그러니 반복되는 부분이 있어도 싫증내지 말고 읽으세요. 계속 읽으면 문리가 트입니다.

사실은 빨리어도 아예 외워버리는 게 가장 좋습니다. 외우면 어휘가 머리에 그대로 입력되니까 처음 보는 텍스트를 대하더라도 금방 이해가 됩니다. 핵심이 되는 중요한 경전을 선택해서 완전히 소화될 때까지 외우는 것이 가장 좋습니다. 매번 경전 공부할 때마다 제가 숙제를 내줄 겁니다. 그리고 어느 날 갑자기 외워보라고 할 거예요. 행여 이런 말 했다고 겁먹고 안 나오시거나 그러면 안 되죠.(웃음) 지금까지 초기경전을 공부할 때 유념할 점들을 말씀드렸습니다. 궁금한 점이 있으면 질문하십시오.

_ 몇 가지 궁금한 점들

질문 01> 우리가 흔히 '소승경전'이라 부르는 것과 초기경전은 어떤 차이가 있나요?

좋은 질문입니다. 제가 지금까지 강의하면서 초기경전이라는 말은 많이 썼지만 소승경전이라는 표현은 한 번도 안 했죠. 왜 소승경전이라고 하면 안 되는지부터 이야기해드리죠.

대승, 소승의 분류 기준은 부파部派불교가 시작되면서 생겼습니다. 그럼 초기불교와 부파불교가 어떻게 다른지도 알아야겠지요. 초기불교에서 '초기'라는 시기는 부처님 재세시在世時를 포함해 입멸入滅 후 100년까지를 말합니다. 사실 이때 빨리어 니까야나 아함경의 원전인 산스크리트어 경전이 성립되었을 거라고 추정됩니다. 그 뒤로 여러 부파가 생기는데, 부처님 말씀을 어느 관점에서 보느냐에 따라 해석이 달라지면서 발생한 결과입니다. 크게 대중부와 상좌부로 나뉘게 되는데, 상좌부에서는 설일체유부, 법장부, 독자부 등 많은 부파가 생깁니다.

학자들이 연구한 바로는 18~20개의 부파가 1~2세기경 확립되었을 것이라고 하는데, 그 중에서 가장 세력이 왕성했던 부파가 설일체유부와 독자부였습니다. 두 부파의 특징은 무아사상의 해석 차이에서 비롯됩니다. '나는 공空이지만 법은 항유恒有한다.'라는 말의 뜻을 법이 과거와 현재, 미래에 항상 지속적으로 존재한다고 단정 지은 것이 설일체유부입니다. 이것을 '아공법유我空法有'라고 하지요. 그에 대해 중론학파에서는 '이는 불교의 본질을 잘못 이해한 것'이라고 비판하기 시작합니다. 그래서 '아공법공我空法空', 즉 '나만 공한 것이 아니라 법도 공하다. 왜냐하면 모든 것은 연기적으로 존재하기 때문에'라고 주장하면서, 법공을 인정하지 않는 부파를 '소승'이라고 지칭한 겁니다. 그런 부파를 '중생구제에 헌신하지 않고 자신의 해탈만 추구하는 속이 좁은 작은 수레小乘를 가지고 수행하는 사람들'이라고 폄하하기 위해 '소승'이라는 용어를 만들어내어 그런 논쟁을 지속시켜갑니다.

그런데 초기불교를 그런 부파불교의 범주에 넣어버리기에는 많은 모순이 있습니다. 더욱이 부파불교 중에서도 특정 부파를 폄하하기 위해서 썼던 용어인 '소승'이라는 말을 무분별하게 붙여서는 안 됩니다. 이런 교단 발달사를 잘 모르시는 분들은 일방적으로 이 초기경전을 소승경전이라고 얘기하기도 했습니다. 성철 스님이 쓰신 《백일법문》을 자세히 읽어보면 "초기불교는 소승불교가 아니다. 소승불교란 부파불교 중 특정 부파를 말한다."고 하신 부분이 있습니다.

또 다른 관점에서 보면, 상좌부불교를 부파불교에 속한다고 소승이라 칭하는 경우도 꽤 있습니다. 그런데 상좌부불교는 부파불교 중에서도 지금까지 가장 왕성하게 수행이론과 체계를 보존하고 있는 부파입니다. 설일체유부, 법장부, 독자부 같은 부파들은 다 사라져버렸지만, 상좌부는 고스란히 그 행법과 전통을 보존해왔습니다. 스리랑카와 미얀마, 타이, 캄보디아의 불교가 바로 상좌부불교입니다. 우리가 이쪽 불교를 가리켜 소승불교라고 하면 듣는 쪽에서 무척 기분 나빠합니다.

예를 들어 오늘만 해도, 제가 근무하는 중앙승가대학교에 타이의 '담마까야'라는 사찰에서 20여 명이 탐방을 오셨습니다. 빨리성전협회에서 나온 텍스트를 이 사찰에서 시디롬으로 만든 것을 주고 가셨습니다. 그런 활동을 하는 불교를 두고 우리가 일신의 해탈만을 추구하는 이기적인 의미를 내포한 소승이라고 지칭했을 때, 너무나 많은 것들이 안 맞게 되지요. 그 사찰은 1년에 서너 번씩 50만 명이 모이는 대집회를 열 만큼 영향력이 큰 단체입니다. 28년간 한 해 500만 명의 학생을 대상으로 '담마 퀴즈'를 열기도 한다더군요. 제가 부러운 것은 그 교세가 아니라, 그분들이 사회봉사에 앞장서는 등 불법을 사회로 환원하는 일을 적극적으로 하고 있다는 점입니다.

타이에 가보시면 모든 사찰에서 직접 학교를 운영하고 사회복지를 위해 많은 노력을 기울이고 있습니다. 그렇게 공동체를 위해 헌신하고 있는데, 어떻게 소승이라고 할 수 있겠어요? 소승이란 자기만 깨닫고 중생은 돌보지 않는다는 말인데요.

그리고 학문적인 차원에서도 현대 학자들은 '부파불교'라고 하지 '소승'이라는 표현은 쓰지 않습니다. 저도 앞으로 이 말은 일체 쓰지 않을 것입니다. 여러분도 혹시 실수로 쓰시지 않도록 조심하세요.

질문 02> 대승경전인 《법화경》에 보면 소승은 방편이고, 그것을 벗어나 대승으로 가야 한다는 것을 강조합니다. 그러면 우리가 공부하는 초기불교는 대승불교에 비하면 방편 수준에 머무는 것인가요?

우선, 우리가 지금 초기경전 공부를 하는 단계인데 아직 공부하지도 않은 대승경전의 《법화경》 이야기를 꺼내면 혼동이 일어납니다. 초기경전과 법화경의 관점은 큰 차이가 있습니다. 이 차이를 좁히기 위한 작업을 하면서 차차 이 문제에 대해 같이 공부하고 논의하고 고민해야 합니다. 특히 대승불교 쪽의 여래장 사상은 자칫 잘못하면 실체론적으로 흘러버릴 요소가 있습니다. 불교는 무아를 이야기하는데, 여래장 사상은 '여래장', '불성'이라는 영원불멸의 뭔가가 있다고 직접적으로 이야기하거든요. 그러니 설령 여래장에 대해 말하더라도 그것이 연기적, 중도적인 관점에서 다시 걸러져야 합니다. 이런 프리즘을 통하지 않고 여래장을 이야기하게 되면 실체론으로 갈 가능성이 다분하지요. 그러나 연기의 프리즘을 통해 이야기하면 일반적인 실체론과는 다른 차원을 지니게 됩니다.

이번에 김윤수 부장판사가 번역하신 《법화경》이 출간되었는데, 그 책 서문에 이런 문제제기를 한 부분이 있습니다. 초기경전을 인용하면서 《법화경》의 점프하는 듯한 일불승 사상을 어떻게 조화시킬 것인가 하는 문제의식을 가지고 번역했다더군요.

제가 이런 경전강좌를 기획한 의도도 바로 그것입니다. 어떤 분들은 때로 이런 교리체계를 무시하고 용어를 쓰시는데, 이것은 굉장한 영향력을 가지니 혼란이 있을 수밖에 없습니다. 그런 분들이 저보다 못하다는 말씀이 아니라, 저는 체계적으로 교학을 한 사람으로서 좀 더 다른 관점에서 앞으로 《법화경》 강의를 하겠다는 이야기입니다. 조금만 기다리시면 나중에 그런 관점이 다 사라져서 충분히 이해할 수 있게 될 것입니다.

사실 분석과 종합이 동시에 되어야 바른 견해를 가질 수 있습니다. 분석에만 치중해도 문제가 있으며, 또 직관으로만 해놓고 이걸 풀어주지 않으면 일반 대중은 알 수가 없습니다. '불교가 어렵다, 특히 대승불교는 너무 철학적이고 어렵다'고 사람들이 이구동성으로 말하는데, 그 이유가 뭘까요? 직관만 강조하면서 여러 우주현상과 심리현상들이 일어나는 이유에 대한 분석과 사유는 없고, 그런 분석적인 생각을 전부 번뇌나 망상으로 치부해버리기 때문입니다. 그러나 일단 앞에 말한 프리즘을 통과한 사람에게 그건 망상이 아니고 중생을 위한 고구정녕苦口丁寧한, 즉 입에서 쓴 내가 나도록 강조해서 말씀하실 만큼 절실한 친절함이고 자비심입니다.

선禪수행의 차원에서는 이렇게 분석해서 풀어놓은 것을 '사구

死句라고 하는데, 이는 글자 그대로 '죽은 구절', 즉 '평범하고 속되어 선수행에 도움이 되지 않는 말을 적은 구句'입니다. 사구냐 활구活口냐 하는 차원에서는 물론 활구로 확 찍어서 직관의 세계를 열어 줄 방법을 써야겠지요. 하지만 직관의 세계가 열린 사람이 중생의 근기根機(가르침과 수행을 감당할 수 있는 능력)에 맞게 설법하기 위한 기제를 새롭게 만들 때는 분석적인 방법을 쓸 수밖에 없습니다. 초기 경전은 바로 그런 방법을 쓰고 있습니다.

그렇게 해야만 불교가 21세기를 이끌어가는 종교로 발돋움할 수 있습니다. 불교의 직관적 기제와 분석적 기제가 아주 원활하게 자유자재로, 역동적으로 활용되어야 합니다. 분석적이고 과학적인 요즘 사람들을 설득하려면, 직관적 기제를 쓰다가도 어떤 때는 완전히 반대되는 기제를 써서 바르지 못한 견해들을 송두리째 끊어주어야 합니다. 이런 방법을 자유자재로 쓰는 분이 바로 21세기형 선지식善知識이라고 저는 생각합니다.

2강

연기법
—
삶과 우주의 이치

이렇게 셀 수 없이 많은 요소들이
모이고 모여서 우리가 여기서
함께 설법을 들을 수 있는 조건이
만들어졌습니다.
부처님은 성도하셔서 삶의 이치와
우주 만유의 이법을 깨치셨다는데,
그 깨달음의 내용이 한 마디로 말하면
바로 '연기법'입니다.
세상의 모든 존재현상들이
원인과 조건에 따라, 즉 인연 따라
형성되었다는 것입니다.
세상만사는 인연에 의해 생겼다
없어지고, 또 일어나고 하는 것입니다.

온 우주가 맺어준
인연의 그물

제가 절에서 법회를 하다 보면, 옛날 젊은 시절에 만났던 분들과 재회하는 경우가 가끔 있어요. 저희 상도선원에서는 매달 한 번씩 누구나 자유롭게 질문하고 제가 즉답을 하는 무차법회無遮法會를 열고 있는데, 지난번 법회에서 대학 때 알던 분을 만나게 되었습니다. 제가 동국대 선학과 학생으로 공부하던 20대 때 성신여대 불교학생회 지도법사 소임을 맡은 적이 있는데, 그분이 바로 그 동아리 회원이었습니다. 생각지도 못하게 오래전에 인연을 맺었던 분들을 지금 이 자리에서 만나게 되는 일이 종종 있죠.

아마 여러분에게도 이런 일이 한두 번은 있었을 겁니다. 의외의 곳에서 동창생을 만나거나, 같이 근무하던 옛날 동료를 여기 마음수행학교에 수업 들으러 와서 만나기도 하고요. 절뿐만 아니라 일반 사회에서도 이런 일은 종종 일어납니다. 사람은 모두 어떤 인연으로 맺어져 있기 때문에 언제 어디서 어떻게 다시 만나게 될지 모릅니다. 그렇다면 우리는 어떤 인연으로 이 절까지 와서 하필 이 자리에 모여 이 강의를 듣게 되었을까요?

나는 이 세상에 홀로 존재하는 것이 아닙니다. 시간적으로 거슬러 올라가 보면 내 위로 수많은 조상들이 있습니다. 나로부터 20대 代를 올라가면 210만 명, 30대를 거슬러 올라가면 20억 명이 넘는 조상이 있습니다. 그 많은 조상들 중에 한 분만 빠지거나 다른 사람이었어도 지금의 나는 존재할 수 없었을 겁니다. 또 공간적으로 봐도, 연기적 법칙성이 아니었으면 여러분이 여기 앉아 있을 수가 없지요. 시공의 여러 요소가 같이 도와서 이 자리를 만든 것입니다. 만약 여기가 진공 상태라면 이렇게 앉아 있을 수도 없을 것입니다. 이렇게 셀 수 없이 많은 요소들이 모이고 모여서 우리가 여기서 함께 설법을 들을 수 있는 조건이 만들어졌습니다. 그러니 너와 내가 상생하고 공존한다는 입장으로 살아가지 않으면 무척이나 힘들고 출구 없는 삶이 이어질 수밖에 없습니다.

부처님은 성도하셔서 삶의 이치와 우주 만유의 이법을 깨치셨다는데, 그 깨달음의 내용이 한 마디로 말하면 바로 '연기법'입니다. 그렇다면 연기법은 무엇인가요? 세상의 모든 존재현상들이 원인과 조건에 따라, 즉 인연 따라 형성되었다는 것입니다. 어떤 유일신이 있어서 일정한 프로젝트에 의해 세상을 만들고 주재하는 것이 아닙니다. 세상만사는 인연에 의해 생겼다 없어지고, 또 일어나고 하는 것입니다. 틱낫한 스님이 쓰신 책*의 한 구절을 인용해보겠습니다.

미산 스님 초기경전 강의

우리가 성냥을 그으면 불꽃이 나타나 타오르고,

그 불꽃을 초에 옮기면 촛불이 나타나겠지요.

촛불에게 물어봅니다.

"불꽃님, 당신은 어디서 오셨나요?"

불꽃은 이렇게 말하겠지요.

"저는 어디에서도 오지 않고 어디로도 가지 않습니다.

나타날 조건이 충분하면 모습을 드러낼 뿐이지요."

이것이 오고 감이 없는 본성의 진리입니다.

이것이 다른 종교와 불교 교리의 근본적인 차이점입니다. 이 연기법이 불법의 토대를 이루기에 불자들은 부처님을 스승으로 받들지만, 부처님께 모든 것을 의탁하거나 무조건 뭘 달라고 갈구하지 않습니다. 부처님이 깨우친 연기법에 의해 세상과 자신을 바라보며 인간의 근원적 괴로움을 해결하려고 수행하는 것입니다.

세상 사람들이 보통 그러하듯 삶의 중심을 자기에게만 두고 욕심과 분노와 어리석은 마음을 충족시키는 쪽으로 가는 것은 연기법을 거스르는 삶의 구조입니다. 그렇게 하면 괴로움이 연속해서 삶을 짓누르게 됩니다. 탐내는 마음, 화내는 마음, 어리석은 마음이 없어지는 쪽으로 삶의 방향을 잡아가는 것이 연기적 삶을 체화하는 가치관입니다. 그렇게 살다 보면, 나와 남을 갈라 나만 소중하고 남은 소중하지 않다고 보는 의식이 사라집니다. 그리고 너와 내가 떼려야

● 《죽음도 없이 두려움도 없이》, 틱낫한 지음, 허문영 옮김, 나무심는사람, 2003.

뗄 수 없는 한 몸이며, 삶은 그러한 존재의 특성에 의해 굴러가고 있다는 진리를 자기 것으로 하게 되지요.

이와 같이 살아가다 보면 자비행慈悲行을 실천하지 않을 수 없습니다. 불교의 두 축은 '지혜'와 '자비'입니다. 연기법을 깨달은 사람들은 큰 지혜를 성취합니다. 이 지혜를 살면서 그대로 내어 쓰면 그것이 자비의 실천입니다.

_ 고행 끝에 얻는 큰 깨달음

그럼 이제 연기적 세계관에 대한 부처님 말씀을 직접 들어볼까요. 율장 중《마하박가》에 보면 부처님께서 이렇게 말씀하셨습니다.

고요히 명상에 잠긴 수행자에게
진실의 법칙이 선명하게 드러났다.
그 순간 모든 의혹이 사라졌으니,
괴로움의 발생과 소멸의 원인을 알아낸 까닭이다.[●]

부처님은 카필라 성의 왕자로 태어나셨기 때문에 세속적인 즐거움을 얼마든지 누릴 수 있는 환경에서 사셨습니다. 아버지인 정반왕은 그렇게 바라던 외아들이 태어났으니 원하는 것은 뭐든지 다 들

●　《마하박가》, 최봉수 옮김, 시공사, 1998, 42쪽.

어주고 왕위도 물려주려고 했습니다. 그런데 고타마 싯다르타에게는 어느 순간 삶에 대한 강한 의문이 일어납니다. 왜 인간이 태어나서 이렇게 살다가 죽어야 하는가?

삶과 죽음에 대한 강한 의문이 들면서 청년 고타마 싯다르타는 깊은 고뇌에 빠지게 됩니다. 그리고 점점 식음을 전폐하며 몰입하게 되고, 어느 날 이 물음을 해결하기 위해 여러 성자들을 찾아 구도의 길을 떠나게 됩니다. 물질적인 향락과 왕위가 보장된 세속의 최고 권력을 헌신짝처럼 버리고 정신적으로 소중한 가치를 발견하기 위해 길을 떠난 것이죠. 피나는 고행도 하셨고, 그 고행 끝에 중도를 깨닫는 순간, 부처님은 처음의 의문과 의혹이 사라져버린 그 자리에서 모든 괴로움과 소멸의 발생 원인을 확연하게 깨우치며 전에는 체험하지 못했던 편안함과 이루 말할 수 없는 행복감을 만끽하셨습니다.

여기서 올 여름 우리 선원에서 저와 집중수행을 한 스님들의 이야기가 떠오르네요. 화두를 들고 좌선하는 것이 간화선看話禪입니다. 일주일간 온몸을 던져 수행하고 나서 한 스님이 이렇게 말했습니다. "이런 세계를 어떻게 말로 표현할 수 있겠어요. 도저히 말로는 표현이 안 돼요…."

아시다시피, 간화선의 핵심이 되는 것은 강한 의심입니다. '아, 도대체 이게 무엇일까?' 하는 강력한 의심 말입니다. 고타마 싯다르타는 청년 시절에 이런 의문을 갖고 수행 길에 나선 것입니다. 이 의문이 계속 차올라 극대화됐을 때, 새로운 전환점을 맞으면서 세계와 존재에 대한 확실한 깨달음을 얻게 됩니다. 그 결과 큰 환희심을 얻었고, 이것을 어떻게 고통 받는 중생들에게 나눠주어서 그들을 해방시킬 수 있을까를 생각하셨습니다. 그리고 수많은 설법을 통해 고통받는 사람들을 부처님이 체험한 세계로 인도해서 같이 행복을 나눌 수 있게 한 것입니다.

_ 모든 게 인연 따라 일어나는 일

앞서 말했듯이, 연기법은 존재의 실상과 진실을 보여주는 법칙입니다. 부처님이 깨닫고 보니 세상의 존재현상들이 전부 연결, 연결, 연결로 이뤄져 있더라는 겁니다. 모두가 아주 긴밀한 연결선상에서 역동적으로 흘러가고 있다는 것이지요. 그런데 이게 어디서 새로 생겨난 이치가 아니라는 겁니다. 원래 있던 법이요 진리인데, 부처님은 단지 이를 먼저 발견한 것뿐이지요. 그래서 경전 여기저기에 "이건 내가 만들어낸 법이 아니라 원래 있는 법이요, 앞으로도 계속 있을 법"이라고 하신 것입니다.

콜럼버스 이야기 아시죠? 삶은 달걀을 똑바로 세우는 방법은 알고 보면 아주 간단한데 아무도 그걸 몰랐던 겁니다. 콜럼버스가 똑바로 세우고 나서야 그 방법을 알고 다들 '아, 이렇게 간단한 것을!' 하며 기막혀 했죠. 마찬가지입니다. 우리가 숨 쉬는 공간에 공기가 꽉 차 있는데 못 느끼듯이, 연기법도 우리 삶 속에 그대로 녹아 있는데 우리가 그걸 체득하지 못 하는 겁니다. 이게 바로 '백짓장 한 장의 차이'라는 거예요. 깨달은 것과 못 깨달은 것의 차이 말입니다.

지난 여름 집중수행 후에 제게 어떤 스님이 그러시더군요. "이걸 체험하려고 우리가 이 기간 동안 이렇게 저렇게… 한 것입니까?"

어떤 이가 진리를 간단 명쾌하게 설파하면 우리도 이렇게 말할 때가 있죠. "그거 나도 원래 아는 건데…" 그렇습니다. 사실은 원래 다 알고 있는 건데 쉽사리 깨치질 못하고 있던 것뿐이에요. 그밖에 다른 것은 없어요. 연기법이란 것은 간단해요. '이것이 있으므로 저것이 있고, 이것이 생기므로 저것이 생긴다. 이것이 없으면 저것도 없고; 이것이 사라지면 저것도 사라진다.' 이겁니다.

'인드라'는 원래 제석천®을 가리킵니다. 제석천궁 앞에 수정 구슬로 된 발이 좍 펼쳐져 있답니다. 수정구슬에서 나오는 빛들이 서로서로 비추며 간섭현상을 이뤄 마치 큰 바다가 움직이는 것처럼 보이는데, 이를 '인드라망'이라고 합니다. 제석천궁에 있는 발의 망이 펼쳐내는 빛의 향연. 그 아름다운 광경을 상상해보세요. 이처럼 세상 모든 존재들은 서로서로 밀접하게 끈으로 연결되어 있습니다. 그렇게 연결되어 있다는 사실을 확실히 알면 가치관, 세계관이 달라지고 삶의 내용이 변합니다.

앞서 잠깐 예로 들었는데, 우리는 언제 어디서 다시 만날지 모르는 인연 때문에 깜짝 놀랄 때도 있고, 반가울 때도 있지요? 이렇게 보이지 않는 끈으로 연결되어 있기 때문에 그런 일이 일어날 수 있습니다. 미국의 어느 학자가 실험을 해보았더니, 여섯 단계만 거치면 세상 사람들이 어떤 연줄로든 모두 만날 수 있답니다. 지금 이 법당에 있는 여러분 중에도 어찌어찌 해서 어떤 인연으로 다시 만나

● 불교의 수호신으로 고대 인도의 신 인드라Indra를 수용한 것이다. 경전에는 제석천이 본래 사람이었으나 수행자에게 음식과 재물, 향과 와구臥具, 등불을 베푼 인연으로 제석천이 되었다고 한다. 욕계 제2천인 도리천의 주인이며, 수미산 위의 선견성에 살면서 중턱의 사천왕을 거느리고 불법과 불제자를 보호한다고 한다.

뵙는 분들이 있을 겁니다. 인간관계란 참 다양하고 신기하지요? 우리가 여기서 이렇게 만날 줄은 예전에는 꿈에도 생각 못했잖아요. 이런 것만 봐도 인과 연의 끈, 그리고 결과들이 삶 속에서 유기적으로 계속 작동하고 있다는 걸 알 수 있습니다. 그저 우리가 평소에 모르고 지나갈 뿐입니다.

우연한 만남뿐만이 아니죠. 사실 이 많고 많은 사람들 중에서 동시대에 같은 나라, 같은 도시에 태어나 많고 많은 절 가운데 하필 이 법당에 같은 시간에 앉아서 경전공부를 한다는 것만 봐도 얼마나 신기한 인연입니까? 누구의 아들이나 딸로 태어난다는 것, 누구의 연인이나 배우자가 된다는 것, 모두 마찬가지죠. 미리 정해진 어떤 계획이 있어서 우리가 그 각본대로 움직이는 게 아닙니다. 모든 게 인연 따라 일어나는 일들입니다. 그래서 '인연생기因緣生起,' 연기법 이라고 하는 것입니다.

_ 좋은 인연은 적극적으로
  만들어가는 것

그런데 경전을 통해 연기법을 공부해도 어느 정도 감은 잡지만 '정말 이렇구나'라고 실감하고 자기 것으로 만드는 일은 잘 안 됩니다. 머리로는 이해가 되는데 말이죠. 그래서 저는 틈만 나면 생활 속에서 연기법을 실천해보자고 말합니다. 그렇게 해보면 좀 더 쉽게 다가오거든요. 그렇게 실천하는 자세로 살아가지 않으면 연기적 삶에서 자꾸 멀어집니다. 아무래도 본능대로 살게 되고, 탐·진·치에

미산 스님 초기경전 강의

끌려갑니다. 연기적 삶에서 멀어진다는 것은 진리의 삶에서 멀어진다는 뜻과 같은 것이지요.

연기법이라 해서 '모든 건 인연소생이거니' 하고 흘러가는 대로 내버려두고 수동적으로 살자는 것이 결코 아닙니다. 이럴수록 좋은 생각을 가지고 좋은 인연을 짓는 것은 우리의 의지입니다. 불교 용어로 하자면 '선업善業'을 짓는 것이죠.

연기법의 생활 속 실천에 대한 이야기가 불교경전에서는 아주 구체적으로 나옵니다. 아내가 남편을, 남편이 아내를, 자녀를, 직장에서는 상사나 부하직원을 어떻게 연기적 관점으로 대할 것인가? 이런 문제에 대해 부처님께서 구체적으로 말씀하고 계십니다. 생활 속에서 이런 것들이 제대로 이뤄질 때 진정한 연기적인 삶을 사는 겁니다. 수행을 통해 평소 드러나지 않던 깊숙한 무의식 속으로 들어가 마음에 담아뒀던 시기와 질투, 자기중심적인 많은 업식業識들을 끄집어내어 이것이 정말 내가 만들어놓은 허공꽃空華임을 확인하는 순간, 우리는 참으로 연기법을 이해하고 자비행을 실천하는 삶을 살아갈 수 있는 겁니다.

앞에서 인드라망 얘기를 했는데, 초기경전을 거쳐 대승경전으로 넘어가면 연기법에 대한 설명이 우주적인 차원에서 이뤄집니다. 특히 《화엄경》이 그렇습니다. 연기법을 가장 깊고 광대하게 해석한 경이 《화엄경》인데, 나중에 함께 공부해봅시다. 이왕 초기경전 공부를 시작한 분들은 걱정 마시고 제가 이끄는 대로 한번 따라와 보세요. 그러면 대승경전의 세계까지 섭렵하실 수 있고, 동기부여가 충분히 된 분들은 적절한 시기에 간화선 수행까지 하면서 구체적인 체험도 하실 수 있을 테니까요.

초기경전 공부를 조금 하다가 '아이고, 알 거 다 알았네. 미산 스님 밑천을 내가 다 알았으니 이제 이쯤에서 그만하자.'라고 생각 하신다면, 뭐 그것도 좋습니다. 안 한 것보다야 조금이라도 공부한 것이 훨씬 낫겠죠. 하지만 이 단계에서 끝낸다면 더욱 더 깊은 연기 의 세계에 대한 공부는 못하게 됩니다. 여기서 더 나아가 대승경전 과 선어록, 즉 《육조단경》, 《몽산법어》, 《선요》 등의 어록들까지 공 부하면, 수행을 어떻게 해야 할 것인가가 확연히 드러나고 실제로 공부할 수 있는 지침과 도구를 얻게 됩니다. 시작이 반이라고, 우선 초기경전을 잘 읽으면서 기초를 닦아봅시다.

이것이 있으므로
저것이 있고

그럼 이제 경전을 통해 연기법을 보겠습니다. 이 강의에서 소개하는 경들은 빨리어 니까야에도 있고 한역 아함경에도 있습니다. 앞에서 제가 얘기했듯이 니까야는 부처님의 원음이 살아 있는 매우 중요한 초기경전이고, 구어인 빨리어로 되어 있습니다. 반면 아함경의 원전은 산스크리트어일 가능성이 많고, 그것을 한문으로 3~5세기에 번역한 것입니다.

니까야와 아함경의 내용은 대동소이합니다. 초기경전이라고 했을 때 엄격히 따지는 분은 빨리어 경전만 고집하기도 하지만, 제 생각은 그렇지 않습니다. 아함경에도 니까야와 비슷한 내용들이 있고, 또 빨리어 경전에는 없는 내용이 있기도 합니다. 그런데 이 중에 대승불교의 정신과 잘 맞는 내용들도 있기 때문에, 저는 이 초기경전 강의에서 아함경과 니까야 둘 다를 자유자재로 활용하려고 합니다. 자, 함께 독송하면서 음미해봅시다.

부처님께서 마가다국의 왕사성 죽림정사에 계실 때였다. 자이나 교도인 사꿀루다인이 과거와 미래에 대해 질문하자 부처님은 이렇게 대답하셨다.

과거는 과거대로 내버려두고
미래는 미래대로 내버려두자.
내가 너에게 현실을 통해 법을 설하겠다.

이것이 있으므로 저것이 있게 되고,
이것이 일어나므로 저것이 일어난다.
이것이 없으므로 저것이 없게 되고,
이것이 소멸하므로 저것이 소멸한다.

—

《맛지마 니까야》 M. II. 229, 《잡아함경》 T. II. 100 참조

이 경전 말씀은 여러 군데에 나옵니다. 경전 말씀 아래쪽에 'M. II. 229'라고 표시된 것은 'PTS본 《맛지마 니까야》 2권 229쪽'이라는 뜻입니다. 같은 내용이 한역 《잡아함경》에도 나옵니다.

지금 읽은 경은 앞부분이 재미있어요. 왕사성 죽림정사에 계실 때라고 했지요. 부처님은 세상에 계실 때 여러 절에 사시면서 대중을 교화하셨습니다. 죽림정사에도 오래 계셨지만 가장 오래 머무르신 곳은 기원정사입니다. 이 경에서 연기법을 설하실 때는 죽림정사에 계셨는데, 사꿀루다인이라는 사람이 질문을 하고 있네요. 그는

당시 부처님과 거의 동등한 위치에다 나이도 비슷하고 깨달은 법의 내용도 비슷했는데, 중요한 차이가 있었죠. 이 사람은 자이나 교도입니다. 자이나 교도들은 고행을 중시하는데 나중에 불교로 개종도 많이 했어요. 아무튼 사꿀루다인의 질문에 대해 부처님은 이렇게 답하십니다. "과거는 과거대로 내버려두고, 미래는 미래대로 내버려두자. 내가 너에게 현실을 통해 법을 설하겠다."

이 말씀은 불교 수행에서 매우 중요한 키워드입니다. 제가 마음수행학교에서, 또 법문에서 늘 이야기하는 불교 수행의 네 가지 핵심원리가 있습니다. 여기서 정리해보겠습니다.

_ 불교 수행의 네 가지 핵심원리

요즘 들어 불교수행에 대한 관심이 날로 고조되고 있습니다. 한국불교에만 이런 열풍이 불고 있는 것이 아니라 전 세계적인 추세로, 특히 서양불교의 가장 두드러진 특징은 한마디로 '수행불교'라 할 수 있어요. 왜 많은 사람들이 마음수행에 관심을 가지게 되는 걸까요? 아마도 종교의 수행을 통해 진정한 행복과 평화, 현대사회의 생존경쟁에서 지친 심신心身의 안정을 찾기 위함일 것입니다.

붓다가 해탈의 길을 제시한 후로 수많은 수행법들이 시대와 지역의 특성에 맞게 전승 발전되어 왔습니다. 초기불교시대에 성행했으리라 추측되는 행법들은 주로 호흡관법과 사념처관법입니다. 하지만 부파불교 시대와 대승불교 시대를 거치면서 더욱 다양한 수행법들이 수행이론과 함께 발달하였습니다. 티베트에서는 번쇄한 교리적 바탕과 세밀한 실제 행법들을 중심으로 밀교 수행이 강조되었습니다. 또한 중국에서도 불교의 발전이 가장 융성할 시기에 선불교라는 새로운 형태의 수행운동이 전개되었습니다. 현재 한국불교에는 조사선과 간화선 등의 선불교의 원형이 가장 잘 보존되어 있는데, 선불교는 기존의 언어를 통한 교리적 관념화를 깨뜨리고 어떠한 실체관념도 용납하지 않는 붓다의 핵심정신을 직접적으로 드러내는 수행법입니다.

비록 여러 가지 수행법들이 시대와 지역에 따라 각기 다르게 성장했다 할지라도, 이들 수행법 속에서 일관성 있는 이론적 토대를 찾아 볼 수 있습니다. 이것은 불교전통의 모든 수행법들이 붓다의 핵심 가르침을 바탕으로 하고 있기 때문입니다. 이들 불교수행의 특징은 모든 인간이 일상적인 마음의 고통으로부터 벗어나 평안하고 행복한 삶을 추구할 수 있도록 하는 것입니다. 불교수행의 원리는 이를 방해하는 요소들을 알아차리고 극복하는 것입니다. 진정한 행복은 획득되는 것이 아니라 고통이 소멸되면 저절로 드러나는 것이기 때문입니다.

다음은 네 쌍의 덕목은 모든 불교수행이 적용할 수 있는 핵심 원리들입니다.

첫 번째 원리는 **즉시현금**卽是現今과 **정념정지**正念正知입니다.

지금 여기에서 조화롭게 깨어서 조화롭게 알아차리는 것입니다. 과거는 이미 지나갔고 미래는 아직 오지 않았습니다. 과거의 아픈 기억과 미래의 불안은 지금 여기에 깨어서 알아차리면 모두 사라집니다. 현재 역시 깨어있음의 대상이지 머물거나 집착하는 대상이

미산 스님 초기경전 강의

아닙니다. 연기중도의 태도로 깨어 있으면 두 번째 원리와 자연스레 연결됩니다.

두 번째 원리는 **방하착**放下着과 **휴헐**休歇입니다.
깨어서 보면 모든 생각과 감정은 집착에서 비롯됩니다. 생각과 감정에서 비롯된 모든 번뇌의 뿌리들을 완전히 놓아버리고 마음의 헐떡임을 쉬고 또 쉬게 하는 것입니다.

세 번째 원리는 **여실지견**如實知見과 **회광반조**廻光返照입니다.
지금 여기에 깨어서 알아차림하며 생각과 감정을 놓아버리고 마음을 쉬다보면 있는 그대로 보는 직관의 힘이 생기며 밖으로만 향하는 마음을 안으로 거둬들여 자기 내면을 성찰할 수 있게 됩니다. 그리하여 스스로 자기 자신이 이미 그대로 온전한 존재임을 늘 자각하는 것입니다. 내외가 명철하여 내외 모두가 그대로 한마음임을 분명히 자각하는 것, 이것을 회광반조라고 합니다.

네 번째 원리는 **자애**慈愛와 **연민**憐愍입니다.
모든 생명체는 하나로 연결되어 있으므로 자애로움과 연민의 마음을 늘 함께 나누는 것입니다. 모두가 서로 연결되어 있는 한마음이라는 통찰이 자비심이 일어나는 근거를 마련해줍니다. 지혜로 충만하고 자비로 무궁한 곳이 바로 진정한 행복이 있는 세상임을 바로 알고 따뜻함과 친절함을 함께 나누며 사는 것입니다.

위의 수행의 핵심 원리는 서로 긴밀하게 연결되어서 진행됩니다. 지금 여기에 늘 깨어서 집착하는 마음을 내려놓고 한 생각 쉬면 몸과 마음이 정화되고 투명해져서 돌이켜 봄이 저절로 되며, 그러면 안과 밖이 하나로 통하며 존재의 참모습을 있는 그대로 보는 지혜가 발현됩니다. 지혜의 맑고 향기로운 빛이 있는 곳에는 항상 따스하고 훈훈한 자애와 연민의 마음이 함께하는 것입니다.

한 곁에 선 그 천신은 세존의 면전에서 게송으로 여쭈었다.
"저들은 숲속에 거주하고 평화롭고 청정범행을 닦고 하루에 한 끼만 먹는데도 왜 안색이 맑습니까?"

지나간 것에 슬퍼하지 않고
오지 않은 것을 동경하지 않으며
현재에 얻은 것으로만 삶을 영위하나니
그들의 안색은 그래서 맑도다.
아직 오지 않은 것을 동경하는 자
이미 지나간 것을 두고 슬퍼하는 자
어리석은 그들은 시들어가나니
푸른 갈대 잘려서 시들어가듯.

《상윳따 니까야》 1권 153~154

앞에서 연기법을 설명하기 위해 부처님이 하신 다른 말씀들과 견주어보면 이번 말씀은 훨씬 더 구체적이죠. 부처님은 여러 곳에서 이런 말씀을 하십니다. 성경이나 코란에도 이와 상통하는 말씀이 있어요.

그렇다면 이 '지금 여기'야말로 어떤 종교나 어떤 방식의 수행을 하든 공통적으로 우리가 늘 유념해야 하는 수행의 관문이라 볼 수 있지요. '현재의 마음'을 늘 갖추고 있는 것, 바로 '지금 여기'에서 '마음을 챙기는 것' 말입니다.

_ 부처님의 두 제자

"숲속에서 하루 한 끼 먹고 평온히 살아가는데도 어찌하여 그처럼 얼굴빛이 맑고 환하십니까?"라고 천인이 물었죠. 바로 이게 부처님 제자들의 특징이었답니다. 누가 보더라도 근심 없음이 얼굴과 온몸에서 풍겨 나온 것이죠. 그 때문에 부처님 시대에 불교로 전향한 사람들이 꽤 많았어요. 경전에 그런 사례들이 많이 보이는데, 사리불과 목건련도 원래는 다른 종교에서 중요한 지위에 있던 지도급 신도였습니다. 이들은 다른 수행을 함께하고 있었는데, 어느 날 부처님의 설법을 듣고 큰 깨달음을 얻어 제자의 길을 걷게 되었습니다.

그 계기가 재미있는데, 어떤 스님한테 한눈에 반했기 때문입니다. 한눈에 반했다고 해서 이성에게 반했다는 뜻은 아닙니다. 어느 날 이들이 우연히 어떤 스님을 보게 되었는데 그 얼굴과 자태가 너무도 맑고 아름답게 보였답니다. 그래서 스님을 따라가서 "당신이 어떤 스승 밑에서 수행하는지 궁금하다. 당신의 스승을 뵙고 나도 가르침을 받고 싶다."고 청했답니다. 그러자 스님은 "나는 고타마

붓다 세존 밑에서 공부하고 있다. 원하시면 그분을 뵙게 해드리겠다."라며 두 사람을 데리고 갔어요.

두 사람이 부처님과 대화를 나누는 순간, 요즘말로 하자면 '필(feel)'이 온 겁니다. 그래서 그들은 바로 불교로 개종을 했는데, 사리불은 상수제자, 그러니까 부처님의 10대 제자 중에서도 가장 우수하다고 인정받는 제자가 되었지요. 목건련은 이미 다른 종교 단체에서 신통神通에 능했습니다. 집중하여 삼매에 드는 선정수행을 많이 했다는 이야깁니다. 선정수행을 많이 한 사람은 그만큼 빨리 불교 수행에 입문할 수 있어요. 그래서 목건련도 특출한 능력을 지닌 부처님의 10대 제자 중 한 사람이 되었죠.

그러니까 바로 '지금 여기'에 '마음이 집중'된 제자들의 힘이 많은 사람들을 제도했다는 이야기입니다. 불교 수행의 핵심원리인 '지금 여기卽是現今(디테와 담메)'의 효용성이 바로 이것입니다.

_ '지금 여기'에 머물지 못하는 사람들

여러분이 지금 이 강의를 들을 때도 마찬가지입니다. 강의에 몰입해서 마음이 하나로 모아져 있으면 내용도 귀에 잘 들어오고 이해도 빨리 되어 마음이 편안합니다. 그런데 마음이 과거에 가 있다면 어떻겠어요? 여기 오기 직전에 사업이나 가족과 관련해서 무척 심각한 이야기를 듣고 왔다면, 겉으로는 제 말을 듣고 있다 해도 마음은 몇 시간 전 그 일에만 딱 가 있겠죠. 그러면 이 강의 내용이 제대로 들릴 리가 없지요.

과거의 일들 중에 생각나는 건 대부분 부정적인 내용들이 많습니다. 수행을 잘해서 현재에 사는 사람들에게는 생각의 내용도 긍정적인 것이 많지요. 우리는 '오만 가지' 생각을 하고 살잖아요. 그 중 85%는 전부 부정적인 생각들이나 오염된 감정들이랍니다. 불과 15%만 긍정적이고 선한 생각이랍니다. 그러니 과거를 아무리 뒤져 봤자 나오는 건 거의 쓰레기들이에요. 그런데 습관적으로 우리 마음은 과거에 가 있습니다. 또 미래는 걱정으로 가득 차 있습니다. 왜냐고요? 대다수 사람들은 과거의 것을 미래로 갖다 놓으니까요.

요즘 젊은이들이 취업난 때문에 힘든 삶을 보내고 있습니다. 요즘은 대학에 들어가더라도 인생이 뭐냐, 철학이 뭐냐, 삶의 가치나 세계관이 뭐냐, 이런 문제 가지고 고민하지 않는답니다. 어떻게 하면 학점 잘 받고 토플, 토익 점수 많이 받아서 취직할까, 1학년 때부터 그 생각만 하니 얼마나 답답하겠어요. 또 그렇게 해서 졸업을 해도 취직이 됩니까? 여간해서 잘 안 되잖아요. 그래서 젊은이들의 마음이 대부분 미래에 가 있는데, 그 마음이라는 게 불안과 걱정뿐이에요. 불안하고 걱정한다 하여 앞날이 밝은 것도 아니지요. 오히려 더 어두워집니다.

부처님 말씀대로 하면 미래가 훨씬 밝아지고 과거도 훨씬 아름다워지고 현재에 더욱 몰입해서 모든 일을 역동적으로 할 수 있기 때문에 효율성이 극대화됩니다.

"그럼 스님, 지금 여기만 생각하라면 미래에 대한 희망도 갖지 말고 과거의 잘못을 후회하고 참회하는 행위도 하지 말아야 합니까?" 제가 어느 절에 가서 '지금 여기'에 대한 강의를 했더니 이런 질문이 들어왔어요. 경전의 말씀은 그 뜻이 아니지요. 앞날에 희망을 갖고 지난날을 참회하는 거야 당연한 거죠. 잘못된 것을 후회하고 다시 같은 잘못을 하지 않겠다는 다짐은 굳이 불교가 아니라도 어디서나 다 하는 것 아닙니까.《육조단경》에서는 '참회'를 이렇게 정의합니다. "참懺은 잘못된 것을 분명히 인식하는 것이고, 회悔는 더 이상 이 잘못을 반복하지 않겠다고 다짐하는 것이다."

미래에 대한 희망과 계획이야 정말 잘 살아가는 사람, 주관을 가지고 가치 있게 사는 사람이라면 누구나 하는 것 아닙니까. 그런데 중요한 차이가 있어요. 계획만 하고 실천은 안 하는 사람이 있고, 계획하고 그대로 실천하는 사람이 있어요. 전자의 특성을 가만히 살펴보면 마음이 현재에 집중되어 있지 않고 과거나 미래에 가 있어요.

여러분 자녀들 중에도 날이면 날마다 계획만 세우는 학생들 있죠? 계획은 잘 세우는데 실천은 못 해요. 여기 우리에게 하시는 부처님 말씀은, 계획을 세우고 바로 실천으로 들어가라는 것입니다. 실천은 어디서 하죠? 미래에서? 과거에서? 아뇨. 바로 '지금 여기'에서 합니다. 백일기도 같은 원을 세워도, 실천은 결국 하루하루 그때그때 하는 것입니다. 경전의 핵심 말씀이 바로 이겁니다.

이걸 좀 더 구체적으로 정리해놓은 것이 이 경의 말씀입니다. 빨리어 경전에도 있고,《중아함경》에도 있는 말씀이지요. 자, 함께 읽어봅시다.

부처님께서 꼬살라국 사왓띠 기원정사에 계실 때 말씀하셨다.

과거에 매달리지 말라.
미래를 원하지도 말라.

과거는 이미 사라졌고
미래는 아직 오지 않았느니라.

꿈은 여기 현재의 일에서 가져야 할 것이니
이루고자 하는 뜻에 확고부동하여
흔들림 없이 자신의 능력을 계발하여야 하리.

오로지 오늘 해야 할 일에
최선을 다해 땀 흘려 노력하라.

그 누구인들 내일 죽음이 있음을 알겠는가.
삶에 염라대왕과의 계약은 없는 것.

오직 밤낮으로 끊임없이 노력하라.
이렇게 사는 사람에겐 영광이 있고
현자의 칭찬이 따르리라.

—

《맛지마 니까야》III. 187, 《중아함경》T. I. 698 참조

'현실 직시'라는 말이 이 경을 읽으니 더 확실해집니다. 현실의
꿈을 바로 여기서 이루라는 것입니다. 미래가 아니고 지금 여기서.
그럼 어떻게 하면 여기서 꿈이 이뤄질까요? 꿈만 계속 꾸고 있으면
결코 이룰 수 없습니다. 정진하는 거예요. 땀 흘려 노력해야죠. 최선

을 다해 오늘 해야 할 일을 하는 겁니다. 이런 사람에게 자기능력을 발휘할 수 있는 100%의 기회가 다가옵니다. 현재에 집중하는 사람은 미래를 텅 비워놓습니다. 무한한 가능성으로 비워놓아요. 그리고 그 미래를 지금 여기에서 스스로의 몸과 입과 뜻으로, 마음으로 창조해가는 것입니다.

미래가 어떤 경로를 통해 창조되는가를 봅시다. 처음에는 생각을 통해, 그리고 구체적인 말을 통해 가능성이 현실화됩니다. 그래서 우리가 어떤 목표를 세우고 정진할 때 가장 중요한 원리는 '이미 그것은 이루어졌다.'라고 생각하는 겁니다. 그리고 말로도 '아, 이미 된 거다.'라는 확실한 자신감을 갖고 살아가는 것이 성취의 가장 중요한 태도입니다. 허풍을 떠는 것과는 다르죠.

미산 스님 초기경전 강의

연기법의
기본 공식

자, 다시 연기법으로 돌아가 봅시다. 부처님은 앞에 나온 대로 "과거는 과거대로 내버려두고… 내가 너에게… 법을 설하겠다." 하신 후 바로 연기법의 기본 구조를 말씀하십니다.

이것이 있으므로 저것이 있게 되고
이것이 일어나므로 저것이 일어난다.
이것이 없으므로 저것이 없게 되고
이것이 소멸하므로 저것이 소멸한다.

한문으로 소리 내어 같이 읽어보실까요.

차유고피유 此有故彼有 imasmiṃ sati, idaṃ hoti.

차생고피생 此生故彼生 imassa uppadā, idaṁ uppajjati.

차무고피무 此無故彼無 imasmiṃ asati, idaṁ na hoti.

차멸고피멸 此滅故彼滅 imassa nirodhā, idaṁ nirujjhati.

앞의 것이 한문 번역이고, 그 옆에 있는 것은 빨리어를 로마자 알파벳으로 표기한 것입니다. 빨리어는 자체 문자가 없이 말만 남아 있어서 1881년 빨리성전협회를 창설한 리스 데이비즈 부부가 이걸 전부 로마자 알파벳으로 바꿔서 현재 세계적으로 통용되고 있습니다. m자 밑에 점이 있으면 '응' 소리가 나고 a자 위에 줄 표시가 있으면 장음 표시입니다. 그런 것은 이걸 보고 그대로 발음하기 힘드니, 제가 한글로 표기를 해보겠습니다. 함께 빨리어로 독송해봅시다.

이마스밍 사띠 이담 호띠

이마싸 우빠다 이담 우빠자띠

이마스밍 아사띠 이담 나 호띠

이마싸 니로다 이담 니루자띠

이게 바로 부처님께서 직접 사용하신 언어입니다. 부처님께서 여기저기서 설하신 연기법의 기본 골격, 연기법의 공식이 바로 이것입니다. 이 연기법 공식 속에 중요한 구조가 있어요. 그 구조를 우리가 읽어내야 합니다. 첫 번째 줄에 보면 '있을 有'자 두 개가 있고, 한 줄 건너뛰어 '없을 無'자 두 개가 있죠.

차유고피유 此有故彼有

차무고피무此無故彼無

유와 무, 있다 없다는 무엇과 관련될까요? 지금 여기 제 앞에 안경집이 있죠? 그런데 저기에는 안경집이 없죠? 이때 '여기, 저기'는 공간입니다. '있다, 없다'는 공간에서 벌어지는 일입니다. 두 번째 줄에 '生'자가 두 개 있죠此生故彼生. 네 번째 줄에는 '滅'자가 두 개 있죠此滅故彼滅. 그래서 생멸生滅입니다. 즉 '나고 죽음'은 시간 속에서 벌어지는 일이죠. 우리가 아까 7시 30분에 수업을 시작했죠. 그게 시작, 그러니까 생生에 해당합니다. 그리고 9시 30분에 이 강의가 끝나면 그게 멸滅입니다. 약속한 강의가 시작되었다 끝나지요.

연기법의 기본 구조는 이렇게 시간과 공간의 체계 구조입니다. 우리는 이 시간과 공간 속에서 존재할 수밖에 없습니다. 연기법은 지금 이 순간도 구현되고 있어요. 우리가 연기법에 대해 전혀 생각하지 않는 순간에도 이 장場은 연기적으로 인연 따라 일어나고 진행되고 끝이 납니다.

_ 연기적으로 사는 사람의 특징

여러분은 지금 제 강의를 직접 듣고 있지요. 이 강의를 결과라고 놓고 봅시다. 이 결과는 어떻게 나왔을까요? 그걸 추적해 들어가면 무수한 조건들과 함께 작용하는 원인이 있어요. 그래서 연기법을 이야기할 때 우리는 원인, 조건, 결과, 이 세 가지를 이야기합니다. 이를 '인因·연緣·과果'라고 하죠. 이 인·연·과는 시간과 공간 속에서 이뤄집니다. 쉽게 설명하자면, 여러분이 제 강의를 듣고 있다는 건 연기법의 '과'가 지금 여기서 이뤄지고 있는 거예요.

그런데 이 '과'라는 현상에는 분명히 '원인'이 있습니다. 추적해 들어가면, 최초의 원인은 제 생각이었겠죠. '아, 이제 상도선원 마음수행학교 기초과정을 마쳤으니 다음에 이어질 과정은 경전을 읽으면서 이렇게 저렇게 진행해야겠다.'고 생각을 일으키는 것, 그게 바로 '인因'입니다. 그 생각 하나가 많은 조건을 만들어내기 시작했어요.

그럼 언제, 몇 날 몇 시에, 어떤 방식으로, 홍보는 어떻게 하고, 읽을 텍스트는 어떻게 만들고, 어떤 분들을 대상으로 경전학당을 열 것인가… 이런 생각과 계획들이 무수히 이루어져 여러분께 몇 번이나 알리고, 종무실과 선원 인터넷 카페에도 게시했습니다. 여러분은 그걸 듣거나 보고서 강의 신청을 하고 주위의 다른 법우들도 데려오면서 마침내 이 초기경전 강의가 열리게 된 거죠. 이런 과정이 전부 조건들입니다. 그 조건들과 함께 현재 이 결과가 이뤄지고 있죠. 이게 연기적 현상입니다.

우리 삶에서 어느 것 하나도 연기적으로 이뤄지지 않은 게 없어요. 단지 우리가 그걸 망각하고 살 뿐이죠. 부처님은 이를 구체적으로 일깨워주시려고 "우리가 연기적 존재인데 연기적 사실을 모르고 무명 속에서 비연기적 생각과 생활방식으로 살아가기에 괴로울 수밖에 없다. 그러니 내 말을 따라서 연기적으로 한번 사유해봐라." 하고 이 법을 설하신 것입니다.

연기적으로 사는 사람의 특징은 뭘까요? 마음이 항상 과거나 미래가 아닌 현재에 있다는 것이지요. 시간과 공간, '지금 여기'를

미산 스님 초기경전 강의

극대화해서 사용하는 사람이 연기적으로 사는 사람입니다. 이런 사람은 연기가 무엇인지를 투철히 알아서 연기적 관점으로, 연기적으로 행해서 연기적 결과를 만들어내는 수행자입니다. 그래서 지금 읽은 이 경전이 참으로 중요한 것입니다. 경에 '지금 여기'의 가르침과 연기법을 연결해놓지 않았습니까.

저도 이 경전을 보고 새삼 깜짝 놀랐어요. 그냥 단편적으로 '지금 여기'라는 것이 수행에 중요하다는 생각을 평소 해오긴 했지만, 이 경전 구절을 보고 확신을 가졌습니다. '아, 바로 이것이구나! 연기법적 사유를 하는 사람은 지금 여기에 살 수밖에 없구나! 과거나 미래에 살지 않는구나! 이것이 수행의 핵심이구나!' 이렇게 실감하며 이것을 통해 연기법을 우리가 확연히 체득하게 된다는 것을 알았습니다.

_ 나는 어떤 존재인가

특히 이 경전을 통해 우리가 음미해야 할 부분은 '나는 어떤 존재인가' 하는 물음입니다. 나는 어떤 존재입니까? 우리 몸을 분석해보면, 어머니와 아버지의 정혈精血이 화합해 이 몸을 구성하고 있죠. 아버지의 정자가 어머니의 난자와 만나 그 속의 유전자들이 계속 세포분열을 해서 현재의 몸을 '받았습니다. 종적으로, 즉 시간적으로도 현재의 내 몸은 규정되어 있습니다. 시간의 큰 프로그램에 의해 우리 몸은 끊임없이 변해가고 있지요. 우리 몸속에는 생체 시계가 들어 있어서, 어느 시기가 되면 아무리 더 살려고 발버둥쳐도 죽습니다. 이게 자연의 법칙이지요. 이것도 연기적으로 이뤄지고 있습니다.

그런데 부모에게서 받은 몸은 그 자체로 그냥 단순하게 성장해가나요? 만약 그렇다면 연기법이 아니지요. 부모에게서 받은 유전자가 처음 원인이 되었다면, 그 다음에는 먹은 음식, 주거와 가정환경 등 여러 가지 조건들이 계속 간섭현상을 일으켜서 순간순간 새로운 내 몸을 만들어가고 있어요. 우리는 부모와 가족에 의해 성장했고, 교육과 사회 환경의 영향을 받으며 형성됩니다. 그래서 사회, 환경, 교육이 매우 중요하죠. 타고난 것을 바꿔줄 수 있는 게 교육입니다. 또 타고난 것을 질적으로 변화시킬 수 있는 것이 수행입니다. 만약 사람의 삶이 연기적 현상으로 구성되어 있지 않다면 우리는 변화할 수 없을 것입니다.

부처님 당시에도 그러한 사유방식을 갖고 있던 사람들이 꽤 있었죠. 만물은 신이 만들어놓은 것이라서 사람이 아무리 발버둥쳐도 신의 손아귀에서 벗어날 수 없다는 가치관을 가진 사람들이 그때도 꽤 많았습니다. 아니면 운명, 숙명이라는 씨줄과 날줄에 의해 이미 모든 것이 정해져 있기 때문에 노력해도 소용없다고 여겼지요. 예컨대 '천민은 천민으로 태어났기 때문에 그렇게 살다 죽을 수밖에 없다.'는 숙명론적 세계관이 당시에 있었습니다. 아니면 '그런 것 저런 것 다 골치 아프게 생각할 필요도 없으니, 그냥 먹고 즐기면서 살아가면 그뿐'이라는 '무인무연론無因無緣論'의 가치관을 가진 사람들도 많았어요. 지금도 우리 주위에 그런 사람들이 많죠. 그런데 그건 진리에 입각해서 사는 삶이 아니라는 거죠.

세상의 이치와 존재 원리는 모두 연기적으로 이뤄져 있어요. 어

미산 스님 초기경전 강의

느 하나 그렇게 되지 않는 것이 없습니다. 우리가 살아 있다는 것을 확인하는 순간, 우린 정말 연기적으로 살아 있는 겁니다. 보세요. 여러분이 제 소리를 듣고 있지요? 제가 말을 하는 게 원인이라면, 이 말이 여러분 귀의 고막을 진동시켜서 뇌에 영향을 주죠. 뇌에서 이 말을 분석할 수 있는 연기적 고리들이 작동하지 않는다면, 아무리 좋은 말을 들어도 여러분은 이해할 수 없어요. 공기의 파장을 통해 주파수가 귀의 고막을 울려주고, 여러분의 기억 속에 입력되어 있는 파장에 대한 수많은 정보들을 무의식적으로 순간순간 끄집어내기 때문에 이 말이 어떤 의미인지를 알아차리고 이해하는 것입니다. 이처럼 전부 연기적으로 이뤄지고 있는데, 우리가 그것을 깨닫지 못할 뿐입니다.

이것을 확실하게 깨닫고 삶 자체를 그렇게 살아가는 것이 바로 불교 수행입니다. 특히 연기적 존재현상을 우리가 망각하는 가장 큰 원인은 '나'라고 하는 실체가 있다고 생각하고 집착하는 마음으로 살아가기 때문입니다. 강한 에고가 지배하는 세상은 욕망으로 인하여 생긴 세계, 즉 욕계欲界라고 합니다.

_ 연기법 수행 체험담

제가 이번 여름 집중수행에 가서 1주일을 보내며 참 재미있는 현상을 보았어요. 미국에서 자아초월 심리학을 전공해서 불교의 여러 상담심리 기법들의 접목을 시도하는 비구니 한 분이 계셨어요. 자아초월 심리학이란 '제4의 심리학'이라 불리는데, 서양의 심리치료 기법과 동양의 수행법이 결합된 역동적인 심리학입니다. 이 스님은 특히 유식唯識 쪽과 서양의 심리학을 공부하며 많은 변화를 겪었다고 합니다. 이번에 좌선수행을 하면서 저와 대화를 나누게 되었는데, 수행하면서 자기 마음의 움직임이 너무 선명하게 보이더랍니다.

선방에 좌선용 방석이 쭉 놓여 있는데, 이 스님이 그 중 하나를 마음속으로 자기 자리라고 정해놓았답니다. 그런데 쉬는 시간에 화장실에 갔다가 돌아오니 그 자리에 다른 스님이 앉아 있더랍니다. 그러자 순간적으로 '어! 저거 내 자린데…' 하는 마음이 확 스쳐가더랍니다. 그러면서 '자기'라는 강한 자아가 형성되어 있는 것이 너무도 선명하게 보이더랍니다. 그 스님은 '자기' 자리가 아닌 다른 자리에 앉아서 도대체 이런 마음이 어떤 심리구조에서 어떻게 일어나고 사라졌는지를 다시 추적해보았답니다.

그랬더니 저 밑바탕에 아만我慢, 아치我癡, 아소我所 같은 자기를 중심으로 한 번뇌들이 아직도 깊이 자리하고 있음이 확인되더랍니다. 수행하기 전에는 그런 것들이 그냥 스쳐지나갈 뿐이었다면, 수행체험을 깊이 하고 나니 그런 것들이 매우 선명하게 보였다며 제게 설명해주시더군요.

바로 그게 차이점입니다. 좋다·싫다의 관념으로 분별하는 것에서 나라는 존재가 형성되는 겁니다. 수행하지 않는 사람은, 자기 중심으로 분별하고 집착해서 좋은 것은 강하게 안으로 끌어들이고 싫은 것은 강하게 밀쳐낸다는 사실조차 모르고 삽니다. 그런데 연기법 수행은 이런 사실을 명료하게 알고서 싫어해도 싫어하고 좋아해도 좋아하는 것입니다.

알고 하는 것과 모르고 하는 것은 질적인 차이가 납니다. 뜨겁게 달구어진 쇠에 손을 델 때도 뜨거운 줄 알고 데는 것과 모르고 데는 것 사이에는 큰 차이가 있다는 이야기가 《밀린다왕문경》에 나옵니다. 수행하고 난 뒤라 하여 싫어하는 마음이 싹 없어지는 것은 아닙니다. 감각적 욕망이 다 사라지는 것도 아니고요. 물론 근본 입장에서야 싫어하는 마음, 욕망, 이런 것은 다 없죠.

그런데 우리에게는 업식業識이라는 것이 있습니다. 업식은 '업의 경향성'이라고 할 수 있지요. 수많은 전생을 거치면서 무수한 세월 동안 계속 에너지로 저장된 그 업식이 수행하는 사람에게도 역시 나오는 것이지요. 그런데 중요한 것은 그 업식도 연기적으로 생성되었으며 연기적으로 사라진다는 것입니다.

이런 것을 두고 대승불교에서는 '공空'이라 합니다. '원래 있는 것이 아니다. 연기적으로, 즉 인연 따라 생성된 것일 뿐 실체는 없다.'는 말입니다. 이 '없다'에 초점을 딱 맞춰 설명할 때는 '공'이라는 단어가 매우 매력적이지요. 대승불교가 발달하여 용수 보살이 《중론中論》을 쓰면서 이 '공 사상'이 극대화됩니다.

그럼 초기불교에는 공 사상이 없었을까요? 있었습니다. 초기불교의 '무아'를 공으로 해석할 수 있습니다. 아함경에 보면 이에 대한 구체적 말씀이 나옵니다. 바로 그래서 제가 아함경을 중요시하는 것입니다. 이렇게 초기경전과 대승경전의 연결고리를 제공해주는 한역 아함경을 이 강의에서는 초기경전의 범주 내에서 소화하려는 것입니다. 연기의 이치에 대한 경전 구절을 읽어보겠습니다.

부처님께서 죽림정사에 계실 때 비구들에게 말씀하셨다.

내가 이제 인연법因緣法과 연생법緣生法에 대하여 말하겠다.

인연법이란 이것이 있으므로 저것이 있다는 것인데,

이른바 무명을 인연하여 행이 있고,

행을 인연하여 의식이 있다.

이렇게 전개되어 고통이 쌓이고 모이는 것이다.

연생법이란 무엇인가?

이른바 무명을 인연하여 행이 있다는 것인데,

이런 이치는 나 붓다가 세상에 나오거나 나오지 않거나

이 법은 상주하는 현상계가 존속하는 이치法住이며

현상계의 근원적인 원리法界로서,

붓다인 내가 스스로 깨닫고 알아서

보편타당한 깨달음等正覺을 이루고

모든 중생을 위해 분별해 연설하고 드러내 보이는 것뿐이다.

이 법은 현상계의 변하지 않고 존속하는 이치法住이며,

실체가 아니라 텅 빈 개념法空이며,

사물의 있는 그대로의 모습法如이며,

삼라만상이 본래 있는 모습 그대로의 모습法爾이다.

법은 자연의 있는 그대로의 모습을 떠나서

따로 있는 것이 아니며,

법은 자연의 있는 그대로의 모습과 다르지도 않아서

분명하고 진실하여 전도되지 않아 연기緣起를 그대로 따른다.

내 제자들은 이 인연법과 연생법을

있는 그대로 바르게 알고 보아

과거에 매달려 '내가 과거세過去世가 있었던가,

과거세가 없었던가,

내가 과거세에 어떤 중생이었는가'를 말하지 않고,

미래에 매달려 '내가 미래세에 존재할 것인가,

존재하지 않을 것인가,

어떤 중생이 되어 어디로 갈 것인가'를

마음속으로 의심하지도 않고

그런 문제로 망설이지도 않는다.

사문이나 바라문이 범속한 소견을 일으키고

그 소견에 얽매여 자아atta가 실체로서 존재한다는

망견我見에 얽매여 말하고,

실재로서 중생이 있다고 집착하는 망견衆生見에 얽매여 말하며,

목숨을 실체로 보는 망견壽命見에 얽매여 말하며,

길흉과 같은 망견에 얽매여 말하는 것을

근본적으로 끊어버려야 한다.

———

《잡아함경》T. II. 84,《상윳따 니까야》2권 162~166 참조

이 경은《신수대장경 잡아함경》2권 84, 그리고《상윳따 니까야》2권에 나오는 것입니다. 맨 마지막 문단에 해당하는 부분이 아

함경에는 나오지만 빨리어 경전에는 안 나옵니다. 《금강경》을 읽으신 분들은 이 경의 뒷부분에 나오는 아견, 중생견, 수명견이 금강경의 4상相(아상·인상·중생상·수자상)과 연결된다는 것을 알 수 있을 겁니다. 이처럼 초기경전 내용에는 《금강경》과 바로 연결되는 부분이 있습니다.

_ 인연법·인과법의 차이

인연법과 인과법이 비슷하게 보이는데, 이 두 가지를 잘 구분해서 이해할 수 있어야 합니다. 이 중 불자들에게나 일반인들에게나 가장 기초적이며 익숙한 것이 이 인과법이지요.

인과법은 '선인선과 악인악과善人善果 惡人惡果'인데, 이건 옛날 방식의 설명입니다. 흔히 '인과응보'라고 할 때의 그 인과입니다. 상대적으로 지식이 적고 사고가 단순한 분들에게는 '좋은 일 하면 좋은 결과를 받고, 나쁜 일 하면 나쁜 결과를 받아요. 부처님 잘 믿고 열심히 절에 다니면 극락세계에 가고, 부처님 안 믿으면 지옥 갑니다.'라고 말하지요. 이는 마치 '예수 믿으면 천국, 안 믿으면 지옥'이라는 기독교의 단순논리와 비슷해요.

인과법을 위와 같이 설명하는 것이 아예 틀렸다는 말은 아니고, 연기법이나 연생법을 단순화한 것이 인과법이라는 말입니다. 지적이고 복잡한 사고를 하는 분들에게는 위와 같은 방식으로 설명되는 인과법이 많은 의문을 자아냅니다. 특히 물리학이나 자연과학을 공부하신 분들은 인과법을 이야기하면 콧방귀를 뀌기도 합니다. 그런데 조금만 더 연기법 쪽으로 공부해보면 달라집니다.

인연법은 원인과 함께 조건을 더 선명하게 드러내기 위해 설하신 것입니다. 조건에 초점을 맞춘 것이지요. 세상에서 한 가지 존재 현상이 일어나려면 수만 가지 조건들이 같이 작동해야 합니다. 그러니까 선한 일을 했다고 하여 그것이 바로 선한 결과로 이어지지 않는 경우도 많아요. 왜냐하면 무수한 조건들이 겹쳐서 작동하기 때문입니다. 그리고 시간적으로 결과가 바로 나타나지 않고 꽤 긴 시간을 두고 나타나는 경우도 있으니까요. 시간의 조건들이 다 다르기 때문입니다. 따라서 연기법을 설명할 때는 이런 복잡한 것들이 같이 설명되어야 합니다. 연기법은 모든 현상의 상호의존paṭṭhāna을 강조하게 되며 다양한 조건paccaya들이 서로를 의지해서 관계를 형성해간다는 교설로 심화됩니다. 연기법이 대승경전 쪽으로 가면 매우 광범위하고 깊이 있게 설명되는데, 그것이 바로《화엄경》입니다. 그래서 우리가 일반 상식으로《화엄경》을 이해하려면 감이 잘 오지 않는 것입니다.

연기법은 인과법과 인연법을 포함해서 종합적으로 존재의 현상을 나타내는 것입니다. 특히 12연기는 생사윤회하는 과정 속에서 괴로움이 어떻게 일어나고 어떻게 소멸하는가에 대한 구조를 깨닫도록 하는 것입니다. 이것에 대해서는 나중에 6강에서 12 연기를 자세히 공부할 때 정리하기로 하고, 우선은 있는 그대로의 모습을 보는 것이 연기법의 매우 중요한 핵심이라는 이야기만 하겠습니다. 있는 그대로의 모습이란 어떤 것일까요? 있기는 있되 영원히 있는 실체가 아니라 텅 빈 개념으로서의 있음인 '법공法空', 빨리어로 '담마 수냐타'라 합니다.

앞에서도 이야기했지만, 대승불교, 특히 중관불교 쪽에서 부파불교(그 중에서도 설일체유부)를 비판할 때 '아공법유我空法有(나는 무아지만 법은 삼세에 실재한다)'라는 주장을 근거로 삼습니다. 설일체유부의 주장은 나라는 것은 없으나 법은 존재한다는 것이거든요. 그래서 이를 주장하는 불교의 부파에 설일체유부라는 이름이 붙은 것이고요. 훗날의 대승불교에서 그것을 정면으로 비판하면서 '반야·공 사상'이 시작됩니다. 어떻게 법을 실체론적으로 '유'라고 할 수 있느냐는 거지요. 반야·공 사상을 주장하는 쪽에서 초기불교를 아예 통틀어 '당신들은 법에 집착法執했기 때문에 제대로 된 연기법을 이해 못한 것이다.'라고 폄하하여 소승小乘이라 지칭한 것입니다. 큰 바퀴를 굴리는 대승大乘에 대비되는 개념으로서 소승이라 한 것이지요. 지금은 초기불교, 남방불교라 부르며 소승이라는 단어를 사용하지 않지만 얼마 전까지만 해도 그랬습니다.

그런데 지금 우리가 읽는 이런 초기경전을 보십시오. 편협한 소승 같습니까? 연기법을 이해 못한 것 같습니까? 아니잖아요. 여기서 이미 법공이라는 분명한 개념이 나오거든요. 그 다음에 법여法如(있는 그대로의 모습), 법이法爾(본래 있는 그대로의 모습), 이런 것들도 전부 대승불교와 이어지는 연결고리가 됩니다. 그래서 우리는 초기경전을 읽고 공부하는 것부터 시작하여 차차 대승경전으로 옮겨 갈 것입니다.

_ 초기경전과《금강경》의 연결고리

대승경전 중에서도《금강경》을 공부하시면 이런 입장들이 선명

미산 스님 초기경전 강의

하게 드러납니다. 특히 앞에 읽은 경의 마지막 구절을 보세요.

사문이나 바라문이 범속한 소견을 일으키고
그 소견에 얽매여 자아atta가 실체로서 존재한다는
망견我見에 얽매여 말하고,
실재로서 중생이 있다고 집착하는 망견衆生見에 얽매여 말하며,
목숨을 실체로 보는 망견壽命見에 얽매여 말하며,
길흉과 같은 망견에 얽매여 말하는 것을
근본적으로 끊어버려야 한다.

아견이 떨어져야만 자아가 쑥 빠져버려요. 아까 '자아를 중심으로 사고하기 때문에 좋아하거나 싫어하게 마련'이라고 설명할 때 나왔던 그 자아를 말하는 것이죠. 그래서 거의 모든 불교 수행은 '나'라는 것이 없는 '무아' 체험을 하도록 구성되어 있습니다. '아! 정말 내가 없는 것이로구나' 하는 깨달음이 순간적으로 팍 올 수 있게끔 수행체계가 구성되어 있다는 말이죠.

육조 혜능 대사가 '응무소주 이생기심應無所住 以生其心'이라는 《금강경》 구절을 딱 듣고 바로 그 자리에서 깨달음을 얻지 않았습니까. 그 구절의 뜻이 뭡니까? '머무는 바 없이 마음을 내는 것'이죠. 마음이 '나'라고 하는 데 머물러 집착하고 있으면 진리를 보지 못하고 순간 어두워집니다. 바로 아견 때문이죠.

아견 다음으로는 실재로서 중생이 있다고 집착하는 '중생견'이 있는데 이는 '망견妄見', 즉 망녕된 견해입니다. "우리는 몸을 가진 어쩔 수 없는 존재야, 그냥 이대로 중생으로 살래. 그리고 중생은 내

눈에 보이는 그대로 존재해." 이렇게 생각하는 어리석은 태도나 견해를 중생견이라고 합니다. '당신이 부처'라고 아무리 이야기를 해도 "아니야, 난 중생이야. 왜? 만날 탐내고 성내고 어리석고 하니, 내가 중생이지 어찌 부처야?" 이것이 중생견입니다.

또 목숨을 실체로 보는 망견이 '수명견'입니다. 자이나교에서는 '명아命我'라고 합니다. '나'라는 존재가 목숨으로 생명체로 존재하며, 이것은 영원불멸의 실체라는 견해로서 수자견, 혹은 수명견이라고 합니다. 《금강경》에서는 수자견이라고 표현됩니다. 그 다음에 경의 마지막 구절에 '길흉과 같은 망견에 얽매여서 말하는 것'을 끊어버리라고 했지요. 우리 삶에 괴롭고 힘든 많은 질곡과 삼재팔난三災八難이 생기게 하는 근본 원인이 이 '사견邪見'이랍니다.

아견, 중생견, 수명견, 그리고 또 한 가지가 《금강경》에는 나오는데 여기서는 빠진 '인견人見'입니다. 인견이란 개아個我, 우리가 일상에서 '사람들'이라고 하는 '개별적인 나'들이 있다는 생각이지요. 이것 때문에 나와 남을 구분하게 됩니다. 초기경전에 나오는 연기법을 확실히 체득했을 때 이런 잘못된 견해들이 순식간에 떨어져 나가고 질적으로 변화되어 '정견正見', 즉 연기·중도적 견해를 확립하게 되는 겁니다. 그러면 또 다른 경들을 읽어봅시다.

부처님께서 꾸루의 깜마사담마에 계실 때 한 비구가 여쭈었다.

"세존이시여, 연기법은 세존께서 만드신 것입니까? 그렇지 않으면 다른 어떤 이가 만든 것입니까?"
부처님께서 비구들에게 말씀하셨다.

미산 스님 초기경전 강의

연기법은 내가 만든 것이 아니다.

그렇다고 다른 어떤 절대자가 있어서 만든 것도 아니다.

연기법은 붓다인 내가 이 세상에 출현하거나 출현하지 않거나

법계法界에 항상 있는 것이다.

나는 다만 이 법을 스스로 깨달았고,

보편타당한 깨달음을 이루어서

모든 중생을 위하여 분별해 연설하고 드러내 보이는 것뿐이다.

연기법이란 이른바 '이것이 있기 때문에 저것이 있고,

이것이 일어나기 때문에 저것이 일어난다'는 것이다.

—

《잡아함경》T. II. 85

어느 날 한 바라문이 부처님께 찾아와 정중하게 인사를 드리고 옆에 앉아서 여쭈었다.

"흔히 말하기를 '현실에서 사실로 경험되는 것이 법'이라고 하는데, 어떻게 현실에서 사실로 경험될 수 있다는 것입니까? 또한 세월을 끌어들이지 않는 것이며, 와서 보라고 말할 수 있는 것이며, 앞으로 잘 인도하는 것이며, 지혜에 의해 스스로 경험될 수 있는 것이라 하였는데, 그 의미가 어떤 것입니까?"

부처님께서 그 바라문에게 말씀하셨다.

바라문이여,

어떤 사람이 탐욕에 들떠 있고 탐욕에 사로잡혀 있으며,

탐욕에 홀려 있다가 그 탐욕이 장애물이 되어

실의에 빠지게 되고

고통을 당한다는 것을 알아차리게 되면

그는 탐욕을 버리게 되므로

더 이상 탐욕으로 인해 고통을 당하려 하지 않을 것이다.

그래서 법은 현실의 삶에서 사실로 경험되는 것이라

말하는 것이다.

증오심을 품고 있거나 삿된 소견에 매달리다가

그것이 자기를 방해하고 고통을 주고 있다는 것을 알아차리면

증오심을 품지 않게 되고,

삿된 소견에 더 이상 매달리지 않게 되어

고통을 당하지 않게 될 것이다.

바라문이여,

이것이 바로 법은 붓다에 의해 잘 설해졌다는 것이며,

법은 현실에서 사실로 경험된다는 것이며,

법은 어느 시대에나 적용될 수 있는 것이며,

법은 누구라도 와서 보라고 말할 수 있는 것이며,

열반으로 잘 인도하는 것이며,

지혜에 의해 스스로 경험될 수 있는 것이라고 말하는 것이다.

—

《잡아함경》T. II. 339

방금 읽은 이 부분은 다른 여러 경에도 나오는 매우 유명한 구

미산 스님 초기경전 강의

절입니다. 스리랑카, 미얀마, 타이 등 남방불교 국가에서는 삼귀의를 할 때 이것을 빨리어로 항상 외웁니다.

스와까또 바가와따 담모 svākkhāto bhagavatā dhammo
산디띠꼬 아깔리꼬 에히빠시꼬 sandiṭṭhiko akāliko ehipassiko
오빠네이꼬 빳짜땅 opaneyyiko paccattaṃ
웨디땁보 윈뉴히 veditabbo viññūhī

이런 이유로 법은 세존에 의해 잘 설해졌고
스스로 보아 알 수 있고,
시간이 걸리지 않고,
와서 보라는 것이고
향상向上으로 인도하고
지자들이 각자 알아야 하는 것이다.

《앙굿따라 니까야》여섯의 모음, 마하나마경 A6:10.

이게 바로 법이 삶 속에서 어떻게 작동하는가를 보여주는 말씀입니다. 여기 그랬잖습니까. 법은 현실에서 사실로 경험되는 것이며, 시대나 시간을 초월해서 적용된다고요. 그러니까 지금 부처님이 돌아가신 지 2,500년이 훨씬 넘었는데도 그 법이 지금 여기서도 생생하게 경험되는 것입니다. 누구라도 와서 볼 수 있는 것이죠.

"와서 봐! 그리고 해봐! 누구라도 경험할 수 있어!"

이런 것이 법입니다. 그리고 이 법을 우리가 제대로 인식하고 정법으로 마음을 살피면 탐욕이 어떻게 일어나고 어떻게 내가 그것에 사로잡혔는지, 탐욕이 흘러 가다가 이것이 장애가 되어 어떻게 내가 고통에 빠지게 되는지를 적나라하게 볼 수 있지요. 이걸 보는 순간, 탐욕에서 빠져나올 수 있는 마음 공간이 생긴다는 말입니다.

_ 살면서 연기법 생각하기

경전 공부를 계속하시고 싶은 분들은 지금 읽은 경들을 혼자서도 독송해보시고, 되도록 손으로 직접 써보세요. 한 번만 쓰셔도 되니, 정성껏 또박또박 써보세요. 그러기 위해 경전 노트를 하나 마련하세요. 그래서 공부한 경전 구절들을 그 노트에 필사하십시오. 이렇게 하면 경전 말씀이 깊이 새겨지면서 그 뜻을 자기 것으로 체화할 수 있을 것입니다.

그리고 한 가지 더 숙제를 드리지요. 연기법의 의미가 무엇인지 생활 속에서 생각해보세요. 제가 항상 말하잖습니까. 삶에서 어느 한순간도 연기적으로 이뤄지지 않는 것이 없다고요. 그것을 한번 구체적으로 사유해서 적어보세요.

예를 들어, 여러분이 남편이나 아내, 또는 가까운 사람과 싸울 일이 있었다고 해봅시다. 그럴 때 싸움의 원인이 어디 있는가, 싸운 상대방과 내가 서로 어떤 조건을 제공했는가, 이런 것을 잘 추적해보면 구체적으로 분석이 됩니다. 싸운 것을 구태여 드러내기 싫다면, 살면서 경험한 다른 일을 가지고 연기법을 생각해보셔도 됩니다.

미산 스님 초기경전 강의

원인은 한 가지지만 조건은 무수히 많을 수 있습니다. 결과는 한 가지인데 그 결과가 다시 조건을 만들고, 조건이 다른 원인을 만들고, 이렇게 무수하게 가지를 쳐나갑니다. 그런 것을 잘 사유하면서 살면 삶이 훨씬 명료해집니다.

　　이와 같이 생활 속에서 연기법을 생각하고, 옆 사람들 혹은 함께 수행하는 도반들과 서로 생각한 것을 나눠보세요. 도반은 참으로 중요한 나의 스승입니다. 도반을 통해 내가 이해 못했던 것을 이해하게 되고 서로 자극을 주고받으면 마음공부를 훨씬 역동적으로 하게 됩니다. 꼭 절에 같이 다니는 도반이 아니라도 좋습니다. 옆사람, 배우자, 동료, 자녀까지도 모두 마음공부의 도반이 될 수 있습니다.

3강

일체법

—

모든 존재현상은
어떻게 분류되는가?

일체법이란 '모든 존재현상'을
말합니다. 인간이 고통
속에서 헤매는 근본 원인을
찾아보니, 나라는 존재의
연기성을 체득하지 못하고 계속
자기에게만 집착하는 데서
모든 괴로움이 출발합니다.
그러니 나를 중심으로 한
세계가 절대적인 것이 아니라
연기적으로 존재한다는 것을
여실히 보여주기 위해 세계를
이렇게 하나하나 분석한
것입니다.

나라는 존재는 무엇인가?

앞의 강의에서는 연기법을 공부하며 부처님 말씀을 직접 읽고, 또 어떻게 사는 것이 연기적 삶인가를 이야기했습니다. 내 존재, 내 역할, 내 정체성을 여러 사람과의 관계 속에서 찾는 삶이 이뤄진다면 정말 잘 사시는 겁니다. 반면 연기법 따로, 내 삶 따로, 이렇게 산다면 아무리 연기법을 공부하고 외우고 경전 필사를 많이 해도 결코 삶을 바꾸지 못합니다. 삶을 바꾸는 것은 연기법에 입각한 생각과 말과 행위입니다.

절에 오래 다니고 보시와 봉사를 많이 해도 그 보시행에 집착하고, 그것을 '내'가 하는 것으로 알고 상相을 세우고 있다면 올바른 불자, 수행자라고 할 수 없습니다. 여러분이 이 초기경전 강좌를 들으며 연기법을 완전히 이해하고 연기적으로 말하고 행동할 수 있는 작은 바탕만이라도 마련한다면, 다음 공부는 그리 어렵지 않을 것입니다.

중간중간 빨리어가 나오는 것이 좀 생소하겠지만, 자꾸 읽고 쓰다 보면 익숙해집니다. 부처님이 직접 쓰시던 말, 설법하시던 말인 빨리어를 유창하게는 못하더라도 우리도 조금은 익숙해져야겠죠. 연기법을 공부하면서 '이마스밍 사띠 이담 호띠'라고 빨리어로 독송해보니까 어때요? 부처님의 체취가 스민 언어라서 더욱 친근하게 느껴지죠?

3강에서는 앞에 말한 연기법의 연장선상에서 나 자신을 분석해보고, 이 환경 속에서 나라는 존재가 무엇인가를 살펴보겠습니다. 부처님께서 말하신 일체법一切法이란 무엇일까요?

_ 같은 것도 다양하게 설하신 부처님

부처님은 모든 존재현상의 연기성을 설하되, 한 가지가 아니라 여러 방법으로 설하셨습니다. 똑같은 대상이라도 상황에 따라 다른 설명이 필요하기 때문이지요. 만약 나무 한 그루에 대해 설명한다면, 그 설명을 듣는 대상이 시인인가, 생물학자인가, 목재상인가에 따라 방법이 다 다르지 않겠어요? 마찬가지로 부처님도 모든 존재현상을 놓고 때로는 포괄적이고 종합적인 방법으로, 때로는 세부적이고 분석적인 방법으로 설하셨던 것입니다.

모든 존재현상을 설명한다고 해보세요. 예를 들면 자연과학도들에게는 물질을 위주로 한 분석적인 접근이 좀 더 쉬울 것이고, 인문학도들에게는 정신을 위주로 한 종합적인 설명이 더 설득력이 있겠지요. 이해하는 사람의 성향과 능력, 수준에 따라 다른 설명이 필요한 것입니다. 어디에 초점을 맞춘 설명이든 목적은 한 가지입니다. 물질과 정신이 모두 영원한 실체가 아니라 연기하는 것임을 확인시키는 것입니다.

일체법이란 '모든 존재현상'을 말합니다. 빨리어로는 '삽바 담마sabba dhamma', 산스크리트어로는 '사르바 다르마sarva dharma'라고 합니다. '삽바'는 '모든'이라는 형용사, 담마는 '법'이라는 명사입니다. 여기서 법이란 어떤 법칙이나 법률을 말함이 아니라, '세상 만물이 펼쳐지는 현상'을 말합니다.

'존재현상'이라는 말이 철학 용어라 어렵게 들리나요? 그럼 더 쉬운 말로 해봅시다. 우리가 보는 그대로, 모든 존재들이 특성을 가지고 나타나는 모습을 말합니다. 물론 '법'이라는 말에는 여러 뜻이 있습니다. 때에 따라 부처님 말씀, 진리, 현상 등을 가리킵니다. 쉽게 말하면 이 안경도 존재현상이고, 여러분이 제 말을 듣고 제 글을 읽고 있는 것도 존재현상입니다. 경전을 읽으며 제가 치는 이 종도 존재현상이고, 책상도 존재현상입니다. 존재현상들은 존재들을 있게 하는 어떤 법칙성에 의해 일어납니다.

현상에는 물질현상과 정신현상이 있습니다. 나를 포함한 이 세계를 분류하자면 물질세계와 정신세계로 분류됩니다. 부처님은 일체법을 크게 물질현상과 정신현상으로 나눠 분석하셨습니다. 법이 연기적으로 존재한다는 걸 알려면 그것을 면밀히 분석해봐야겠지요.

그런데 분석한다고 해서 실험실에서 물질성분을 분석하듯 무조건 대상화하면 막연해집니다. 그래서 부처님은 일체법에 대한 설명 가운데 맨 먼저 '오온설五蘊說'을 제시하셨습니다. 한 학급을 두고 한 반이라 표현할 수도 있고, 다섯 분단이라 표현할 수도 있고, 30명이라 표현할 수도 있지요. 이처럼 일체법을 오온이라 표현할 수도 있고 십이처, 십팔계라고 표현할 수도 있습니다.

초기경전을 보면, 일체법은 이 세 가지 분류 방법으로 나눠 설명됩니다. 인연 따라 일어나는 모든 존재현상을 오온·십이처·십팔계로 설하신 것입니다. 왜 이런 식으로 분류했을까요?

인간이 고통 속에서 헤매는 근본 원인을 찾아보니, 나라는 존재의 연기성을 체득하지 못하고 계속 자기에게만 집착하는 데서 모든 괴로움이 출발합니다. 그러니 나를 중심으로 한 세계가 절대적인 것이 아니라 연기적으로 존재한다는 것을 여실히 보여주기 위해 세계를 이렇게 하나하나 분석한 겁니다. 논리와 이성 위주의 세계관을 중시하는 서양 사람들조차도 불교를 매우 과학적이고 합리적인 종교라 생각하는 것도 이 때문입니다.

그런데 경전을 보면 가장 많이 언급되는 것이 오온입니다. 쉽게 말해, 문과 공부를 한 사람들이 이해하기 쉽게 정신적인 면을 더 강조해 이야기한 것이 오온설입니다. 반면 십이처설은 물질적인 면을 더 강조합니다. 이것은 이과를 공부한 사람들, 물질세계에 관심을 더 가진 사람들에게 적합한 교설입니다. 십팔계설은 정신과 물질, 모두에 초점을 맞춰 균등하게 설명했습니다. 셋 다 일체법을 설명하는 방법이지만, 듣는 사람의 근기와 성향에 따라 어떤 때는 오온설, 어떤 때는 십이처설, 어떤 때는 십팔계설로 존재의 연기를 보여주려 한 것입니다.

미산 스님 초기경전 강의

오온,
다섯 무더기

오온설에 들어가면서 먼저 경전 말씀을 같이 읽어보죠.

부처님께서 기원정사에 계실 때 한 비구가 여쭈었다.
"비구는 어떻게 알고 어떻게 보아야 법을 볼 수 있습니까?"

내적 감각기관(눈·귀·코·혀·몸)이
외적 대상(색·성·향·미·촉)을 만나 의식작용이 생긴다.
감각기관과 외적 대상과 의식작용이
하나로 어울리는 것이 접촉이다.
이 접촉을 통해서 감각·지각·사유가 생긴다.
이것이 마음과 사고의 내용으로서 '법'의 발생이다.
감각·지각·사유·의식, 이 네 가지 비물질적 요소와

물질적 요소를 합하여 '사람'이라 말한다.
이러한 것들에서 사람이란 생각을 하여
'삿따, 나라, 마누자, 마나와, 뽀사, 뿟갈라, 지와, 잔뚜' 등
다양한 의미로 부른다.

또 말하기를
'내 눈으로 형체(색)를 본다.
내 귀로 소리를 듣는다.
내 코로 냄새를 맡는다.
내 혀로 맛을 본다.
내 몸으로 촉감을 느낀다.
내 마음으로 법을 분별한다.'고 말하고,
통상적인 관례를 따라
'이 사람의 성씨는 무엇이며,
이름이 무엇이고, 이렇게 태어나 이렇게 자랐고,
이렇게 먹고, 이렇게 고통과 즐거움을 누렸고,
이렇게 오래 살았고, 이렇게 목숨을 마쳤다.'고 말하기도 한다.
그러나 이것은 생각이요, 기억이며, 말로 설명하는 것이며,
인연 따라 생기는 이 모든 것諸法은 의도적인 생각에서
나오는 것이므로 덧없고 허망한 것이다.

《잡아함경》T. II. 87

이 말씀은 한역 경전인 아함경에 나오지만, 빨리어 초기경전 못지않게 매우 중요합니다.

사람. 우리는 사람이죠. 그런데 어떤 존재를 사람이라고 일컫나요? 그냥 사람이기 때문에 사람인가요? 경전에서 부처님이 말씀하신 대로, 사람이란 우리가 만들어놓은 개념입니다. 이렇게 눈과 귀와 코와 팔다리가 있고 직립보행을 하는 존재를 사람이라 부르자고 약속한 겁니다. 그래서 서로를 사람이라고 불러줍니다. 우리말로는 '사람'이나 '인간'이라 하지만, 빨리어로는 삿다, 나라, 마누자, 마나와, 뽀사, 뿟갈라, 지와, 잔뚜… 등 아주 많아요. 다양하죠.

그런데 이런 단어들이 아무리 많다 해도 역시 이 말은 사람 자체가 아니라 우리가 만들어낸 개념일 뿐입니다. 잘 생각해보면, 이 개념 자체는 덧없고 허망한 겁니다. 왜 그럴까요? 이 말이 개념에 머물러 있는 순간, 우리는 정말 사람을 보지 못하니까요.

오온이라는 설은 무엇일까요? 방금 말한 '사람이라는 개념'을 확 분해하는 것입니다. 여기 제 앞에 앉아 계신 거사님, 성함이 어떻게 되시죠? 조덕연이라고 대답하시네요. 조덕연 거사님, 그럼 지금 대답하신 분은 누구지요? 조덕연 씨입니까? 틀릴까봐 아무 말도 안 하시네요.(웃음) 할 말이 없다고 피해 가시네요.

방금 대답한 것은 '나'가 아닙니다. 조덕연은 어릴 때 어머니 뱃속에서 잉태되어 태어났고 어른들이 심사숙고해서 이름을 지어주었습니다. 그렇게 가족에게 조덕연이라는 정체성을 가진 존재로 인정받으며 지금까지 성장했습니다. 가정과 학교, 선원에서는 그 이름을 통해 조덕연 거사님의 존재를 개념화해서 대하고 있죠. 조덕연 님의 진정한 존재는 우리가 경험하지 못하는 겁니다. 단지 개념으로만 경험하고 있을 뿐이니까요. 이게 바로 오온설을 공부할 때 중요한 부분입니다.

_ 첫째, 색 : 물질

오온은 '다섯 무더기'입니다. 무더기 중 첫 번째는 색色입니다. 보통 눈으로 볼 수 있고 손으로 만질 수 있는 물질적 대상을 색이라고 합니다. 사람에 적용하자면, 몸이 색이죠. 그래서 몸을 색신色身이라 합니다. 만질 수 있고 항상 눈으로 볼 수 있기 때문에 색입니다.

몸은 어떻게 이뤄져 있지요? 만져보세요. 우선 고체로서 딱딱한 흙地의 요소를 갖고 있지요. 그리고 만져보면 열기나 한기火가 있습니다. 또 오늘같이 후덥지근한 날은 땀도 나고 콧물이나 오줌 등의 물기水가 몸속에 느껴집니다. 그리고 살아 있는 존재의 몸은 늘 움직입니다. 또 계속 숨을 쉽니다. 이를 풍기風라고 합니다. 그러니까 지·수·화·풍의 사대四大 요소로 이뤄진 것이 몸입니다. 몸을 통해 우리는 삶을 영위하죠. 그래서 대다수 사람들은 몸을 나와 동일시합니다. 몸이 나이고, 내 것이고, 내게 속한 것이라고 개념화해버립니다.

더구나 요즘은 몸이 굉장히 중요한 시대가 되어버렸지요. 색은 눈으로 볼 수 있는 것이라고 했죠. 마음은 안 보여도 얼굴이나 몸은 그대로 보이거든요. 요즘 시대엔 매스미디어와 인터넷이 발달해서 동영상으로 서로의 모습을 보면서 대화도 하고 관계도 유지합니다. 그렇다 보니 몸에 대한 젊은이들의 관심도 뜨겁습니다. 그게 꼭 나쁜 것만은 아니겠지만, 도를 넘으면 스스로를 해치고 남도 해쳐요.

텔레비전에서 보셨을 겁니다. 아름다운 외모를 가진 여가수가 더 예뻐지려고 성형수술을 했는데 그만 잘못되었어요. 재수술을 했는데 또 잘못되었죠. 급기야는 수술 부작용으로 얼굴이 완전히 망가져버렸어요. 결국 밖에 나가지도 못하고 집안에만 숨어 지내게 되었답니다. 이런 게 바로 색에 집착했기 때문입니다. 얼굴과 몸을 자기라고 착각하고 집착하기 때문에 일어나는 현상이지요. 그렇다고 너무 집착을 안 해도 문제겠지요.(웃음)

서양, 특히 유럽 여성들은 화장을 잘 안 합니다. 제가 영국과 미국에서 공부할 때 보면, 아주 특별한 경우가 아니면 화장을 안 하고 이른바 '쌩얼'로 다닙니다. 그런데 우리나라에 와보니 여성들이 다들 화장을 하고 다니더군요. 그래서 왜 그렇게들 화장을 하느냐고 물어봤더니 불교 공부를 많이 하신 분이 대답하기를, 남을 위해서 화장을 한대요. 자기를 위해서 하는 게 아니라 밖에 나가서 내 얼굴이 추하게 보이면 상대방이 불쾌할 수 있으니, 남을 위해서 한다고. 여러분도 그러신가요? 반반이죠. 남을 위해서도 하고 내가 예쁘게 보이려는 마음도 있을 겁니다.

이처럼 색을 통해 자기 존재감을 확인하는 것이 우리 보통 사람들의 태도입니다. 그런데 우리가 불교 공부를 더 깊이 하다 보면 색의 허망함을 알게 되지요. 허망하다는 말이 그냥 나오는 말이 아니라, 정말로 우리가 연기적 존재라는 것을 딱 몸으로 체득하면 허망하다는 말이 안 나올 수가 없죠.

지금 이렇게 우리가 경전공부 할 때 들어서 아는 것, 이를 '문聞'이라고 합니다. 듣고 자꾸 사유하고 깊이 생각해서 정말 진리이고 맞는 말씀이라는 깨달음이 마음에 딱 와서 닿는 게 있으면 이를 '생각해서 아는 지혜'라고 합니다. 생각은 '사思'죠. 여기서 한발 나아가 간화선 체험을 한다든가 오랫 동안 주력呪力이나 다른 관법 수행을 하여 정말로 마음이 진리와 계합한 상태를 '수修', 수행해서 아는 지혜라고 합니다. 그래서 '문·사·수'라는 말이 있죠.

몸이 물질세계의 무더기라면, 정신세계에 관련된 네 무더기가 수受·상想·행行·식識입니다. 온蘊을 무더기, 쌓임, 모임, 덩어리, 다발, 이렇게 번역합니다. '온'이 원래 빨리어로는 '칸다khandha', 산스크리트어로는 '스칸다skandha', 한역하면 '음陰'이라고도 하는데, 이는 현장법사 이전의 초기 번역입니다. 색이라는 물질 무더기와 수·상·행·식이라는 네 가지 정신 무더기가 합쳐져서 오온입니다.

_ 둘째, 수受 : 느낌

그럼 수受는 무엇일까요? 받을 수受. 방금 읽은 '사람'이라는 경을 보면 수를 빨리어로 '웨다나vedana'라고 하는데 '감각, 느낌'이라는 뜻입니다. 우리 몸에는 다섯 가지 감각기관이 있습니다. 눈, 귀, 코, 혀, 몸. 이 다섯 가지 감각기관을 통해 우리는 끊임없이 바깥 정보를 안으로 받아들입니다. 눈을 통해 좋고 나쁜 여러 가지 빛과 모양과 형태를 받아들입니다.

예를 들면, 오늘 선원 법당에 꽃이 참 많죠? 꽃꽂이 전문가 한 분이 우리 법당에 정기적으로 오셔서 이렇게 아름다운 꽃을 꽂아주십니다. 오늘은 특히 공부시간 전에 법사가 앉는 상에 이렇게 많은 꽃을 꽂아주셨으니 제가 황송하네요. 이 꽃을 보고 우리는 아름답다는 생각을 하지요. 눈으로 꽃을 보고 아름답다는 생각이 일어납니다. 여러분은 제가 지금 하는 말소리를 듣고 '아, 저 말은 타당하다, 좋다.'는 생각을 일으키죠. 귀를 통해 제 말이 들어가면서 이 정보가 다른 정보들과 결합되어 끊임없이 그 의미를 알게 됩니다. 또, 코를 통해 냄새를 맡죠. 국화향, 백합향이 아주 좋습니다. 냄새 정보가 들어가 비鼻신경에 전달되면 예전에 맡은 냄새를 근거로 정보처리를 해서 '아, 이 냄새구나' 하고 알아차리는 작용이 순간순간 이뤄집니다. 오감을 통해 끊임없이 들어오는 정보들은 모두 이런 과정을 거칩니다.

그런데 우리는 크게 세 가지 느낌을 갖고 살아갑니다. 첫째, '꽃을 보니 참 좋다'는 느낌이고요. 둘째, '꽃을 보니 싫다' 이런 느낌도 있을 수 있죠. 어떤 경우에 이럴까요? 만약 사랑하는 사람에게 장미꽃 100송이를 갖다 주며 사랑을 고백했다고 해보세요. 그런데 그 꽃을 거부하면서 '난 너 사랑 안 해!'라고 청혼을 거절했다면 어떨까요? 아마 그 사람은 그 뒤로 장미꽃이 싫어지겠죠. 똑같은 장미꽃을 보더라도 어떤 사람은 아름답다고 느끼고, 어떤 사람은 쓰라린 상처를 떠올릴 수 있습니다. 아니면 장미꽃을 보더라도 그냥 무덤덤하고 아무 감정이 없을 수도 있어요.

이게 세 가지 느낌입니다. 좋은 느낌, 싫은 느낌, 무덤덤한 느낌. 우리가 밖의 사물을 볼 때, 좋은 느낌에 집착하는 순간 어떤 마음이 생기죠? 탐심貪心이 생겨서 거기에 빠지게 됩니다. 탐닉하게 되는 겁니다. 무엇을 보았을 때 '싫다, 나쁘다'는 생각이 들면 어떤 마음이 일어나나요? 진심瞋心, 화내는 마음이 일어납니다. 그리고 어떤 것을 봤을 때 무덤덤하다면 그 마음에서 뭐가 일어날까요? 치심癡心, 어리석은 마음이 일어납니다. 담담한 것과 무덤덤한 것은 다릅니다.

치심이 안 일어날 것 같죠? 무덤덤한 게 왠지 좋은 것 같죠? 그렇지 않습니다. 무덤덤한 사람은 지혜가 없고 어리석은 사람입니다. 아름다운 꽃을 보고 왜 아름답다는 생각을 안 해요? 전에 누가 그런 말씀을 하시더군요. "만약 수행을 많이 해서 좋은 것도 좋게 생각 안 하고 나쁜 것도 나쁘게 생각 안 하게 된다면, 스님들은 몰라도 우리 재가불자들은 보통 큰 문제가 아닙니다."라고요. 그 말을 들어보니 아닌 게 아니라 맞는 말이더군요.

수행한다고 그렇게 되면 안 됩니다. 수행할수록 심미안, 아름다운 것을 깊이 느낄 수 있는 지혜가 생겨야 해요. 수행을 하면 할수록 미세한 번뇌까지도, 좋지 못한 탐심과 진심까지도 분명히 알아차려 끊어낼 수 있는 지혜가 생겨야 합니다. 수행하면 할수록 무덤덤하고 멍청이 같은 상태가 유지되는 게 아니라, 아주 맑고 명철해서 어떤 모호한 것도 개입할 수 없는 마음 상태가 되어야 합니다. 그래야만 바르게 수행하는 겁니다.

우리가 사람을 만나면 첫인상이 중요하다는 말을 하죠. 첫인상, 영어로 '퍼스트 임프레션first impression'은 가장 들어맞고, 또 오래 갑니다. 어떤 사람을 처음에 딱 보고서 전체적으로 받은 느낌이 가장 정확합니다. 왜냐고요? 정신작용 중 맨 앞에서 선두주자 역할을 하는 것이 느낌이기 때문이죠. 수·상·행·식이 순서대로 줄줄이 일어나는 것이 아니라 동시다발적으로 일어나지만, 그 중에서도 맨 먼저 강력히 작용하는 것이 수입니다.

_ 셋째, 상想 : 개념

오온의 세 번째는 상想입니다. 빨리어로는 '산냐sañña'라고 하지요. 산냐란 우리가 어떤 것을 처음 보거나 듣거나 냄새 맡고 느꼈을 때 처음에 생성되는 표상작용, 개념작용을 말합니다.

제가 가끔 드는 예가 있는데, 여러분 〈부시맨〉이란 영화를 보셨나요? 그 영화에서 아프리카 상공을 미국인들이 지나가다 실수로 콜라병을 하나 떨어뜨리잖아요. 그걸 받은 부시맨 족의 족장이 '이건 하느님께서 내려주신 귀중한 보물'이라면서 제단 위에 콜라병을 모셔놓고 매일 절을 합니다. 이웃마을 족장이 그것을 뺏으려고 전쟁을 일으켜서 그렇게 평화롭던 마을은 온통 아수라장이 됩니다. 결국 모든 재앙이 콜라병 때문에 생긴다 하여 그걸 손닿지 않는 곳에 버리려고 길을 떠나게 됩니다.

우리에게 콜라병은 그냥 콜라를 담은 유리병일 뿐이지만, 아프리카 부시맨 족에게는 보물이었습니다. 왜? 그들에게는 콜라라는 개념이 없어서 '하늘에서 내려오는 것은 신이 주는 무엇이다.', '반짝반짝 하는 것은 보물이다.'라고 머릿속에 있던 기존 개념을 콜라병에 갖다 붙여서 사유를 하거든요. 우리가 보기에는 참 우습고 황당한 일이지요. 그런데 사실 우리도 부시맨과 똑같은 일을 지금도 하고 있어요. 알게 모르게 무수한 개념들을 만들어서 마치 그것이 실체인 양, 진리인 양 그렇게 살아가고 있어요.

그래서 우리가 살아가는 이 세계는 개념으로 이뤄진 세계가 되었고, 개념을 빌리지 않고는 생활할 수 없을 만큼 아예 개념이 삶 자체가 되어버렸어요. 만약 제가 안경집에 가서 안경을 맞추면서 '나

경안 좀 맞추러 왔는데요.' 한다면 아무리 열심히 말해봤자 상대는 내가 무슨 얘기하는지 모를 겁니다. 내 마음속으로 아무리 이 안경을 생각해도 말이죠. 우리는 약속에 따라 개념에 의해 '이건 컴퓨터라고 하자, 마이크라 하자.'고 했는데, 이 약속을 깨면 불편해지겠죠. 그래서 약속을 깨지 않고 그걸 따라서 사는데, 그 결과는 뭐죠? 괴로움입니다. 왜? 우리가 만들어놓은 허상에 집착하기 때문에 괴로운 겁니다.

아까 제가 법당에 꽃꽂이 하신 분과 의미 있는 대화를 나눴습니다. 지금은 이렇게 조촐하게 꽂아놓으셨지만, 초파일 전에는 꽃꽂이가 조금 번다했어요. 그래서 제가 말씀드렸죠. 이 법당이 아름다운 이유는 법당의 모든 요소들이 서로를 간섭하지 않기 때문이라고요. 모든 요소들이 조화를 이루고 있기에 사람들이 오면 편하고 아름답다는 느낌이 드는 거라고 이야기하고, 단출하게 생략된 '선禪 스타일'의 미를 말씀드렸어요. 그런데 이분이 그 이야기를 들은 뒤에는 법당에 오실 때마다 제 말이 마음에 걸리는 거예요. 꽃을 꽂을 때마다 '이건 선 스타일이 아닌데?' 싶어서지요.

원래는 이분이 꽃을 꽂으면서 삼매에 든답니다. 잡념도 없어지고요. 60대가 넘으셨다는데 40대 중후반으로 보일 만큼 젊으십니다. 이분에게는 꽃 꽂는 일 자체가 수행이랍니다. 2시간이고 3시간이고 아무 생각 없이 몰입하게 되었는데, 제 말을 들은 다음부터 삼매가 이뤄지지 않는 것입니다. 왜? 선 스타일로 꽂으려는 의지가 들어가니까 안 되는 겁니다.

이건 바로 다음에 이야기할 행行이라는 마음작용과 연관되어 있습니다. 우리가 보고 듣고 냄새 맡고 맛보고 감촉하고 느낄 때 형성되는 표상들이 있어요. 아무리 멀리서 꽃을 보더라도 꽃이라는 것이 어렴풋이 스쳐가는 것, 이런 표상작용이 없으면 우리가 인식을 못 하죠. 개념화되지 않으니까요.

불교에서는 '상을 척파하라'고 하지만, 사실 우리 삶이 전부 상으로 되어 있어요. 상을 내지 말라고 하지만 막상 상을 내지 않으면 존재 자체가 흔들리는 구조입니다. 나중에 《금강경》을 배울 때 상에 대한 이야기를 더 많이 하게 될 것입니다. 지난 강의에서 연기법을 배우면서 한 이야기가 《금강경》에서 극대화됩니다. 상을 척파하는 것이 《금강경》의 핵심인데 상을 떠나서는 살 수 없다는 것, 이게 아이러니입니다. 수행의 코드를 빨리 인식하고 제대로 터득하지 못하면 불교가 어렵게 느껴지는 이유가 바로 이것입니다.

_ 넷째, 행行 : 다양한 심리현상들

행行은 지어감, 의지작용입니다. 행의 근본은 '의도', 빨리어로는 '쩨따나cetanā'라고 합니다. 의도에는 여러 가지 심리현상들이 포함됩니다. 기억, 추리 등 많은 정신작용이 이 행 속에 다 들어갑니다. 그래서 《아비담마》에 나오는 50가지 심소心所(마음부수)[●]가 모두 행에 속합니다. 그리고 웨다나, 산냐를 합하면 52가지 심소로 심리

● 　마음은 절대 혼자서 일어날 수 없고 대상이 있어야 일어날 수 있다. 마음은 마음부수를 통해 대상을 알게 되며, 그것이 선한 것인지 불선한 것인지는 전적으로 마음부수에 달려 있다. 《아비담마》에서는 이런 마음부수를 총 52가지로 분류하고 있다.

구조가 이뤄졌다고 하지요. 50가지 심소를 다 알려면 더 심화된 공부를 해야 되고, 특히 《아비담마》 공부를 해야 합니다.

아무튼 행은 우리의 정신적 삶에서 아주 중요한 위치를 차지합니다. 행을 다스리지 못하면 불교 수행의 바른 길로 가지 못합니다. 오온 중 행에 대한 연구를 꾸준히 해야 되는데, 행의 근본 뜻을 알기 위해 '상카라saṃkhāra'라는 말의 어원을 추적해봅시다. 상카라의 '상saṃ'은 '함께'라는 뜻이고, '카라khāra'는 '끄르kṛ'라는 어근에서 왔습니다. 끄르는 '만들다make, form'라는 뜻입니다. 즉 '많은 것들이 함께 모여서 형성됨', 이것이 본래 '행'의 의미입니다.

우리의 심식작용은 수많은 심소들이 모여서 하나의 심리현상으로 나타납니다. 예컨대 누구를 좋아한다 미워한다 했을 때도 단 하나의 심소만 나타나는 게 아니라 많은 심소들이 결합해서 하나의 마음으로 나타납니다. 그래서 싫어할 때도 색깔이 다 다릅니다. 남편을 사랑하고 좋아하는 것과 아들딸을 좋아하고 싫어하는 것은 색깔이 다르죠. 여러분은 아들딸이 더 좋아요, 남편이 더 좋아요? 다 좋다고요? 아이들에게 이런 질문을 하면 다 좋다고 하죠.(웃음)

그런데 실제로는 다 좋은 게 아니라 좋아도 그 좋음이 다 다른 것입니다. 그게 전부 '심소작용', '행의 작용'이죠. 행의 작용이 우리 정신생활에 중요한 핵심입니다.

_ 다섯째, 식識 : 분별과 판단

식識은 수·상·행을 모두 아울러 분별하고 구체적으로 정신의 바탕이 되어 이끌어가는 식별識別작용입니다. 나누어서 아는 것, 분별, 판단, 인식 작용이지요. 식은 수·상·행, 세 가지 정신작용들의 기저에서 인간이 역동적인 인식활동을 할 수 있는 근거를 제공합니다. 식은 우리가 어떤 대상을 접하면서 그 대상이 있음을 아는 '알음알이'로서 육근(안·이·비·설·신·의)과 육경(색·성·향·미·촉·법)이 순간순간 부딪칠 때마다 생겼다가 사라지고 또 생겼다 사라지는 순간적인 현상입니다. 색·수·상·행, 모두 순간순간 변하기는 마찬가지이지만 '식'은 더욱 그러합니다. 너무나 빨리 변하기 때문에 변하지 않는 것으로 인식할 수도 있는 그런 현상이라고 할 수 있지요.

이 '식'은 한 생명체가 최초로 생길 때부터 마지막으로 생명을 마감할 때까지 지속되므로 상좌부 문헌에서는 이를 바왕가bhavanga, 즉 '존재지속식'이라고 합니다. 존재지속식은 찰나에 생성·지속·소멸을 반복하며 끊임없이 흐르고 있다고 봅니다. 단, 외적 대상이나 내적 대상이 있으면 인식 모드로 전환되어 다양한 인식현상이 일어나는 것입니다. 마지막 죽음에 이를 때 이 존재지속식이 죽음식으로 전환되고 업식에 의해서 다음 생이 지속되는데, 재생하는 순간 존재지속식은 '재생연결식'으로 전환되어 새로운 삶이 시작되도록 합니다. 존재지속식과 인식현상에 대해서 관심 있는 분은 상좌부 《아비담마》를 공부하시면 더 자세히 알 수 있습니다. 어렵게 들리더라도 워낙 핵심적인 개념이므로 꼭 알고 넘어가는 것이 좋습니다.

지금까지 설명한 것처럼 오온은 정신과 물질세계로 이루어져 있습니다. 색을 물질세계라 한다면 수·상·행·식은 정신세계를 대표하는 심리현상들과 마음이라고 정리하면 됩니다.

_ 취하고 달라붙다, 오취온

그런데 문제는 오온을 '나'라고 여겨 취착取着(취하고 달라붙음)하는 것입니다. 아까 제가 조덕연 님을 부르면서 당신은 누구시냐고 물었을 때 만약 "저는 오온입니다."라고 대답한다면, 그 대답도 물론 개념이긴 하지만, 그래도 최소한 제게 싫은 소리는 안 들을 것입니다. 그런데 대다수 사람들이 "당신은 누구입니까?"라는 질문을 받았을 때 속으로 하는 생각은 결국 불교적으로 보면 "나는 오취온입니다."라는 것입니다. 물론 표현이야 그렇게 하지 않지만, 보통 사람들 생각의 내용이 그렇다는 말입니다.

그렇다면 '오취온'이란 뭘까요? 바로 '색·수·상·행·식을 나로 알고 취착하는 것'입니다. 나라는 이 몸, 내가 느끼는 느낌, 내가 만든 개념, 내가 지어가는 일들, 내 의식, 이 다섯 가지 요소를 나라고 취착하기 때문에, 누군가 내 용모를 보기 싫어한다거나, 내 감정을 상하게 한다거나, 내가 하려는 일을 막는다거나 했을 때 심하게 반발하고 미워하고 괴로워합니다. 오온으로 이뤄져 인연 따라 일어나는 '나'라는 존재를 고정불변의 자아로 착각해 취착한다는 의미에서 오취온이라 하는데, 오온을 오취온으로 인식하는 데서부터 고통이 시작됩니다.

수행을 잘하는 사람은 몸은 몸이고, 느낌은 느낌이고, 의지는 의지이고, 식별작용은 식별작용이라고 생각할 뿐, 그 작용에 머무르지 않습니다. 즉 취착하지 않습니다.《금강경》을 공부할 때 다시 나오겠지만 '응무소주 이생기심'이 바로 그거예요. '집착하지 않고 마음을 내서 사는 것.' 그런데 잘 안 되지요? 지금 '몸이 당신이 아닙니다.'라고 하면 그 말에 수긍할 사람이 있어요? 여간해서는 수긍이 안 됩니다.

그렇다면 어느 정도로 수행의 경지에 들어가면 이것이 수긍될까요? 범부凡夫를 떠나 수다원 도·과에 들어가면 수긍이 됩니다. 이 단계에서 '유신견有身見, sakkāyadiṭṭhi(몸이 나라고 생각하는 잘못된 견해)'이 떨어져 나갑니다. 수다원 도·과에 들어가면 일단 범부가 아닌 성인聖人의 과위果位에 들어간 것이지요. 범부, 즉 깨닫지 못한 중생의 상태에서는 항상 이 몸을 나라고 취착하고 삽니다.

물론 상좌부 불교의 교설과 선불교의 교설은 또 다른 차원에서 이야기가 되지만, 아무튼 몸이 나라는 관념을 갖고 살아가기에 집착하는 겁니다. 이 점은 느낌도 마찬가집니다. 누가 내 기분을 상하게 했다면, 왜 기분을 상하게 했냐며 화를 냅니다. 내가 만들어놓은 개념을 상대방이 부정하고 틀렸다 하면 화가 납니다.

제가 대학에 있으니 학자들과 세미나를 하거나 토론할 기회가 많은데, 그럴 때마다 저와 그들의 마음 움직임을 보게 됩니다. 어떤 학자들은 자기가 세운 의견을 틀렸다고 하면 굉장히 화를 냅니다. 제가 그런 행사에서 사회를 많이 보거든요. 제가 이래 봬도 조계종의 명사회자로 알려졌답니다.(웃음) 사람들 사이에 서로 화가 안 나게 하는 방법을 제가 좀 알기 때문이지요. 마음을 읽으면 됩니다. '이런 질문이나 이런 말을 하면 화를 내겠지만, 이렇게 돌려서 이야기하면 화가 안 날 것이다.' 이렇게 생각하고 부드럽고 즐겁게 세미나 사회를 보니, 그 다음에도 저보고 자꾸 사회를 보래요.

지난번 한국불교심리치료학회 때는 원래 제가 좌장이 아니었는데 아무 준비도 안 된 제게 갑자기 사회를 보라는 거예요. 저는 항상 준비된 사회자입니다.(웃음) 그래서 어쩔 수 없이 사회를 봤죠. 그랬더니 사람들이 "준비도 안 하고 어찌 그렇게 사회를 잘 봅니까?" 하고 물어요. 그래서 '별다른 비결은 없고 그저 마음을 보는 겁니다."라고 대답했습니다. 대부분 자존심이 강하고 개념화 작용에 능한 학자들이기 때문에 자신의 주장이나 개념을 직설적으로 지적하거나 건드리면 화를 냅니다. 건드리긴 건드리되 살짝살짝 조심해서 건드려야 하고, 자존심도 적당히 세워주면 원만하게 세미나를 끝낼 수 있고, 끝나고 나서도 기분이 좋습니다. 이런 것도 바로 '산냐'에 관련된 예화입니다.

다시 오온 이야기로 돌아가 보죠. 오온은 우리 인간을 구성하는 다섯 무더기, 다발입니다. 이것에 취착하는 순간 이게 '오취온', 즉 '빤짜 우빠다나 칸다pañca upadāna khandha'가 되어버립니다. '우빠다나'가 집착한다는 뜻이죠. 다섯 가지 다발에 집착해 그것을 내 것이라고 착각하기 때문에 괴로움이 생깁니다. 그럼 오온을 나라고 집착하지 않으려면 어떻게 해야 할까요? 이게 불교 수행의 핵심입니다. 늘 깨어 있어 그런 마음이 일어날 때마다 곧 확인하고 놓아버리기를 계속해야 합니다.

이것은 초기불교 수행에서만 그렇게 하는 게 아닙니다. 대승경전인 《능엄경》에 보면 키워드가 '헐歇'입니다. '쉰다', '놓아버린다'는 뜻이지요. 《호흡관법경》에서도 마지막(16번째 단계의 수행 계위)이 놓아버림, '방하착放下着'입니다. 간화선도 화두를 타파하고 나면 그 다음부터는 계속 놓는 수행을 합니다. 업력에 의해 일어나는 탐심, 진심, 치심을 끊임없이 전부 놓아버리는 수행이지요.

이번에 제가 기독교 신학을 조금 공부해보니 신학에도 그런 개념이 있더군요. '케노시스kenosis'라는 건데요, '자신을 비워 타자에게로 향함', 그게 불교의 '놓아버림'과 상통하지요. 어떤 수행이든 진정성 있는 수행은 전부 공통점이 '집착하지 않고 놓는다'는 것입니다. 오온에 대해서는 이렇게 정리하면 되겠습니다.

_ 오온에 관한 경

그러면 경전에서 오온과 관련된 부분을 함께 읽어보겠습니다.

자신의 지난날의 다양한 삶을 기억한다는 것은
오온 모두를 기억하거나
오온 가운데 하나나 둘을 기억하는 것이다.
예컨대 나는 옛날에 이러이러한 몸色이었다고 기억하거나,
나는 이런 것을 느꼈다는 것受을 기억하거나,
나는 이런 것을 알았다는 것想을 기억하는 것이다.

왜 육신色이라고 하는가?
차거나 덥거나 배고픔이나 목마름 등의 영향을 받기 때문이다.

왜 감각受이라고 하는가?
눈, 귀, 코, 혀, 피부, 의지가 각각의 대상,
즉 물체, 소리, 냄새, 맛, 감촉, 생각들을 만났을 때
좋다, 싫다, 좋지도 않고 싫지도 않다고 느끼기 때문이다.
무엇을 지각想이라 하는가?

푸르다거나 붉다거나 노랗다 등을 '감지하기' 때문이다.
감각기관六根이 느낀 대로 어떤 이미지를 형성하는 것을 의미
한다.

왜 의지行라 하는가?
감각기관에서 인식된 이미지를 가지고
'내적으로나 외적으로 어떤 의지를 발동하는 것'을 말한다.
즉 보려는 의지, 들으려는 의지, 냄새 맡으려는 의지 등이다.

무엇을 의식識이라 하는가?
감각기관이 대상을 대했을 때 반응하는 분별로서…
시고 쓰고 맵고 단 것을 '분별하여 알기' 때문이다.

—

《잡아함경》T. II. 11

또 다른 여러 경전에도 오온에 관한 말씀이 나옵니다.

부처님께서 33천에 올라가 마야 부인을 위해 설법을 하시고 다
시 인간 세상으로 내려오시려 할 때, 많은 천상인들이 모였다.
그때 부처님께서 설법하셨다.

다섯 가지 쌓임五陰이 괴로움이다. 다섯 가지 쌓임이란,
육신色, 감각受, 지각想, 의지行, 의식識이니라.

무엇을 육신色이라 말하는가?

육신이란 물질을 구성하는 네 가지 기본적 요소와

네 가지 기본적 요소四大로 만들어진 몸이니

이것을 눈에 보이는 형체를 가지는 것들의 쌓임色陰이라 한다.

감각受이란 육신이 느끼는 괴로움과 즐거움,

괴롭지도 즐겁지도 않은 느낌을 느끼는 것의 쌓임受陰이라 한다.

지각想˙은 과거·현재·미래三世의 감각이

함께 모여 이뤄지는 것을

감지하는 것의 쌓임想陰이라 한다.

의지行는 지각을 가지고 몸으로 행동하고,

입으로 말하고, 마음이 움직이는 것을

이럭저럭 꾸려나가는 것의 쌓임行陰이라 한다.

의식識이란 눈으로 보고, 귀로 듣고, 코로 냄새 맡으며,

혀로 맛보고, 피부로 느낀 것을

마음이 파악하는 것의 쌓임識陰이라 한다.

수受는 느낌覺이며, 상想은 앎知이며,

행行은 선행이나 악행을 이루는 것이며,

˙ 　성열 스님은 《부처님 말씀》에서 상을 '지각'으로 번역했다.

식識은 옳고 그름을 분별하고 따지는 것을 말한다.

《증일아함경》T. II. 707

자, 이렇게 오온에 관련된 부처님 말씀을 다 함께 읽어보았습니다. 마지막으로 '몸뚱이와 오온'을 읽어보겠습니다. 비슷한 경들을 반복해서 읽다 보면 한 가지 주제를 다양한 관점에서 이해할 수 있게 됩니다.

부처님께서 기원정사에 계실 때 비구들에게 말씀하셨다.

내가 이제 몸뚱이가 있다는 것과
몸뚱이가 있게 되는 원인과
몸뚱이가 사라짐과
몸뚱이가 사라지는 길에 대해 말할 것이다.

몸뚱이가 있다는 것은 무엇을 의미하는가?
몸뚱이가 있다는 것은 바로 집착에 바탕을 둔
다섯 가지 요소五蘊를 의미한다.
그 다섯 가지는 무엇인가?

물질적인 것에 대한 집착의 덩어리요,
감각적인 것에 대한 집착의 덩어리이며,

지각하는 것들에 대한 집착의 덩어리이며,

의지적인 것에 대한 집착의 덩어리이며,

의식적인 것에 대한 집착의 덩어리이다.

이것을 가지고 몸이 있다고 말하는 것이다.

몸뚱이가 있게 되는 원인은 무엇인가?

기쁨과 탐욕을 동반한 욕망이 미래의 존재 상태를 초래하는

이것저것에 집착하는 것이다.

몸뚱이의 사라짐이란 무엇인가?

기쁨과 탐욕을 동반한 욕망이 미래의 존재 상태를 초래하는

이것저것에 집착하는 것을 남김없이 끊어버리는 것이다.

몸뚱이가 사라지는 길이란 무엇인가?

여덟 가지 바른 수행의 길이다.

《잡아함경》 T. II. 18

여기선 오취온을 이야기하고 있습니다. 색·수·상·행·식에 취착하기 때문에 여러 가지 괴로움이 생기는데, 이 괴로움은 어떤 방법으로 없앨 수 있을까요? 몸뚱이가 사라지는 길이란 무엇일까요? 여덟 가지 바른 수행, 즉 '팔정도 수행'을 통해 오취온고를 소멸시킬 수 있습니다. 근본은 집착을 놓아버리는 것이라고 정리할 수 있습니다.

십이처와
십팔계

이제 일체법 중 십이처를 살펴봅시다. 안·이·비·설·신·의, 이 여섯 가지 감각기관인 내입처內入處에 색·성·향·미·촉·법의 여섯 가지 감각대상인 외입처外入處를 합쳐 십이처라고 합니다.

우리는 다섯 가지 감각기관을 가지고 밖에 있는 다섯 가지 감각대상을 인식합니다. 그리고 나머지, 여섯 번째인 의意와 법法, 이게 참 중요합니다. 의근의 대상은 마음으로 생각할 수 있는 모든 것, 즉 일체의 물질과 정신현상입니다. 그래서 십이처 중에서도 중요한 포인트가 '의처', '법처'입니다. 눈으로 아무리 무엇을 보고 있다 할지라도 의가 협력해주지 않으면 보고 있지만 보는 게 아닙니다. 여러분이 제 강의를 듣고 있지만 듣는 게 아니라고요. 의가 갈무리를 해줘야만 합니다. 이것이 바로 정신영역의 부분입니다. 눈은 색을 본다 할지라도 정말로 마음에서 색을 보도록 해주지 않으면 보는 게

미산 스님 초기경전 강의

아니란 말이죠, 아시겠죠?

여러분도 일상생활에서 그런 경험을 하시죠? 버스 정류장에서 뭔가를 골똘히 생각하다가, 예를 들면 애인 생각을 하다가 버스를 놓친 적이 있지 않나요? 정말로 어디에 몰입하고 있으면 보고 있어도 보이지 않아요. 이런 것이 바로 '의'의 영역입니다.

_ 십이처, 육근과 육경의 합

안·이·비·설·신, 여기까지가 물질적 감각기관입니다. 이와 짝을 이루는 색·성·향·미·촉은 전부 물질적인 경계입니다. 법을 의식하는 주체, 즉 눈으로 색을 보게 하는 근본적인 작용을 하는 것이 '의'인데, 이것이 아마 두뇌일 거라고 생각하는 몇몇 학자들이 있어요. 특히 인지심리학을 하시는 분들이 그렇습니다.

부처님 당시에는 두뇌에 관한 연구가 별로 없었지만, 현대에 들어 인지과학이 많이 발달한 상태에서는 의를 두뇌로 봐도 무방하다고 해석하는 분이 있어요. 예를 들면, 미국 인지심리학계에서 유명한 학자인 김사철 씨가 그런 분입니다. 이분은 불교공부를 깊이 하다가 그런 생각을 하시고 한국에 오셔서 여러 번 강연도 하셨습니다. 그뒤로 줄곧 이런 주장을 하시는데, 저는 불교 교학을 하는 사람으로서 그건 맞지 않다고 봅니다. 잘못하면 환원주의가 될 수 있거든요.

환원주의란 '우리 정신현상의 모든 것들은 그냥 두뇌에서 여러 시냅스들이 조합해서 만들어낸 것일 뿐, 따로 정신현상이라는 건 없다.'라고 이해하는 것입니다. 물질적인 세계만을 인정하는 과학자들이 주로 그런 얘기를 하지요. 그런데 불교는 물질세계를 부정하지 않습니다. 물질세계와 동등한 입장에서 정신세계를 인정하는 것입니다. 물질세계와 정신세계는 항상 연기적으로 존재하는 것이지 어떤 것이 어떤 것을 지배하고 이끌어가는 차원이 아니거든요.

그래서 달라이 라마 스님께서는 인지심리학자들과 오랫동안 연구 활동을 하면서 '인지심리학자와 달라이 라마와의 만남'이라는 큰 학술대회를 열었습니다. 그 결과 최근에 나온 책이 《마음을 훈련해서 뇌를 바꿔라Train Your Mind, Change Your Brain》라는 책입니다. 주제를 주고 과학자들에게 연구를 시켰어요. 대개 과학자들은 여태까지 이와 반대로 생각했거든요. 두뇌가 바뀌면 마음이 바뀐다고 말입니다. 이것에 대한 많은 연구 결과들이 나왔습니다. 호르몬이 바뀌니까 두뇌의 여러 회로가 바뀌어서 이러저러한 마음을 쓰게 되더라는 것. 이것이 전혀 아니라는 이야기는 아닙니다.

한번 반대로도 생각해보세요. 깊은 선정 수행을 해서 몸에 여러 변화가 왔을 때는 두뇌의 시냅스들에 변화가 오고 호르몬 상태가 바뀌어 두뇌의 코텍스가 점점 두꺼워집니다. 그래서 티베트에서 강력한 선정 수행을 한 분들을 관찰해보면 두개골의 상부가 두껍습니다. 선정 수행을 잘하신 스님들을 보면 머리 윗부분이 툭 튀어나왔어요. 그런 분들은 부단한 정신 수행의 결과, 육체적으로 두개골에 변화가 일어난 겁니다. 그러니까 마음 수행이 두뇌를 바꾼다고 이야기할 수도 있습니다.

그런 사례들이 요즘 많이 나오기 시작했죠. 나덕렬 교수가 쓴 《앞쪽형 인간》이라는 책을 보면, 전두엽을 많이 활용해야 하는 참선 수행, 사경, 간경 등을 나이 들수록 규칙적으로 자주 해주면 설령 두뇌의 신경세포가 퇴화된다 할지라도 옆의 신경세포들이 자라나서 건강한 두뇌가 되도록 도와준다고 합니다. 그래서 노년에도 건강하게 살 수 있다는 겁니다.

그런데 사람은 나이 먹을수록 그런 일을 싫어하게 되거든요. 글씨 쓰는 것, 복잡하게 생각하는 것, 앉아서 참선하는 것, 이런 것을 싫어하게 되면 치매 중에서도 난폭한 치매에 걸려요. 이런 점에서 보면 이 이론이 딱 맞더군요. 왜냐하면 후두엽 쪽은 감성적이고 이미지에 대한 활동을 주로 담당하는데, 텔레비전을 많이 본 사람들은 후두엽 위주로 의식 활동을 하다 보니 전두엽이 퇴화하여 이성적 사고나 자기를 절제하는 마음이 차츰 약화되고 감정적이 되고 난폭해집니다.

그런데 반대의 경우는 어떨까요? 어차피 우리는 나이 먹을수록 뇌세포가 퇴화해가니 정도의 차이는 있겠지만 어느 정도는 치매 환자가 된다고 할 수 있습니다. 그런데 나이 먹어서도 '예쁜 치매'에 걸리는 사람들은 어떨까요? 전두엽을 자꾸 썼기 때문에 이곳은 손상이 안 되어 굉장히 얌전해지고 오히려 옛날에 화를 잘 내던 사람도 화를 덜 내고 고분고분해지며 예쁘게 보이려고 합니다. 그래서 이걸 '예쁜 치매'라고 한답니다.

이런 것만 보아도, 두뇌가 마음과 유기적인 관계를 갖고 있다는 걸 알 수 있어요. 그렇기 때문에 '의意'를 두뇌라고 이야기하면 풀지 못할 많은 문제가 나와요. 불교심리학은 그 나름대로 체계가 있는데, 그 체계를 자꾸 살려서 설명하고 그걸 수행의 삶 속에 적용하려고 해야지 너무 현대과학에 끼워 맞추다 보면 무리가 생깁니다. 그렇다고 현대과학을 무시하자는 이야기는 아닙니다. 불교는 과학적 데이터를 얼마든지 능동적, 역동적으로 활용할 수 있는 큰 기제와 그릇을 갖고 있어요. 과학이 발달할수록 불교는 훨씬 더 설득력이 커질 것이며 삶을 변화시키는 강력한 추동력으로 작용할 것입니다.

제가 얼마 전에 우연히 인터넷에 보니, 네티즌들이 야단났더군요. 가톨릭의 베네딕토 교황이 아프리카에서도 에이즈가 창궐하는 곳을 방문하셔서 중세 때나 할 말씀을 하신 겁니다. 내용인즉, "콘돔을 쓴다 하여 에이즈가 다 퇴치되는 것은 아니다. 사람들의 의식을 바꾸어야 한다." 이렇게 말씀하셨대요. 사실 맞는 말씀이지요. 그런데 이게 인터넷상에 좍 퍼져나가, 만약 그 나라에서 콘돔을 쓰지 않으면 현재 국민의 30~40%인 에이즈 환자가 60~70%로 늘어날 텐데 어떻게 교황이 그런 비과학적인 발언을 할 수 있느냐고 난리가 났어요. 교황은 일상적으로 하신 말씀일 텐데, 지금은 전 세계 사람들이 과학 위주의 사고를 하고, 인터넷을 통해 정보와 의식을 공유하기 때문에 비판의 수위가 더 높아지고 있는 거지요.

옛날 중세 때는 정치나 사회보다 교회의 영향력이 더 컸지만, 지금은 그것으로부터 해방된 시대에 사니까 과학적 데이터가 우리 삶을 훨씬 자유롭게 해주는 경우가 많죠. 그렇다고 해서 과학을 맹종한다거나 거기에 매몰된다면, 불교 입장에서 볼 때는 그것 때문에 또 큰 어리석음이 생겨요. 고통이 생긴다는 말입니다.

요컨대, 불교는 과학과 충분히 대화할 만한 역량을 갖추고 있지만 과학의 시녀는 아닙니다. 불교가 과학과 딱 들어맞지 않는 것은 과학보다 더 큰 틀을 갖고 있기 때문이죠. 우주론을 이야기할 때도 그래요. 불교에서 삼천대천세계를 이야기하는데, 우리가 사는 이 지구는 은하계에서 보면 먼지처럼 작아요. 밤에 밖에 나가서 보면 은하수가 좍 보이지요. 왜 지구에서 은하수가 보이는지 아세요? 지구가 은하수 끝에 있기 때문이랍니다. 그런데 다른 은하계에서 지구를 보면 조그만 점과 같답니다. 그 점 속에서 우리가 이렇게 지지고 볶고, 좋다 나쁘다 오만 가지 생각을 하면서 사는 겁니다. 부처님은 그것을 보시고 "마음에서 집착심을 다 놓아버려라. 오온이 나라는 생각을 버려라. 십이처로 분별해보니 모든 존재는 연기법에 의해 형성된 것인데 그것을 나라고 취착하기에 괴로운 것이다."라고 하신 것입니다.

다시 한 번 정리해봅시다. 십이처 교설의 특징이 뭐죠? 모든 현상을 주관계(안·이·비·설·신·의)와 객관계(색·성·향·미·촉·법)로 나눈다는 겁니다. 세상 모든 존재들은 주관과 객관으로 이뤄졌어요. 그래서 일체법입니다. 모든 존재현상이 십이처에 다 들어갑니다. 여러분, 여기 들어가지 않는 존재나 현상이 있으면 한번 찾아와 보세요. 숙제로 내드릴게요. 제게 여기 들어가지 않는 현상을 이야기해주시면 큰 상금을 드리겠습니다.(웃음) 부처님이 이미 말씀하셨어요. 십이처에 들어가지 않는 존재현상은 없다고요.

_ 십팔계, 육근·육경·육식의 합

그럼 십팔계는 뭘까요? 인식기관, 인식대상, 인식작용, 즉 '육근·육경·육식'을 십팔계라고 합니다. 눈으로 형상을 보고, 귀로 소리를 듣고, 코로 냄새를 맡고, 혀로 맛을 보고, 몸으로 무엇과 닿고, 마음으로 무엇을 식별하는 작용. 안식·이식·비식·설식·신식·의식, 이것을 다 합친 것이 바로 십팔계입니다. 내입처와 외입처 사이에 일어나는 인식작용까지 합쳐서 더 자세히 해설하는 거죠. 그러니까 앞에서 얘기했듯이, 문과 이과 어느 성향에나 상관없이 어떤 이에게 나 동등하게 물질세계와 정신세계를 고루 설명해서 존재의 있는 그대로의 참모습, 즉 일체법을 드러내는 교설이 십팔계설이라 할 수 있습니다. 십이처, 십팔계를 함께 정리하는 뜻에서, 십이처에 대한 부처님 말씀부터 읽어보겠습니다.

부처님께서 꼬살라국 사왓티 기원정사에 계실 때였다. 어느 날 왓차꼿따라는 바라문이 기원정사로 부처님을 찾아와 여쭈었다.
"고타마시여, 사람들이 흔히 모든 것一切, sabba이라 말하는데 우리에게 있어서 모든 것이란 어떤 것을 의미하고 있습니까?"
부처님께서 왓차꼿따에게 말씀하셨다.

우리에게 있어서 모든 것이란
열두 가지 영역十二處에 들어가는 것을 의미한다.
주관을 이루는 여섯 가지 내적 영역六根,
즉 눈과 귀, 코, 혀, 피부, 의지와
그에 맞서 객관을 이루는 여섯 가지 외부 영역六境,
즉 형체, 소리, 냄새, 맛, 촉감, 생각을 말한다.

다시 말해서 눈으로 형체를 보는 시각의 세계,

귀로 소리를 듣는 청각의 세계,

코로 냄새를 맡는 후각의 세계,

혀로 맛을 보는 미각의 세계,

피부로 감촉하는 촉각의 세계,

자신의 의지로 앞의 다섯 가지 세계의 것들法을 판단하는

의지意志의 세계,

이것들이 우리가 살아가는 세상 모두이니라.

만일 어떤 사람이

'이것은 우리가 사는 세상 모두—切가 아니다.

나는 사문 고타마가 말하는 그런 세상을 버리고

다른 방식으로 우리가 사는 세상을 말하겠다.'고 한다면

그것은 다만 말만 있을 뿐이요,

그것에 대해 물으면 제대로 답할 수 없으므로

오히려 의혹만 더 늘어나게 할 뿐이다.

그것은 우리가 경험적으로 인식할 수 있는 영역境界을

넘어서는 것이기 때문이다.

—

《잡아함경》T. II. 91

이것이 십이처와 관련된 부처님 말씀입니다. 이어서 읽어보겠습니다.

안에 있는 여섯 가지 입처, 밖에 있는 여섯 가지 입처 이외에

다른 것이 존재하지 않는다. 이것이 세상의 모두이다.

세상을 버리고 다른 방식으로 세상을 말하겠다고 하면

개념 세계에서 말만 있을 뿐이지 실재하는 세계가 아니다.

그리고 우리가 경험할 수 있는 세계의 영역을 넘은 것이기에

토론 대상이 아니다.

《잡아함경》T. II. 91

이렇게 부처님께서 정리해주셨습니다. 다음은 십팔계에 대한 말씀입니다.

부처님께서 기원정사에 계실 때 왓차곳따가 여쭈었다.

"고타마시여, 이른바 일체법이란 무엇을 말합니까?"

부처님께서 왓차곳따에게 말씀하셨다.

눈眼으로 사물의 형체色를 대하게 되면

사물의 형체를 분별하는 인식眼識이 생긴다.

귀耳로 소리聲를 듣게 되면

그 소리를 분별하는 인식耳識이 생기고,

코鼻로 냄새香를 맡게 되면

그 냄새를 분별하는 인식鼻識이 생긴다.

혀舌가 맛味을 대하게 되면

그 맛을 분별하는 인식舌識이 생기며,
피부身가 촉감觸을 대하게 되면
촉감을 분별하는 인식身識이 생긴다.
우리의 마음意이 무엇인가를 생각하면法
그것들을 분별하는 의식意識이 생긴다.

이처럼 우리의 내적 감각기관六根이 외적 대상六境을 만날 때
여섯 가지 분별六識이 생기는데十八界, 이때 좋다樂 나쁘다苦,
좋지도 나쁘지도 않다不苦不樂는 감각이 일어나게 된다.
이런 감각들을 일체법이라고 말한다.

만약 어떤 사람이 내가 말하는 일체법을 부정하고
어떤 다른 방식으로 일체법을 말하고 있다면,
그것은 단지 언설言說일 뿐이요, 그것에 대해서 물어도
알지 못하기 때문에 의혹만 더욱 증폭시킬 뿐이다.
왜냐하면 그것은 우리가 현실적으로 경험할 수 있는
영역이 아니기 때문이다.

―

《잡아함경》T. II. 91

_ 경전 공부는 수행으로 연결돼야

나중에 여러분이 초기경전 공부를 더하게 되면 《대념처경》을 읽을 것입니다. 이 경은 '신身·수受·심心·법法', 이 네 가지 '염처念處 수행(사띠 수행)'을 통해 깊은 체험의 세계로 이끌어줍니다. 몸, 느낌, 마음, 현상, 이 네 가지를 '마음챙김' 하는 것입니다.

신념처는 호흡이나 몸의 동작뿐만 아니라 몸과 몸속에서 일어나는 신체적 현상들을 알아차리며 내적 감각을 키워가며 마음챙김 수행을 하는 것입니다. 수념처는 몸과 마음에서 일어나는 감각과 느낌을 관찰하는 것입니다. 좋은 느낌, 싫은 느낌, 무덤덤한 느낌을 있는 그대로 보는 것이지요. 심념처는 생각과 감정 등 마음에서 일어나는 현상들을 면밀히 탐진치에 빠지지 않도록 늘 깨어있는 마음을 유지하는 것입니다. 마지막으로 법념처는 감각적 욕망이나 혼침, 산란 등과 같은 수행을 방해하는 현상들이나, 수행이 진전될 될 때 나타나는 경안, 기쁨, 평정 등과 같은 긍정적 현상들을 있는 그대로 통찰하여 해탈 열반을 향해서 가는 마음 수행입니다.

이와 같은 '네 가지 마음챙김 수행', 즉 사념처 수행에 대해서는 기회가 있으면 《대념처경》의 강설을 통해서 자세히 말씀드리겠습니다. 사념처 수행의 핵심은 몸과 느낌, 마음과 법을 있는 그대로 볼 수 있도록 내적 감각을 계발하고 통찰력을 키워 탐진치의 악순환으로부터 완전히 자유로워져 해탈 열반에 이르는 것이라고 간단히 정리해 놓겠습니다.

자, 여기까지 오온, 십이처, 십팔계, 즉 '일체법'에 관련해 말씀드렸습니다. 읽은 경들은 정성껏 사경해보십시오. 그중에서도 오온이 가장 중요한 교설입니다. 여러분, 오온을 가지고 깊이 사유해보세요. 정말 '나'라는 생각을 갖지 않고 이 몸을 오온에 집착하지 않고 마음을 쓰고 있는지. 이것을 면밀히 관찰하며 시간을 보내고, 우선 일기를 써보세요. 차근차근, 오온에 관해 자연스럽게 일어나는 생각들을 노트에 적어보십시오. 수행에 큰 도움이 될 것입니다.

4강

삼법인

—

우주만유 진리의 도장

행복이란 것도 영원하지 않습니다.
행복과 행복 아닌 것, 이렇게
둘 사이를 왔다 갔다 하면서
살아가므로 행복조차도 고통입니다.
그렇다면 모든 것을 고苦라고 보는
불교는 비관적이고 소극적이고
부정적인 종교일까요? 절대로
그건 아닙니다. 매우 강력한 사실을
인정하는 지혜의 힘으로 하나하나
삶을 개척하고, 진정한 행복을
창조해가는 것이 불교입니다.
그리고 그 기저에 있는 이론이 바로
삼법인입니다.

존재의
세 가지 특성

작년 음력 팔월 초하루에 상도선원 법회에서 있었던 일입니다. 절 입구에 부처님께 올리는 공양미와 공양초가 놓여 있고, 그 옆에 쌀과 초를 산 다음 자유롭게 불전을 넣을 수 있도록 작은 함이 마련되어 있었습니다. 그런데 그 안에서 나온 천 원짜리 한 장에 특이하게도 고무인이 찍혀 있었습니다. 그 도장의 내용이 무엇이었을까요? '예수천국 불신지옥'이라고 찍혀 있었습니다.

한창 불교에 대한 종교 차별이 민감한 이슈가 될 무렵이어서 모든 법우들이 긴장하면서도 어이없어 했습니다. 이렇게 굳이 국가에서 발행한 지폐에 인을 찍어서 사찰에 뿌리고 다녀야만 마음이 놓이고 자기 신앙이 든든하다고 여기는 것은 큰 병이 아닐까 싶었습니다. 우리 불자들에게도 선명한 도장이 있지요. 그러나 이 도장은 그런 식으로 고무인을 파서 화폐에 찍어대지 않아도 수행하는 불자들

의 마음에 찍힌 확실한 것입니다. 바로 '무상·고·무아'라는 '삼법인
三法印'이지요.

그런 황당한 일을 보아도, 살면서 훨씬 더 큰일이 닥쳐도 우리
불자들의 마음이 흔들리거나 휘청거리지 않을 수 있는 힘이 바로 부
처님 도장法印의 힘이랍니다. 그것은 부처님 힘으로 극락이나 금생
의 행복을 보장해주는 도장이 아닙니다. 불자라면 모두 마음에 깊이
새기고 통찰해야 할 우주만유 진리의 도장입니다.

_ 법인은 진리의 증표

법인法印이란 글자 그대로 풀면 '법의 도장', 즉 '진리의 도장'입
니다. 여기서 법이란 앞에서도 말했듯이 모든 존재현상을 말합니다.
우리가 보통 어떤 때 도장을 찍지요? 서양에서는 옛날부터 서명을
했지만, 동양에선 어떤 사실이 확실하고 가치 있고 진실임을 증명할
때 도장을 찍었죠. 법인이란 진리의 증표입니다. 국가의 중요 문서
에 옛날 같으면 왕의 도장인 옥새, 요즘 같으면 국가원수의 도장을
찍어 신빙성을 부여하듯이 말입니다. 삼법인, 진리의 세 도장. 달리
말하면 존재의 세 가지 특성은 무상無常·고苦·무아無我입니다.

일찍이 부처님께서 깨달으신 존재의 세 특성으로, 불교를 다른
종교나 다른 사상과 뚜렷이 구별 짓게 하는 것이 바로 이 삼법인입
니다. '제행무상諸行無常', '제법무아諸法無我', '일체개고一切皆苦'가
길다고 생각되면, 간단히 '무상·고·무아'라고 외우면 됩니다. 삼법
인은 불교 교학에서 빠질 수 없고, 구체적인 수행법, 특히 지혜 계발

미산 스님 초기경전 강의

에서 가장 중요한 불교 교리입니다. 수행을 할 때나 교리를 공부할 때 수시로 듣게 되는 지침이 '무상·고·무아를 투철히 알아차리라'는 말입니다. 남방불교의 수행에서나 북방 대승불교 수행에서나 마찬가지입니다. 이 삼법인을 기반으로 존재현상을 꿰뚫어보는 것이 불교 수행의 핵심이 됩니다.

초기경전에는 부처님께서 삼법인을 두고 다양한 관점에서 하신 말씀들이 있습니다. 초기경전인 니까야나 한역 아함경에는 삼법인이란 용어 자체는 안 나옵니다. 부파불교 중 설일체유부의 율장에서 처음 이 용어가 나타나지요. 설일체유부의 논서에서 한자로 삼법인이라는 말을, 산스크리트어로 '트리 다르마 무드라Tri dharma mudrā'라는 용어를 쓰면서 대승불교에서 이 말로 정착됐습니다. 초기불교에서는 '띠라카나tilakkhaṇa'라고 하는데 '띠'는 삼三, '라카나'는 특징을 말하며, 영어로는 'three characteristics of existence'라고 번역됩니다. 존재현상의 세 가지 특상特相이지요.

그러면 어떤 것의 특상이냐? 존재의 참모습에 대한 특상, 즉 '인증'입니다. 바로 앞에서 일체법을 공부하면서 존재가 뭐라고 했던가요? 존재현상의 분류를 부처님은 어떻게 하셨다고 했지요? 색·수·상·행·식, 오온이죠. 인간 존재현상은 몸과 정신세계로 이뤄져 있는데, 몸은 눈에 보이고 빛을 통해 형체를 가지므로 '색rūpa'이라 표현한 겁니다.

모든 정신현상들은 처음에 느낌受으로 다가옵니다. '와! 이 법당에 들어오니 느낌이 좋다!' '저 사람은 느낌이 좋은데!' 이렇게 느낌으로 다가오죠. 좋거나 나쁘거나 좋지도 나쁘지도 않은 느낌으로 오죠. 그리고 느낌에 수반되는 것이 개념화 작용想입니다. 개념화

작용과 함께 일어나는 게 무언가를 하고자 하는 마음行입니다. 그와 함께 분별작용識도 일어납니다. 수·상·행·식을 다 뭉뚱그려 '정신 nāma'이라고 합니다. 그래서 '나마-루빠nāma-rūpa' 하면 정신과 물질입니다. 우리 존재는 크게 나누면 정신과 물질 두 가지로 나뉘며, 더 자세히 나누면 다섯 가지, 즉 오온으로 분류됩니다.

존재를 또 다른 방법으로 분류할 수 있다고 했죠. 바로 십이처입니다. 십이처에 들어가지 않는 존재현상이 없다고 했지요. 그리고 존재현상을 열여덟 가지로 분류한 것이 십팔계고요. 십이처의 육근과 육경 사이에서 일어나는 여섯 가지 식. 이렇게 존재현상을 분류하는 것을 십팔계라 했어요.

_ 무상·고·무아

부처님은 오온, 십이처, 십팔계로 존재현상을 분류하시고, 이어 그 특징을 말씀하셨습니다. 그 첫 번째 특징이, 모든 존재현상들은 생성되었으면 분명히 소멸이 있다는 것. 생성과 소멸 사이에는 변화가 있어 항상 불변하는 것은 없습니다. 이를 '무상'이라 합니다. 빨리어로 '아니짜anicca'입니다. '아'는 '없다, 아니다'라는 뜻의 접두사, '니짜'는 '영원한'을 뜻합니다.

첫 번째, 제행무상Sabbe saṅkhāra anicca. 모든 행은 만들어졌기에 생멸할 수밖에 없다는 것. 만들어졌으니 시작이 있고 끝이 있어요. 생멸할 수밖에 없는 존재현상의 첫 번째 특징이 무상함입니다.

두 번째, 제법무아Sabbe dhamma anatta. 모든 존재현상에는 내가

미산 스님 초기경전 강의

없다, 즉 그 자체로서의 실체가 없다는 것입니다. 나라는 것, 나에 속한 것, 내 것, 이런 것 없이, 항상 원인이 있으면 조건이 있어 그 결과로 형성된 현상이라는 말입니다. 즉, '연기적 나'이지 '실체적 나'란 없다, 이것이 바로 제법무아입니다.

세 번째, 일체개고Sabbe saṅkhāra dukkha. 이렇게 변화하며 일시적으로 존재하는 나는 항상 갈등구조를 가지고 있다는 것입니다. 왜냐하면 중생이 제행무상, 제법무아를 있는 그대로 보지 못하고 항상 자기중심적으로 생각하기 때문에 모든 존재현상이 괴로움으로 비춰질 수밖에 없는 것이지요.

생로병사, 이 네 가지 괴로움四苦에다 애별리고愛別離苦, 원증회고怨憎會苦, 구부득고求不得苦, 오온성고五蘊盛苦를 더해 '여덟 가지 고통八苦'이라고 합니다. 이 각각에 대해서는 다음 시간에 자세한 설명을 할 겁니다. 또 다른 차원에서는 다음과 같이 세 가지로 분류합니다. 고고苦苦, 행고行苦, 괴고壞苦입니다.

고고성苦苦性

이 욕계라는 시공간 속에서 육체와 정신을 가진 우리 중생은 갈등 구조 속에서 살 수밖에 없지요. 왜? 자아가 있다고 생각해 자아를 중심으로 매달리고 집착하게 되니까요. 자아가 영원하다고 생각하기 때문에 여러 가지 고통들이 일어날 수밖에 없는 구조인 거죠. 생리적 고통, 정신적 고통, 이를 모두 고고, 즉 '괴로움 자체가 주는 괴로움', 즉 '고고성苦苦性, 둑카 둑카따dukkha-dukkhatā'라고 하지요.

예를 들어, 지금 여러분이 여기 공부하시는데 이런 한여름 폭염에 만약 에어컨이 가동되지 않는다면 너무 더워서 고통스럽겠죠. 우리 한번 끄고 공부해볼까요? 또 중간에 5분도 안 쉬고 줄곧 그대로 앉아 있어야 한다면 다리도 아프고 여기저기 저리고 허리도 아프겠지요. 이런 신체적인 고통은 직접적으로 느끼는 고통입니다. 그리고 정신적인 고통도 있죠. 여기 와서 열심히 공부 좀 해보려는데, 사실 공부한다는 것도 쉽지가 않아요. 남들은 다 알아듣는 것 같은데 나만 모른다면 이건 또 정신적 고통 아닙니까. 이렇게 수많은 고통들이 우리의 삶 언저리에 공존하고 있어요. 이 사바세계의 중생들은 고통을 여의고 살기가 어렵습니다.

그런데 왜 부처님은 행복의 세계로 갈 수 있다며 열반을 말씀하셨을까요? 고통을 없앨 수 있는 길이 분명히 있기 때문이죠. 고통을 여의는 길은 우선 그 고통을 정확하게 인지하는 것입니다. 나중에 사성제를 공부하면서 더 말씀드리겠지만, 삼법인에 '일체개고'가 들어가는 이유는 무엇일까요? 중생이 고통을 자꾸 피하려 하거든요. 고통의 현실을 있는 그대로 인정하지 않으려 해요. 특히 정신적으로 쇠약하거나 스트레스가 많고 히스테리나 신경증이 있는 분들은 고통의 현실을 직면하려 하지 않고 계속 회피하려고만 합니다. 그러면 절대로 그 병은 치료될 수 없어요. 그래서 불교에서는 모든 게 고통이라고 인지하고, 아예 처음부터 고고를 이야기합니다.

행고성 行苦性

무상을 무상으로 그대로 받아들이면 행고가 있을 수 없습니다. 그렇지만 우리에게는 생멸하는 현상을 있는 그대로 보지 않으려는 무명의 습성이 태어나기 이전부터, 무시겁래無時劫來로 꽉 차 있습니다. 오온으로 형성되어 있는 것을 '나', '나의 것'으로 취착하기五

미산 스님 초기경전 강의

取蘊 때문에 괴로움이 끊임없이 일어나는 것이지요. 변하는 현상을 그냥 영원한 것으로 보려고 하지요. 이것이 바로 '행고성(行苦性, 상카라 둑카따saṅkhāra-dukkhatā)'입니다. 형성된 것은 항상 생멸하는데, 이 생멸을 인정하지 않으려 할 때 그것이 고통이 되는 거죠.

괴고성壞苦性

무너지고 사라지는 괴로움이 괴고성壞苦性, 위빠리나마 둑카따 viparinnāma-dukkhatā입니다. 그렇다고 살아가는 동안 늘 고통만 있는 건 아니지요. 아무리 행복한 상태라 하더라도 조건지어진 세계에서는 행복이 지속되지 않고 무너지고 사라져버린다는 것이지요. 우리가 이 세상에 나왔을 때 부모님과 가족, 친지들이 얼마나 기뻐했습니까. 그런데 그 기쁨이 오래 갔을까요? 오래갔다고 생각하는 분도 혹시 있을 수 있겠지요. 태어난 뒤로 정말 속 한 번 안 썩이고, 아프지도 않고 초등학교 중고등학교 모두 1등만 하고, 부모님 말씀 잘 듣고 음악도 잘하고 스포츠도 잘하고, 게다가 성격도 좋아, 비싼 과외도 안 했는데 일류대학교에 척 들어가고, 또 뛰어난 성적으로 사법고시 준비하더니 3학년 때 1차 합격, 4학년 때 2차 합격, 졸업하자마자 판사가 되어 지금 잘 나가고 있어요. 사방에서 좋은 혼처가 막 들어오죠. 아내도 참 착하고 예쁜데다 시부모님 잘 모시고, 능력 있고, 아이까지 쑥 낳아준다면…. 어디 이런 사람 있나요? 4,000만 인구 중에서 이런 사람은 정말로 드뭅니다. 어딘가 있기야 있겠지만, 극히 드문 희귀종이지요.

그것과 반대되는 경우도 많습니다. 아이가 태어나서 정말 기뻤는데, 세 살쯤 되더니 어디가 아파요. 병원에 가보니 백혈병이래요.

어찌어찌 고생해서 겨우 회복했어요. 그런데 중학교에 들어가더니 성적이 점점 떨어지네요. 고등학교 들어가서는 나쁜 친구를 사귀어 엉뚱한 데로 빠져서 부모 속을 징글징글하게 썩여요. 어찌어찌 겨우 마음 잡고 공부를 해서 대학은 갔는데, 생전 이름도 못 들어본 학교에 들어갔어요. 이렇게 좋은 일도 있다가 나쁜 일도 있는 것이 보통 사람들의 삶이라 할 수 있어요. 안 그렇습니까?

그런데 또 그게 행복이에요. 앞에 예로 든 경우는 오히려 삶이 무덤덤합니다. 사실 갖출 것 다 갖춘 사람들은 삶이 재미없답니다. 제가 상담을 해보면 이런 경우가 있어요. 남편이 엄청난 유산을 물려받은 사람이라 아내가 해달라는 대로 다 해주고, 어쩌다 주식 투자하다가 절반을 날려도 뭐라 안 했대요. 그런데 그런 분들은 또다른 면에서 굉장히 불행한 점이 있더군요. 돈은 많은데 재미가 없거나 다른 데 집착하고 있어요. 어디에? 주로 자식에게 집착해요. 자식이 마치 자기 소유물인양, 아이가 지금 대학생인데도 부모가 꽉 잡고 있어요. 대학생쯤 되면 자유롭게 자기 생활을 갖게 해줘야 부모도 편하고 자식도 자기 역량과 개성을 개발해서 새로운 세계로 나갈 수 있어요. 그런데 부모가 잡고 있으니 그런 역량을 펼칠 수가 없어요. 밤 12시가 되어도 아들이 안 들어오면 잠을 안 자요.

혹시 여러분 중에도 그런 분 있나요? 물론 자녀가 늘 걱정되기야 하겠지만, 과잉보호나 심한 간섭을 하면 역효과가 납니다. 아이를 믿어주며 대화를 통해 넌지시 확인해볼 수도 있어요. 전체적인 틀만 알고 있으면 되고, 꼭 통제가 필요하다면 직접 하지 말고 원격 조종을 하세요. 그런 지혜를 갖고 아이들을 기르면 부처님께서 가르치신 연기·중도의 지혜와 입장을 삶에 적용하는 것입니다.

삼법인 중 일체개고에 대해 이야기하다 잠시 다른 데로 빠졌군요. 이처럼 행복이란 것도 영원하지 않습니다. 행복과 행복 아닌 것, 이렇게 둘 사이를 왔다 갔다 하면서 살아가므로 행복조차도 고통입니다. 그렇다면 모든 것을 고품라고 보는 불교는 비관적이고 소극적이고 부정적인 종교일까요? 절대로 그건 아닙니다. 불교는 염세주의나 비관주의가 아니라 사실주의입니다. 있는 그대로 보고 인정할 때 그것에 대한 치유책이 나오기 때문입니다. 있는 그대로 보는 지혜의 힘으로 하나하나 역동적으로 삶을 개척하고 진정한 행복을 창조해가는 것이 불교입니다. 그리고 그 기저에 있는 이론이 바로 삼법인입니다. 삼법인의 이해는 아주 중요하니, 실제 삶에서 그 적용을 게을리 하지 말아야 합니다. 그럼 삼법인에 관한 경전 말씀 중 〈소나 경 Sona Sutta〉을 합송하고 나서 해설해보겠습니다.

한때 세존께서는 라자가하에서 대나무 숲의 다람쥐 보호구역에 머무셨다.
(…)
"소나여, 이를 어떻게 생각하는가? 물질은 항상한가, 무상한가?"
"무상합니다, 세존이시여."
"그러면 무상한 것은 괴로움인가, 즐거움인가?"
"괴로움입니다, 세존이시여."
"그러면 무상하고 괴로움이고 변하기 마련인 것을 두고 '이것은 내 것이다. 이것은 나다. 이것은 나의 자아다.'라고 관찰하는 것이 타당하겠는가?"

"그렇지 않습니다, 세존이시여."

"소나여, 이를 어떻게 생각하는가? 느낌은… 인식은… 심리현상들은… 알음알이는 항상한가, 무상한가?"

"무상합니다, 세존이시여."

"그러면 무상한 것은 괴로움인가, 즐거움인가?"

"괴로움입니다, 세존이시여."

"그러면 무상하고 괴로움이고 변하기 마련인 것을 두고 '이것은 내 것이다. 이것은 나다. 이것은 나의 자아다.'라고 관찰하는 것이 타당하겠는가?"

"그렇지 않습니다, 세존이시여."

"소나여, 그러므로 그것이 어떠한 물질이건, 그것이 과거의 것이건 미래의 것이건 현재의 것이건 안의 것이건 밖의 것이건 거칠건 미세하건 저열하건 수승하건 멀리 있건 가까이 있건 '이것은 내 것이 아니요, 이것은 내가 아니며, 이것은 나의 자아가 아니다.'라고 있는 그대로 바른 통찰지로 보아야 한다.(…)"

―

《상윳따 니까야》 3권 197~200

보세요. 제행무상, 제법무아, 일체개고, 이런 순서로 부처님께서 설하셨지요.

_ 삼법인은 지혜 수행의 핵심

이러한 설법은 초기경전 여기저기에 계속 나옵니다. 이를 아는 것이 바로 지혜 수행의 핵심이기 때문입니다. 불교 수행 중에 대표적인 것으로 사마타와 위빠사나 수행이 있습니다. 마음을 한군데 모아 안정시켜 깊은 마음의 세계로 파고들 만한 에너지를 만드는 수행을 사마타止라 하죠. 그런데 이것만 갖고는 삶을 질적으로 변화시킬 수 없습니다. 그럼 무엇을 갖고 변화시킬까요? 위빠사나觀입니다. 그 핵심은 모든 존재현상들, 즉 오온을 무상·고·무아의 관점에서 보는 훈련을 하는 겁니다.

위빠사나의 대상은 행입니다. 그런데 이 '행'을 잘 관찰해보면, 일어났다가 사라지기 때문에 '무상'합니다. 끊임없이 일어났다 사라짐에 압박받고 있기 때문에 '고'입니다. 또한 고정불변한 실체가 없고 고정불변한 자아가 없기 때문에 '무아'입니다. 이와 같이 제행, 즉 모든 상카라의 무상·고·무아를 통찰하는 것이 바로 위빠사나 수행입니다. 이렇게 함으로써 모든 현상에 대한 집착심이 떨어집니다. 집착심이 생기는 원인을 관찰해보면, '내가 저것을 소유한다'고 생각해서 모든 괴로움이 생긴다는 걸 알 수 있습니다. 자기도 모르는 사이에 그것이 영원할 거라고 믿고 있는 거지요.

제가 불자님들과 상담을 해보면 그것이 피부로 느껴집니다. '아, 이분은 많이 집착하고 있구나. 앞으로 5~6년 후면 장가갈 아들을 꽉 잡고 못 놓고 있구나.' 이런 것을 알 수 있어요. 그래서 그분에게 아들에 대한 집착심을 서서히 놓고 이제는 남편을 살펴주라고 했어요. 아들에게 집착하는 마음의 반을 뚝 쪼개어 남편에게 할애

하고 더 배려해주면 남편이 소외감을 느끼지 않을 것이라고 조언했습니다.

요즘 남성들이 소외감을 많이 느낀다고 하지요. 자식을 낳은 어머니는 본능적으로 자녀에게 관심이 쏠리게 마련입니다. 그렇게 되면 사랑이 완전히 한쪽으로만 쏠리는 셈이죠. 아이들이 아버지와 대화하고 접촉하면서 자라야 하는데 엄마가 과도하게 관심을 쏟으니 엄마 말만 듣고 아버지는 소외시켜버립니다. 여기 이 중에도 아마 그런 가정이 있을 거예요. 그렇게 됐을 때 거사님들이 밖에 나가서 딴 짓을 하게 됩니다. 때로는 그 책임이 안사람에게도 있는 겁니다. 다른 가족들에게도 있고요. 또 이와 반대의 경우도 생각할 수 있겠지요. 부인이 자식들에게 어느 선까지는 따뜻한 사랑을 주어야 합니다. 그런데 어떤 경계가 왔을 때는 과감하게 놓아줘서 더 큰 세계로 나갈 수 있게 배려하고 실천해야 합니다. 그것이 안 되면 자꾸 더 힘들어집니다.

_ 일체개고인가 열반적정인가

초기경전을 읽다 보면 부처님은 정말 기회 있을 때마다 오온의 무상함, 괴로움, 무실체성을 강조하셨다는 것을 알 수 있습니다. 그런데 여기서 한 가지 덧붙여 설명할 것이 있어요. 대승경전 쪽으로 가면 삼법인의 내용이 달라집니다. 위에 말한 삼법인 중 일체개고가 빠지고 열반적정이 들어갑니다. 그렇게 된 근거가 무엇일까요? 대승불교에서는 왜 열반적정을 넣어서 삼법인이라 했을까요? 거기에

미산 스님 초기경전 강의

는 이유가 있습니다. 무상과 무아를 깨닫지 못한 중생들에게는 이 세상이 모두 괴로움이지만, 무상과 무아를 바로 깨달은 사람에게는 세상이 열반적정이기 때문입니다. 결국 일체개고와 열반적정은 서로 다른 특성이 아니라 무상과 무아에 대한 바른 깨달음의 유무와 관련되는 것입니다.

일체법 ─ 오온·십이처·십팔계 ─ 을 개념이나 모양에 의존해서 파악하면 '유위법有爲法'이라고 합니다. 한계가 있는 존재현상이죠. 자체적으로, 태생적으로 한계를 갖고 형성되는 법이 유위법입니다. 모든 현상은 그렇게 유위적 현상으로 나타납니다. 그런데 존재현상을 있는 그대로 무상·고·무아의 입장에서 보면 그 순간 우리의 마음 상태는 무위법無爲法의 영역에 가 있게 됩니다. 무상·고·무아의 입장에서 보아 집착심이 떨어지고 분별심 없는 상태의 마음이 정심淨心, 집착이 붙어 있을 때의 마음이 염심染心입니다. 청정한 본연의 상태(자성청정심, 여래장, 참마음, 참사람), 이것이 나중에 선불교와 바로 연결됩니다. 유위적 존재현상을 무상·고·무아의 관점에서 보고 마음을 깨끗한 상태로 유지하면 바로 이것이 열반적정으로 연결되는 통로입니다. 그러므로 삼법인에 열반적정까지 넣으면 존재계 전체의 특성을 설명할 수 있게 됩니다.

경전에서 찾을 수 있는 증거가 바로 《증일아함경》 2권 160쪽에 나오는 구절입니다. 월운 스님 번역으로 동국역경원에서 나와 있습니다. 이 경에 보면 부처님의 대표 제자인 사리불의 열반에 관한 이야기가 상당히 길게 나옵니다. 부처님보다 일찍 돌아가신 사리불이 반열반에 드실 때의 정황을 설명한 부분입니다. 함께 읽어봅시다.

존자 사리불이 '네 번째 선정'*에서 일어나 모든 비구들에게 말했다. "이것을 사자분신獅子奮迅 삼매라고 한다."

이때 모든 비구들은 일찍이 없었던 일에 대해 찬탄했다.

"매우 기이하고 매우 특별한 일입니다. 존자 사리불이 삼매에 드신 것이 저처럼 빠르다니…"

그때 사리불이 곧 일어나 머리를 조아려 세존의 발에 예를 올리고 물러나 떠났다. 그때를 당하여 모든 비구들은 사리불의 뒤를 따랐다. 그때 사리불은 뒤를 돌아보면서 말하였다.

"여러분은 제각기 갈 곳으로 가십시오."

많은 비구들이 대답했다.

"우리들은 사리불 존자를 공양하고 싶습니다."

이에 사리불이 말했다.

"여러분 그만두시오. 제발 그만두시오. 그것으로써 이미 공양은 끝났소. 내게는 사미가 있습니다. 그 사미가 나에게 공양할 것입니다. 그대들은 각각 있던 곳으로 돌아가 도로써 교화하기를 생각하고 범행을 잘 닦아 괴로움의 끝까지 완전히 벗어나도록 하시오.

여래께서 세간에 나오시는 것은 참으로 만나기 어렵습니다. 모처럼 나오시기 때문에 비유하면 마치 우담발화가 모처럼 피는 것처럼 여래의 출현도 그와 같아서 억겁만에 한 번 나오십니

---

* 부처님께서는 열반에 드실 때 1선정에서 색계 4선정, 무색계 4선정, 멸진정에 드셨다가 다시 1선정까지 내려왔다가 다시 4선정에 들어가시면서 사자분신 삼매에 들었다고 한다.

미산 스님 초기경전 강의

다. 또 사람 몸을 받아 태어나기도 어렵고, 믿음을 성취하는 것
도 어려우며, 출가하여 여래의 법을 배우려 하는 것도 어렵고,
모든 행을 아주 없애는 것도 어렵습니다. 애욕을 남김없이 아주
없애면 그것이 멸진열반입니다.

지금 여기 여래께서 말씀하신 네 가지 법의 본말이 있습니다.
그것은 어떤 네 가지인가? 모든 행은 무상한 것이다. 이것이 첫
번째 법의 본말로서 여래께서 말씀하신 것입니다. 모든 행은 괴
롭다. 이것이 두 번째 법의 본말로서 여래께서 말씀하신 것입니
다. 모든 행에는 나라는 것이 없다. 이것이 세 번째 법의 본말로
서 여래께서 말씀하신 것입니다. 열반은 영원히 고요한 것이다.
이것이 네 번째 법의 본말로서 여래께서 말씀하신 것입니다. 여
러분, 이것을 일러 네 가지 법의 본말로서 여래께서 말씀하신
것이라고 합니다."

*《증일아함경》*T. II. 160

사리불이 열반 직전에 사법인四法印에 대해 이와 같이 설하고
있습니다. 그래서 열반적정까지 포함한 사법인이 초기경전에도 드
물게 나오기는 하지만, 그 씨앗이 나중에 부파불교와 대승불교 쪽으
로 옮겨졌을 때는 존재계에서 실재하는 모습을 완벽히 표현하기 위
해 아예 일체개고 대신 열반적정을 넣은 삼법인으로 씁니다.

삼법인 중 일체개고를 뺀 이유는 무엇일까요? 일단 사성제에서
고에 대해서는 충분히 이야기가 되거든요. 삼법인을 자세히 보면 무

상·무아 속에 이미 고가 설명이 되는 셈입니다. 무상하고 무아니까 집착하는 순간 고苦가 되거든요. 이런 이유로 대승불교에서는 삼법인에 열반적정을 넣는다는 것을 알아두시면 도움이 될 겁니다.

　인터넷에 보면 삼법인에 일체개고와 열반적정 중 어떤 것을 넣는 게 맞느냐는 질문이 많이 올라와 있어요. 어느 곳에서는 일체개고가 들어가고 어느 곳에서는 열반적정이 들어가니 그럴 만도 하지요. 이 강의를 들으신 여러분은 이제 그 점에서 혼동하지 마시고 자신 있게 설명하십시오. '초기경전에는 일체개고가 들어가고 대승경전에는 열반적정이 들어간다. 또 《증일아함경》에는 사법인으로서 일체개고와 열반적정이 함께 들어가 있다.' 이렇게 알아두시면 좋겠습니다.

무상의
실천적 의미

자, 본론으로 돌아가서, 부처님께서 무상·고·무아의 삼법인 교설을 통해 가르치려 한 것은 무엇이었을까요? 그리고 이 교설의 실천적 의미는 무엇일까요? 모르는 사람들은 불교를 소극적, 염세적, 비관적 종교로 오해하고 폄하하기 쉽지요. 이 삼법인의 실천적 의미를 파악해보면 무상이 얼마나 좋은 것이며, 무상을 인지하면 실생활에서 얼마나 도움이 되는가, 또 괴로움과 무아의 실천적 의미는 무엇인가를 알 수 있습니다.

일체 삼라만상이 끊임없이 변해가며 모든 것이 무상하다는 것은 사실 누구나 다 압니다. 아무리 작은 미립자라 하더라도 끊임없이 변화하는 에너지에 지나지 않으며, 원자부터 우주까지 물리·화학적으로 찰나마다 변화하지 않는 것은 아무것도 없다는 것을 특히 자연과학도들은 잘 알고 있습니다.

지금 이 자리에도 자연과학을 가르치시는 분이나 전공하신 분

들이 계실 겁니다. 특히 물리학, 소립자 물리 쪽에서는 모든 존재현
상이 항상 변화 상태에 있다고 합니다. 계속 움직이고 있는 거지요.
원자 상태, 중성자 상태로, 또 화학적으로 잠시도 가만히 있지 않고
어떤 것과 접촉하는 순간 바로 조건화되면서 다른 화학적 변화가 끊
임없이 일어난다는 거죠. 이게 바로 제행이 무상하기 때문입니다.

이런 무상의 진리가 현대 과학의 발달로 더 확실하게 증명되기
는 하지만 부처님은 우리에게 어떤 과학적 지식을 주기 위해 무상관
을 가르친 것은 아닙니다. 이게 과학과 불교의 중요한 차이입니다.
만약 부처님이 무상관을 가르친 것이 과학적 지식을 주기 위해서였
다면, 우리 마음을 질적으로 변화시킬 수 없었을 것입니다. 그렇다
면 현미경으로 미세한 세계를 관찰하는 사람들은 다 부처님처럼 깨
달음을 얻었겠지요. 하지만 그건 아닙니다. 우리 인간이 당연히 누
려야 할 참다운 삶, 가치 있는 삶, 영원한 삶을 얻게 하기 위한 실천
적 의미로 무상의 참뜻을 말씀하신 것입니다.

_ 무상은 삶을 알차게 한다

사람은 기쁠 때보다 슬플 때 인생에 대해 더 진지하게 사색하게
됩니다. 아까 예로 든 완벽한 사람을 생각해봅시다. 불행한 일이나
고통을 전혀 당해보지 않고 일생을 산 사람이 있다면 그는 인생에
대해 진지하게 생각할 필요가 없습니다. 아쉬운 게 없으니까요. 그
런 사람은 대체로 그냥 거기 빠져서 삽니다. 그런데 그렇게 행복하
게 살다가도 갑자기 어떤 큰 고통에 직면하면, 정말 인생이란 무엇

이며 어떻게 살아야 하는지에 대해 진지한 자기성찰과 깊은 고민을 하게 됩니다. 무상설이라는 것이 그런 실천적 의미를 갖고 있어요.

어느 날 갑자기 사랑하는 사람이 죽거나 말기 암 환자가 되어 시한부 인생을 살게 되거나, 불의의 사고로 장애인이 되었을 때 마음 깊은 곳에서 인생의 무상함을 뼈저리게 경험하게 됩니다. 여러분도 이런 경험을 하셨을 테고, 저도 경험해보았습니다. 제가 어렸을 때 스무 살 전에 죽는다고 했을 때는 그런가 보다 했어요. 그런데 어린 나이에 절에 들어가 살다가 우연히 주지 스님의 돌아가신 몸을 보는 순간 무상을 깨달았지요. '아! 저게 바로 내 죽음이구나! 그리고 난 스무 살까지밖에 못 산다니…, 정말 허망하고 무상하다.' 이런 생각이 드니까 모든 의욕이 사라지더군요. 그리고 3년간 수행을 하다가 늑막염에 걸려 폐결핵 4기 진단을 받고 허파에 물이 찼을 때 또 한 번 크게 무상을 느꼈어요. '아, 이대로 죽는 거구나… 내가 제대로 공부 한 번 해보지 못하고 이대로 죽는다는 건 너무 억울하다. 병이 나으면 정말 용맹정진해서 공부해야겠다.' 이런 결심을 했지요. 무상을 철저히 느끼니 삶에 대해 더욱 진지하고 간절해졌습니다. 이처럼 삶이 훨씬 알차지고 실다워진다는 것이 무상의 실천적 의미입니다. 어떤 면에서 보면 삶에 굴곡이 있을 때 거기서 큰 매듭이 하나 생기는 거예요. 매듭이 많을수록 그 인생은 탄탄해집니다. 그리고 삶을 크게 살아갈 수 있어요.

여러분, 대나무가 왜 멋있는지 아세요? 마디가 있기 때문이에요. 마디가 있기 때문에 훨씬 힘 있고 절개 있어 보입니다. 대나무가 마디 없이 밋밋하면 멋이 없어요. 인생도 굵은 마디가 여기저기 있을 때 힘 있게 성장하고, 무상을 깊이 경험했기 때문에 남에게 감동을 줄 수 있어요. 자기가 경험했기에 남이 그런 고통을 받으면 저절로 연민의 마음이 우러나고 진심으로 도와주고 싶은 거예요. 도와주면 도움 받는 사람도 감동하고 그의 삶도 바뀌게 됩니다. 무상을 있는 그대로 잘 받아들이면 삶이 훨씬 더 역동적으로 변합니다. 또 무상을 바로 인식하면 죽음에 대한 정확한 견해가 생깁니다.

우리 모두는 언젠가는 죽습니다. 죽는 순서는 나이순도 재산순도 아니고 자식 없는 순도 아닙니다. 누구나 갑자기 죽을 수 있으며, 불의의 사고를 당할 수도 있습니다. 이처럼 무상에 대해 깊이 사색하면 할수록 단 하루를 살더라도 의미 있고 가치 있게 살 수 있습니다. 얼마 전에 우리 선원에서는 전통적인 재齋인, 살아서 미리 죽음을 준비하고 닦는 생전예수재生前豫修齋를 지내는 대신에 강사를 초빙해서 죽음에 대한 강의를 들었습니다. 자살 문제, 죽음 명상 등에 관한 내용이었는데 아주 뜻 깊은 시간이었습니다. 그때 강사인 오진탁 교수가 이런 이야기를 했어요. "죽음은 어느 때나 오고, 누구에게나 오고, 어디서나 오고, 어떤 형태로든 올 수 있다."

그렇죠. 방정맞은 소리일지 모르지만, 저도 오늘 강의 잘 끝내고 나서 내일 아침에 그냥 떠날 수도 있어요. 그건 누가 어떻게 예측할 수 없는 겁니다. 어디서 닥칠지 몰라요. 죽음이 법당에서 올지, 내 방에서 올지, 어떤 형태로 죽을지 몰라요. 그런데 우리는 영원히 안 죽을 것처럼 살아가고 있어요. 죽음에 대해 전혀 의식이 없단 말이죠. 그렇다고 날마다 죽음만 생각하면 그것도 이상하겠지만 죽음을, 무상을 생각하면 열심히 정진해야겠다는 간절한 마음이 저절로 우러납니다. 이런 간절한 수행심이야말로 무상의 실천적 의미 중에서도 최상의 의미입니다.

미산 스님 초기경전 강의

_ 무상은 긍정적이다

고생하지 않고 유복하게 산 사람들 중에는 교만하고 자기밖에 모르는 이기적인 사람들이 분명 있습니다. 보면 얄밉기도 하지요. 자기와 가족 모두 하는 일마다 잘 풀리고 잘살아요. 실패를 모르고 하는 일마다 승승장구해서 성공한 사람은 자칫 자만에 빠지기 쉽고, 이에 집착하기 쉽습니다. 이런 사람들은 무상관을 닦아야 합니다. 그래야 유비무환의 삶을 영위할 수 있습니다. 무상의 법칙은 빈부와 지위고하를 막론하고 예외 없이 적용된다는 사실을 무상관을 통해 터득할 때, 순경順境과 역경逆境에 상관없이 겸손한 마음으로 수행의 삶을 이어갈 수 있습니다.

겸손하고 감사한 마음으로 사는 것이 바로 수행자의 삶입니다. 순경이나 역경을 모두 담담히 받아들이면서 말이지요. '역경은 문제를 풀라고 생기는 것이고, 순경은 잘 흘러가니 좋지만 언제든 역경이 올 가능성이 있다.' 이것을 생각하고 준비하는 마음으로 살아가는 것이 바로 수행자의 삶이며, 무상의 실천적 의미입니다.

잘 모르는 사람들은 무상의 부정적인 면을 강조하는 경향이 있어요. 인생은 좋은 쪽에서 나쁜 쪽으로만 변화하는 것이 아니고, 그 반대의 경우도 얼마든지 있습니다. 지금 현재 소외되고 불행한 삶을 살더라도 희망을 갖고 사노라면 복된 삶을 맞이할 수 있는 것도 모든 현상이 끊임없이 변하기에 가능한 것이죠. 극단적인 인생역전은 아니더라도 얼마든지 박복이 유복으로, 불행이 행복으로, 병약함이 건강함으로 역전될 수 있습니다. 역전의 인생이 가능한 것이 바로 이 무상의 원리 때문입니다. 이처럼 무상의 긍정적 면에 대한 관찰은 '무상설은 염세적이며 비관적'이라는 오해를 바로잡아주고 무상의 진리를 올바로 이해하도록 해줍니다.

만약 이 무상설이 우리 삶 속에 진리로 내재되어 있지 않다면 불행한 사람은 계속 불행할 수밖에 없겠죠. 변화가 안 되기 때문에 역전이 안 됩니다. 그렇다면 행복한 사람은 계속 행복하고, 불행한 사람은 계속 불행하니 불공평할 겁니다. 그런데 모든 건 역동적으로 변화하기 때문에 역경이 바로 순경이 될 가능성은 항상 누구에게나 있습니다. 그래서 무상설을 잘 체득하고 이해하는 사람은 현실이 아무리 어려워도 비관하지 않아요. 어려움을 극복하면 행복이 온다는 희망의 삶을 살기 때문에 무상설의 실질적인 힘이 있는 겁니다.

_ 두 번째 화살을 맞지 말라

아까 말씀드린 '고고, 행고, 괴고'를 잘 이해하면 이 의미를 알아낼 수 있습니다. 인간이 사는 곳을 사바세계라고 합니다. 고통을 참고 살아야 하는 세계라는 뜻이지요. 여러 고통이 있지만 그 중에도 참으로 괴로운 것은 정신적인 압박감과 불안감, 모멸감과 수치감입니다. 이런 괴로움을 당할 때 대다수 사람들은 자신만이 이런 고통을 당하고 있다고 생각하기 때문에 이중二重 고통에 시달립니다. 이중 고통이란 무엇일까요?

'두 번째 화살을 맞지 말라'는 말을 제가 평소 법문에서 자주 하지요. 첫 번째 고통은 누구에게나 생길 수밖에 없어요. 우리가 사는 세상이 그러니까요. '눈·귀·코·혀·몸·뜻'을 통해 항상 밖의 경계를 받아들이거든요. 받아들일 때 두 가지 마음 양태가 있습니다. 하나는 경계에 물든 상태로, 또 하나는 흔들리지 않고 깨끗한 마음을 유지하면서 받아들이는 겁니다. 전자를 염심, 후자를 정심이라고 한다고 앞에서 말씀드렸죠.

그럼 경계에는 어떤 것이 있을까요? 첫 번째 '외경外境'입니다. 우리는 도반이나 가족, 친지나 동료들과 말과 행동을 통해서 의사소통을 합니다. 그럴 때 우리는 외경을 맞이하는 겁니다. 예를 들면, 상사가 자꾸 간섭해서 기분이 나쁘고 자존심이 상한다고 해보세요. 그때 상사가 지시하는 말과 행동을 외경이라 합니다. 바깥에서 오는 경계죠. 내경은 외경에 반응하는 마음을 말합니다. '기분 나빠. 나 잘하고 있잖아. 근데 왜 저래?' 하는 생각, 이게 내경입니다.

경전에 입각해서 보면, 외경은 첫 번째 화살입니다. 상사가 그러는 것을 내가 말릴 수도 없고 어쩔 수 없이 맞아야 합니다. 두 번째 화살은 그 외경을 맞았을 때 거기에 바로 반응하는 내 마음입니다. 그런데 생각이 일어날 때마다 두 번째, 세 번째, 열 번째, 백 번째, 만 번째 화살을 계속해서 자기가 쏩니다. 외경에 대한 반응을 통해 스스로에게 무수한 화살을 쏘는 것이 바로 이중 고통, 아니 다중 고통입니다.

수행이 뭡니까? 바로 내경에서 이것을 처리하는 것이 수행입니다. 내경에서 잘 처리하면 그때부터 삶이 완전히 역동적으로 바뀝니다. 고통을 제대로 관찰하지 않는 대다수 사람들은 자기만 이런 고통을 당한다고 생각해 이중 고통에 시달립니다. 그렇지만 고통의 진상을 아는 수행자는 누구나 겪는 고통이라는 것을 알고, 이 괴로움 또한 무상하므로 끊임없이 변화하고 있다고 통찰합니다. 그래서 한 가지 아픔에 또 다른 아픔을 불러오는 어리석음을 범하지 않습니다.

다시 말해 두 번째 화살을 쏘지 않는다는 것입니다.

두 번째 화살 이야기와 관련해서 《상윳따 니까야》에 실린 〈화살
경Salla-sutta〉을 함께 읽어보겠습니다.

비구들이여,
배우지 못한 범부는 육체적인 괴로움을 겪게 되면
근심하고 상심하며 슬퍼하고 가슴을 치고 울부짖고 광란한다.
결국 그는 이중으로 느낌을 겪고 있는 것이다.
즉, 육체적 느낌과 정신적 느낌이다.

비구들이여,
예를 들면 어떤 사람이 화살에 꿰찔리고 연이어 두 번째 화살에
또다시 꿰찔리는 것과 같다. 그래서 그 사람은 두 화살 때문에
오는 괴로움을 모두 다 겪을 것이다.

비구들이여,
그와 같이 배우지 못한 범부는
육체적으로 괴로운 느낌을 겪을 때,
근심하고 상심하고 슬퍼하고 가슴을 치고 울부짖고 광란한다.
그래서 이중으로 느낌을 겪는다.
즉, 육체적 느낌과 정신적 느낌이다.

비구들이여,
그러나 잘 배운 성스러운 제자는

미산 스님 초기경전 강의

육체적으로 괴로운 느낌을 겪더라도
근심하지 않고 상심하지 않고 슬퍼하지 않고
가슴을 치지 않고 울부짖지 않고 광란하지 않는다.
그는 오직 한 가지 느낌, 즉 육체적 느낌만을 경험할 뿐이며
결코 정신적인 느낌은 겪지 않는다.

비구들이여,
예를 들면 어떤 사람이 화살에 맞았지만
그 첫 번째 화살에 연이은
두 번째 화살에는 맞지 않은 것과 같다.
그래서 그 사람은 하나의 화살로 인한 괴로움만을 겪을 것이다.

비구들이여,
그와 같이 잘 배운 성스러운 제자는 괴로운 느낌에 접하더라도
결코 근심하지 않고 상심하지 않고 슬퍼하지 않고
가슴을 치지 않고 울부짖지 않고 광란하지 않는다.
그는 오직 한 가지 느낌, 즉 육체적인 느낌만을 경험할 뿐이다.
그는 즐거운 느낌을 경험할 때도 매이지 않고 그것을 느낀다.
괴로운 느낌을 경험할 때도 매이지 않고 그것을 느낀다.
괴롭지도 즐겁지도 않은 느낌을 경험할 때도
매이지 않고 그것을 느낀다.

비구들이여,
이러한 사람을 일러 잘 배운 성스러운 제자라고 하나니,

그는 태어남과 늙음, 죽음과 근심, 탄식, 육체적·정신적 고통,
절망에 매여 있지 않으며 그는 괴로움에 매여 있지 않다고
나는 말한다.

비구들이여,
이것이 잘 배운 성스러운 제자와 배우지 못한
범부간의 차이점이고 특별한 점이고 다른 점이다.

지혜 있는 이, 많이 배운 이,
즐거운 느낌이나 괴로운 느낌 겪지 않나니,
현자와 범부 간에 능숙함의 차이가 이렇듯 크도다.

법을 터득한 이, 많이 들은 이,
이 세상과 피안의 세계를 올바로 보는 이,
기꺼운 법에 그 마음 설레지 않고
원하지 않은 것에 적의 가지지 않도다.
순順 역逆이 모두 흩어지고 꺼져서
이미 존재하지 않나니
때 없고 근심 없는 길을 올바로 꿰뚫어 아는 자
존재의 피안에 도달했다고 이르나니.

《상윳따 니까야》 4권 434~438

미산 스님 초기경전 강의

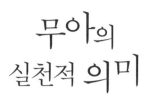

무아의
실천적 의미

무아에 관한 〈무아의 특징경〉은 부처님께서 다섯 비구에게 처음 설하신 내용을 담은 〈초전법륜경〉과 함께 성도成道 후에 맨 먼저 설하신 경입니다. 이 경을 함께 읽어보시겠습니다.

이와 같이 나는 들었다. 한때 세존께서는 바라나시에서 이시빠따나의 녹야원에 머무셨다. 거기서 세존께서는 "비구들이여"라고 다섯 비구를 부르셨다. "세존이시여"라고 비구들은 세존께 응답했다. 세존께서는 이렇게 말씀하셨다.

비구들이여, 물질은 무아다.
만일 물질이 자아라면 이 물질은 고통이 따르지 않을 것이다.
그리고 물질에 대해서 '나의 물질은 이와 같이 되기를,

나의 물질은 이와 같이 되지 않기를'이라고 하면
그대로 될 수 있을 것이다.

비구들이여,
그러나 물질은 무아이기 때문에 물질은 고통이 따른다.
그리고 물질에 대해서 '나의 물질은 이와 같이 되기를,
나의 물질은 이와 같이 되지 않기를'이라고 하더라도
그대로 되지 않는다.

비구들이여,
느낌은… 인식은… 심리현상들은… 알음알이는 무아다.
만일 알음알이가 자아라면
이 알음알이는 고통이 따르지 않을 것이다.
그리고 알음알이에 대해서 '나의 알음알이는 이와 같이 되기를,
나의 알음알이는 이와 같이 되지 않기를'이라고 하면
그대로 될 수 있을 것이다.

비구들이여,
그러나 알음알이는 무아이기 때문에 알음알이는 고통이 따른다.
그리고 알음알이에 대해서 '나의 알음알이는 이와 같이 되기를,
나의 알음알이는 이와 같이 되지 않기를'이라고 하더라도
그대로 되지 않는다.

비구들이여, 이를 어떻게 생각하는가?

물질은 항상한가, 무상한가?

"무상합니다, 세존이시여."

"그러면 무상한 것은 괴로움인가, 즐거움인가?"

"괴로움입니다, 세존이시여."

"그러면 무상하고 괴로움이고 변하기 마련인 것을 두고 '이것은 내 것이다. 이것은 나다. 이것은 나의 자아다.'라고 관찰하는 것이 타당하겠는가?"

"그렇지 않습니다, 세존이시여."

"비구들이여, 이를 어떻게 생각하는가? 느낌은… 인식은… 심리현상들은… 알음알이는 항상한가, 무상한가?"

"무상합니다, 세존이시여."

"그러면 무상한 것은 괴로움인가, 즐거움인가?"

"괴로움입니다, 세존이시여."

"그러면 무상하고 괴로움이고 변하기 마련인 것을 두고 '이것은 내 것이다. 이것은 나다. 이것은 나의 자아다.'라고 관찰하는 것이 타당하겠는가?"

"그렇지 않습니다, 세존이시여."

세존께서는 이렇게 말씀하셨다. 다섯 비구는 흡족한 마음으로 세존의 말씀에 크게 기뻐했다. 이 상세한 설명이 설해졌을 때 다섯 비구는 취착이 없어져서 번뇌로부터 마음이 해탈했다.

《상윳따 니까야》 3권 234~239

실체가 없는 것은 괴로움만이 아닙니다. 괴롭다고 생각하는 '나'도 실체가 없습니다. 무아입니다.

_ 인연 따라 생긴 '나'

앞에서 연기법을 이야기하면서 '나'라는 존재가 혼자 만들어지는 게 아니고 여러 원인과 조건에 의해 인연 따라 생기한다, 즉 연기緣起한다고 말했습니다. 우리가 애지중지하는 이 몸도 내가 아니며, 느낌이나 개념, 생각도 내가 아닙니다. 이 몸이란 부모님을 인연으로 태어난 것이며, 느낌이나 개념, 생각이라는 것도 살아오며 만난 주위 환경에서 배우고 익혀온 것일 뿐입니다. 몸을 이루는 지수화풍 사대 또한 우주에 가득한 물질을 잠시 그때 인연에 맞게 빌려 쓰고 있는 것일 뿐입니다.

밥을 생각해보세요. 쌀 한 톨을 만들려면 땅과 물과 햇빛과 공기가 있어야 합니다. 여기에 농부의 노력이 더해져야 하고, 쌀이 밥이 되려면 또 물과 열과 밥 짓는 사람의 노력이라는 인연을 만나야 합니다. 그런데 먹고 나면 밥은 더 이상 밥이 아니고 몸의 자양분이 됩니다. 살과 뼈가 되어 '내 몸'이 됩니다. 밥과 국과 반찬과 과일의 인연으로 '내 몸'이라는 것이 있습니다. 물도 마시고 나면 '나'가 되고, 공기도 들이마시면 '나'의 호흡이 됩니다. 그러니 본래 '나'인 것 혹은 '나의 것'이었던 것은 하나도 없어요. 잠시 인연 따라 내게 오면 그것을 보고 '나'라 이름 지어 집착하는 것일 따름입니다.

어머니 뱃속에 처음 잉태되었을 때의 나란 한 방울 이슬보다도

미산 스님 초기경전 강의

작았습니다. 그 몸이 어머니 몸속의 자양분을 인연으로 점점 커져서 지금 우리 몸으로 변하고 나이 먹어가고 있습니다. 시간이 좀 더 흐르면 이 모습도 이 세포도 그대로 있지 않을 것입니다. 머리는 희어지고 피부는 주름지고, 끊임없이 변하다가 목숨이 다하면 시신이 되고, 태우면 재가 되고, 묻으면 흙이 될 것입니다. 이런 변화 속에서 '나'라고 할 만한 실체는 어디에 있나요?

내 느낌, 내 생각, 내 가치관에서 '나'라는 실체를 찾을 수 있을까요? 지금 내가 좋다고 느끼면 그 느낌이 '나'일까요? 지긋지긋하다고 느끼면 그 느낌이 '나'일까요? 이런 느낌이나 가치관, 세계관은 모두 어디에서 왔을까요?

부모님의 말, 친구의 말, 선생님의 말, 책에서 읽은 말, 경험에서 만들어진 개념 등에서 왔습니다. 우리는 가정과 이웃과 사회와 국가라는 환경 속에서 순간순간 일어나는 일들에 대한 수많은 정보와 이야기를 받아들입니다. 또 책과 대중매체, 인터넷 등을 통해 받아들인 정보를 토대로 내 느낌과 내 생각, 내 사상, 내 가치관이라고 합니다. 하지만 실상을 잘 보면 배우고 익혀 받아들인 느낌, 생각, 가치관, 관습, 고정관념들은 온통 '나'라는 가면을 덮어쓴 채 만들어진 '나의 것'이라는 허상입니다.

성격이 좋고 나쁨, 몸매의 좋고 나쁨, 능력과 지식의 있고 없음, 근기의 높고 낮음, 이 모든 것은 본래 있는 것이 아닙니다. 원인과 조건이 만났을 때 연기하여 생겼을 뿐인데 이를 '나'라는 주머니 속에 담아놓고 좋다 싫다, 행복하다 불행하다, 잘났다 못났다, 날씬하다 뚱뚱하다, 끝없는 분별과 비교심을 일으킵니다. 나와 남을 구분 짓고 비교할수록 '나'라는 주머니는 커져가기만 합니다. 나중에 이게 너무 커지면 주체할 수가 없어 결국 쓰러집니다.

이 주머니를 놓아버리면 모든 분별심이 딱 끊어지고, 그 자리가 밝아지며 자유로워지는 것을 모릅니다. 수행의 귀결도 결국 이거죠. 나를 내세우지 않으면 모든 시비가 끊기고 삶이 편안해집니다. 무아를 실천하면 복스럽고 넉넉해집니다.

_ 여실하게 보면 깨닫는다

존재의 세 가지 특성을 설한 경을 하나 더 읽겠습니다.

"비구들이여, 이를 어떻게 생각하는가? 물질은 항상한가, 무상한가?"

"무상합니다, 세존이시여."

"그러면 무상한 것은 괴로움인가, 즐거움인가?"

"괴로움입니다, 세존이시여."

"그러면 무상하고 괴로움이고 변하기 마련인 것을 취착하지 않는데도 '바람은 불지 못하고 강은 흐르지 못하고 임산부는 출산하지 못하고 태양과 달은 뜨지 못하고 지지 못하고 성문 앞의 기둥처럼 견고하게 서 있다.'는 삿된 견해가 일어나겠는가?"

"그렇지 않습니다, 세존이시여."

"비구들이여, 이를 어떻게 생각하는가? 느낌은… 인식은… 심리현상들은… 알음알이는 항상한가, 무상한가?"

"무상합니다, 세존이시여."

"그러면 무상한 것은 괴로움인가, 즐거움인가?"

"괴로움입니다, 세존이시여."

"비구들이여, 이처럼 무상한 것은 무엇이든지 괴로움이다. 이 것이 있을 때, 그리고 이것을 취착하여 '바람은 불지 못하고 강 은 흐르지 못하고 임산부는 출산하지 못하고 태양과 달은 뜨지 못하고 지지 못하고 성문 앞의 기둥처럼 견고하게 서 있다.'는 삿된 견해가 일어난다."

《상윳따 니까야》 3권 537~538

여기도 나오지만 어쨌든 중요한 것은 오온을 무상·무아로 보는 것입니다. 있는 그대로, 즉 여실如實하게 보는 것입니다. '여실하게 본다' 함은 있는 그대로 왜곡하지 않고 본다는 뜻이지요. 빨리어로 '야타 부타 냐나 닷사나yathā bhūta ñāṇa dassana'라고 합니다.

있는 그대로 보면 모든 것은 무상하여 변하고 있고, 그 자체에 일시적으로 '나'라는 존재가 형성은 되지만 그것이 영원치 않고 실 체가 없습니다. 항상 갈등구조를 갖고 있으므로 거기에 집착하는 순 간 바로 괴로움이 나라는 존재를 집어삼키게 됩니다. 그래서 늘 '나' 라는 자신과 다투고, 가족과 이웃과 갈등하고 세상과 싸우는 것입니 다. 세상과 다투지 않는 것에 대한 부처님 말씀이 담긴 《상윳따 니까 야》의 〈꽃경〉과 〈포말경〉을 합송하겠습니다.

비구들이여,

나는 세상과 다투지 않는다. 세상이 나와 다툰다.
비구들이여,
법을 말하는 자는 세상의 누구와도 다투지 않는다.

비구들이여,
세상에서 현자들이 없다고 동의하는 것을
나도 역시 없다고 말한다.
세상에서 현자들이 있다고 동의하는 것을
나도 역시 있다고 말한다.

비구들이여,
그러면 무엇을 두고 세상에서 현자들은 없다고 동의하고,
나도 역시 없다고 말하는가?
비구들이여,
항상하고 견고하고 영원하며 변하지 않기 마련인 물질은 없다고
세상에서 현자들은 동의하며, 나도 역시 없다고 말한다.
항상하고 견고하고 영원하며 변하지 않기 마련인 느낌은…
인식은… 심리현상들은… 알음알이는 없다고
세상에서 현자들은 동의하며, 나도 역시 없다고 말한다.

비구들이여,
이것을 두고 세상에서 현자들은 없다고 동의하고,
나도 역시 없다고 말한다.

미산 스님 초기경전 강의

이와 같이 나는 들었다. 한때 세존께서는 아욧자에서 강가 언덕에 머무셨다. 거기서 세존께서는 비구들을 불러서 말씀하셨다.

비구들이여,
예를 들면 이 강이 포말덩이를 싣고 흐르는데
눈을 가진 사람이 이것을 쳐다보고 면밀히 살펴보고
근원적으로 조사한다 하자.
그가 포말덩이를 쳐다보고 면밀히 살펴보고
근원적으로 조사해보면
그것은 텅 빈 것으로 드러나고 공허한 것으로 드러나고
실체가 없는 것으로 드러날 것이다.
비구들이여, 포말덩이에 무슨 실체가 있겠는가?
비구들이여, 그와 같이 그것이 어떠한 물질이건
그것이 과거의 것이건 미래의 것이건 현재의 것이건
안의 것이건 밖의 것이건 거칠건 미세하건
저열하건 수승하건 멀리 있건 가까이 있건
비구는 그것을 쳐다보고 면밀히 살펴보고
근원적으로 조사한다.
그가 그 물질을 쳐다보고 면밀히 살펴보고
근원적으로 조사해보면
그것은 텅 빈 것으로 드러나고 공허한 것으로 드러나고

실체가 없는 것으로 드러난다.
비구들이여, 물질에 무슨 실체가 있겠는가?

세존께서는 이렇게 말씀하셨다. 스승이신 선서께서는 이렇게
말씀하신 뒤 다시 게송으로 이와 같이 설하셨다.

물질은 포말덩이와 같고 느낌은 물거품과 같고
인식은 아지랑이와 같고 심리현상들은 야자나무와 같으며
알음알이는 요술과 같다고 태양의 후예는 밝혔도다.

면밀히 살펴보고 근원적으로 조사해보고
지혜롭게 관찰해보면 그것은 텅 비고 공허한 것이로다.

광대한 통찰지를 가진 분은 이 몸에 대해서
세 가지를 제거하여 물질이 버려진 것을 보도다.

생명과 온기와 알음알이가 이 몸을 떠나면
그것은 던져져서 의도 없이 누워 있고
남들의 음식이 될 뿐이로다.

이러한 이것은 흐름이며 요술이어서
어리석은 자를 현혹시키며
이것은 살인자라 불리나니
여기에 실체란 없도다.

비구는 열심히 정진하여
이와 같이 오온을 굽어봐야 하나니
날마다 낮과 밤 할 것 없이
알아차리고 마음챙기라.

모든 속박을 제거해야 하고
자신을 의지처로 삼아야 하리니
머리에 불붙는 것처럼 행해야 하고
떨어지지 않는 경지를 간절히 원해야 하리.

―

《상윳따 니까야》 3권 385~387, 391~393

오온이 무상하고 '나'란 없음을 매우 실질적인 비유를 통해 보여준 경입니다. 읽어보면 아시겠지만, 사실 이 경은 대승경전인《금강경》과도 통합니다. 위 경의 "물질은 포말덩이와 같고 느낌은 물거품과 같고" 부분을 아래와 비교해보세요.

일체유위법 여몽환포영 一切有爲法 如夢幻泡影
여로역여전 응작여시관 如露亦如電 應作如是觀

모든 현상은 꿈이나 환과 같고 물거품이나 그림자와 같으며
이슬 같고 번개 같으니, 응당 이와 같이 볼지니라.

《금강경》에 나오는 이 사구게四句偈가 위 경의 구절과 통한다는 말입니다. 나중에 대승경전을 공부하면서 《금강경》과 이 경을 연결시켜보세요.

_ 머리에 불이 붙은 것처럼 수행하라

오온을 무상·고·무아의 관점에서 잘 관찰하면, 관찰 그 자체가 '사띠(마음챙김)'를 강화시킵니다. 사띠를 강화시키면서 열심히 수행해가면 열반에 점점 가까워지게 되죠. 따라서 오온을 삼법인의 관점에서 관찰하는 것이 지혜를 증장시키는 첩경입니다. 방금 읽은 경전의 끝부분에 나오는 '머리에 불이 붙은 것처럼 수행하라.' 이 말 이해하세요? 상상해보세요. 여러분 머리에 불이 붙으면 어떻게 하시겠습니까? 생각할 겨를이 없겠죠? 수행할까 말까 생각할 겨를도 없이 '그냥' 하라는 것입니다. 그런데 대개 보면, 수행하라고 하면 할까 말까 이리저리 재봐요. 부처님 말씀대로 '머리에 불붙은 것처럼 수행하는' 것이 바로 용맹정진입니다. 특히 간화선 수행은 이런 용맹정진의 마음이 없으면 성취가 잘 안 돼요. 이리저리 재고 따지고 몸 사리면 진전이 안 됩니다. '머리에 불이 붙은 것처럼.' 간화선뿐만 아니라 사마타, 위빠사나 수행도 모두 이렇게 해야 합니다.

이번에는 〈눈경〉을 읽어보겠습니다.

그때 라훌라 존자가 세존께 다가갔다. 가서는 세존께 절을 올린 뒤 한 곁에 앉았다. 한 곁에 앉은 라훌라 존자에게 세존께서는 이렇게 말씀하셨다.

"라훌라여, 이를 어떻게 생각하는가? 눈은 항상한가, 무상한가?"

"무상합니다, 세존이시여."

"그러면 무상한 것은 괴로움인가, 즐거움인가?"

"괴로움입니다, 세존이시여."

"그러면 무상하고 괴로움이고 변하기 마련인 것을 두고 '이것은 내 것이다. 이것은 나다. 이것은 나의 자아다.'라고 관찰하는 것이 타당하겠는가?"

"그렇지 않습니다, 세존이시여."

"라훌라여, 이를 어떻게 생각하는가? 귀는… 코는… 혀는… 몸은… 마노意는 항상한가, 무상한가?"

"무상합니다, 세존이시여."

"그러면 무상한 것은 괴로움인가, 즐거움인가?"

"괴로움입니다, 세존이시여."

"그러면 무상하고 괴로움이고 변하기 마련인 것을 두고 '이것은 내 것이다. 이것은 나다. 이것은 나의 자아다.'라고 관찰하는 것이 타당하겠는가?"

"그렇지 않습니다, 세존이시여."

라훌라여, 이렇게 보는 잘 배운 성스러운 제자는
눈에 대해서도 염오하고, 귀에 대해서도 염오하고,
코에 대해서도 염오하고, 혀에 대해서도 염오하고,
몸에 대해서도 염오하고, 마노意에 대해서도 염오한다.

염오하면서 탐욕이 빛바래고, 탐욕이 빛바래므로 해탈한다.
해탈하면 해탈했다는 지혜가 있다.
'태어남은 다했다. 청정범행은 성취되었다. 할 일을 다 마쳤다.
다시는 어떤 존재로도 돌아오지 않을 것이다.'라고 꿰뚫어 안다.

《상윳따 니까야》 2권 578~579

앗, 경계다!

자, 여기서 육근六根과 육경六境에 대해 이야기하십니다. 육근,
육경이 십이처죠. 십이처가 모두 무상·무아임을 부처님이 이렇게
경전에서 확실히 말씀하십니다. 십팔계도 마찬가지입니다. 이걸 바
탕으로 해서 어떻게 마음을 써야 할 것인가, 이게 삼법인을 공부하
는 목적입니다. 삼법인을 머리로만 '무상·고·무아' 아니면 '무상·무
아·열반' 이렇게 외워봤자 그것으로는 우리 삶을 질적으로 변화시
키지 못해요. 그냥 개념으로만 이해하고 있으면 소용없습니다.

이것을 순간순간 삶 속에 바로 적용하면 그 순간이 바로 열반적
정입니다. 어떤 경계가 딱 나타났을 때, 역경계든 순경계든 집착하
는 마음 없이 무상·고·무아의 관점에서 관찰하는 순간, 그때의 마음
상태가 열반적정이고, 바로 이게 수행입니다. 그러면 구체적으로 어
떻게 열반적정의 상태를 늘 유지할 수 있을까요? 간화선은 간화선
나름대로 방법이 있고, 또 초기불교 수행은 그 나름대로 방법이 있

미산 스님 초기경전 강의

어요. 공통적으로 가장 중요한 것은, 일단 경계가 나타났을 때 '얏, 경계다!' 하고 마음을 멈추게 하는 겁니다. 경계는 마음이 거기 집중하지 않으면 왔다가 잠깐의 영향만 주고 사라져버립니다. 이때 멈추는 요소엔 항상 무엇이 따라붙어야 할까요? 염 念(사띠. 깨어 있음. 마음챙김)이 따라붙어줘야 이것의 성격을 알아차릴 수가 있지요.

경계는 두 가지가 있다고 했습니다. 첫 번째 경계는 밖에서 오는 경계外境인데, 말로 오거나 행동으로 옵니다. 말로 행동으로 다가온 경계를 빨리 알아차렸을 때 이게 내경內境으로 옮겨가지 않아요. 두 번째 경계는 외경이 들어왔을 때 반응하는 마음, '내경'이라고 했죠. 마음속에서 반응하면서 바로 올라오는 마음입니다. 이건 안에서 일어나는 경계입니다. 이를 깨어 있는 마음으로 바로 알아차리고 이것이 사실인가 아닌가에 대한 기준을 만들면 됩니다.

_ 무아를 향한 정진

마음에는 세 가지 종류가 있습니다. 그냥 일어나는 마음과 일으키는 마음과 깨어서 바라보는 마음입니다. 그냥 일어나는 마음은 내가 어떻게 할 수 없는 마음입니다. 어떤 경계가 나타나면 그에 즉각적으로 반응해서 확 일어나는 마음입니다. 미운 사람을 만났는데 그가 말을 하면 그 자체로도 감정이 상하죠. 그랬을 때 내 마음속에서 자동으로 확 일어나는 미운 마음, 이게 내경이에요. 미운 사람 자체는 외경입니다. 그런데 문제는 여기서 끝나는 것이 아니라 미운 감정이 꼬리에 꼬리를 물고 진행됨으로써 일으키는 마음이 계속

되는 겁니다. 이때부터는 누가 시켜서가 아니라 자기 스스로 일으키는 마음입니다. 고통이 눈덩이처럼 커가는 것이지요. 이 순간 한마음 돌이켜 확 올라오는 마음, 즉 내경을 깨어서 바라보세요. 이것이 정말로 존재하는가, 이것이 영원한 실체를 갖고 존재하는가, 변하는가 아닌가, 이것이 어떤 의미를 갖는가, 내게 고통을 주는가 행복을 주는가? 이것들을 순간적으로 판단해야 해요. 그리고 이어서 바로 지켜보는 겁니다. 이렇게 하면 더 이상 일으키는 마음이 일어나지 않고 평온해집니다. 앞에서 말했듯이 외경인 첫 번째 화살을 맞더라도 내경인 두 번째 화살은 맞지 않는 것입니다. 이걸 관觀(위빠사나)이라 해요. 이런 관법수행은 초기불교에도 대승불교에도 있습니다.

일어나는 마음이 바로 '물든 마음'인데, 이 물든 마음이 깨끗한 마음에서 일어났다는 것, 깨끗한 마음에서 일어난 오염된 마음은 업식 때문에 일어난다는 것을 각찰하고 방하착하는 게 반복되면 마음이 항상 맑고 고요하고 모든 것을 수용, 섭수攝受하는 상태로 계속 확장됩니다. 우주 끝까지요. 이게 수행입니다.

그 다음에 이렇게 관했다 해서 끝나는 게 아니라 관한 내용이 행으로 나타나야 해요. 관한 내용이 행으로 나타날 때 이게 중도자비행입니다. 어느 곳에도 치우치지 않는 자비행慈悲行. 그래서 나 자신도 행복하고, 타인도 행복하고, 부처님도 기뻐하시는 행입니다.

내가 어떤 행동을 할 때 자신과 타인에게 행복할까, 유익할까 이걸 순간적으로 판단하는 겁니다. 우린 불자이기 때문에 부처님이 정말 기뻐하실까도 생각하면서 행에 옮기는 거예요. 부처님도 기뻐하시고 나도 행복하고 남도 행복하면, 그 행 밑에 깔려 있는 마음은

미산 스님 초기경전 강의

내가 없는 마음, '무아의 마음'입니다.

왜 무아가 된다고 했죠? 모든 존재현상을 연관성, 상호의존성 속에서 보니까 나라는 실체를 인정하지 않아요. 즉, 삼법인 중 '제법무아'의 관점에서 보는 겁니다. 이를 대승불교에선 공을 체득했다고 이야기합니다. 공의 마음상태가 유지된다는 거죠. 지금 이 강의에선 공이란 말을 많이 안 쓰지만, 나중에 《금강경》이나 반야사상을 이야기하려면 공이란 말을 계속 쓸 수밖에 없을 것입니다. 그런데 공 자체만 이야기하면 자칫 허무주의로 빠질 수도 있습니다. 진공眞空, 참다운 공은 묘유妙有, 정말 살아 꿈틀거리는 역동적인 존재현상이 현전하는 것입니다. 그래서 '진공묘유'라 하죠. 왜? 연기를 바탕으로 하기 때문이죠.

모든 불교의 근본은 연기입니다. 우리가 연기적 관점을 가졌을 때 이를 '지혜'라 합니다. 연기적 관점을 갖고 행으로 옮겼을 때 이를 '중도행'이라 합니다. 중도행이 자慈와 비悲로 표현되면 이를 '자비행'이라 합니다. 이때 나도 타인도 행복해지고, 비유하자면 부처님 도장이 쾅 찍히는 셈입니다. 삼법인 교설에 입각한 삶이라는 법의 도장이 쾅 찍히면, 여러분은 진정 행복한 삶을 살아가시는 자랑스러운 불자가 되는 것입니다.

5강

사성제와
팔정도

—

처음 법의 바퀴를 굴리시다

중생이 살아가는 현실이 고통으로 가득하다는 것,
모든 고통은 원인들이 모여서 일어난다는 것,
중생이 직면하는 고통은 없앨 수 있다는 것입니다.
그리고 고통을 없앨 수 있는 구체적 길이 바로 이 '사성제'입니다.
모든 것이 괴롭다는 것을 알고 이해하며,
괴로움의 원인이 쌓임에 있음을 알고 끊으며,
괴로움이 소멸되는 진리를 알고 증득하며,
괴로움이 사라지는 방법을 제대로 알고 닦는다면
고에서 벗어나 해탈에 이르게 되겠지요.

고통에 관한
네 가지 진리

제 생각에는 지금쯤 여러분께서는
초기경전 공부에 심취해서 쉬는 것도 반납하고 공부에 열중하시는
것 같아요. 맞나요?(웃음) 좋습니다. 공부할 때는 그렇게 확 밀어붙
여서 해야 합니다. 세속의 공부도 그렇겠지만, 특히 마음공부는 더
그렇습니다. 밀어붙여서 집중해서 잘 하시길 바랍니다.

지난 강의 때 삼법인, 존재현상의 세 가지 특징인 무상·고·무
아를 공부하면서, 법인은 법의 도장이라고 했습니다. 어때요? 마음
에 선명한 도장이 찍혔나요? 불교의 지혜의 문을 열기 위해서는 이
런 관점을 잘 정리해야 한다고 했지요. 그냥 부처님이 훌륭하시구
나, 거룩하시구나, 위인이시구나, 이런 정도의 느낌만 갖고는 안 됩
니다. 이런 관점을 실제 수행과 관련시켜서 부처님 말씀을 들어보기
로 합시다.

오늘은 사성제四聖諦와 그 안에 포함된 실제 수행 방법인 팔정

도八正道에 대해 설명하겠습니다. 먼저, 부처님께서 최초로 설하신 법문인 〈초전법륜경初轉法輪經〉에 주목해봅시다. 부처님께서 깨달음을 얻으시고서 맨 먼저 생각난 사람들이 누구였을까요? 고행림에서 함께 치열하게 수행했던 다섯 명의 동료 수행자들이었습니다. 부처님은 수행의 힘으로 그들이 어디 있는가를 관觀해보시고, 베나레스에 있는 사슴동산, 즉 녹야원鹿野園 쪽에 있다는 것을 알게 되었습니다. 그래서 그곳으로 가서서 당신이 깨달은 바를 처음으로 그들에게 가르치시게 됩니다. 이때 하신 법문이 바로 '고苦·집集·멸滅·도道' 사성제 법문입니다. 이것이 부처님께서 하신 최초의 설법이자, 일생을 관통하는 설법이라 할 수 있지요.

다섯 비구들에게 최초로 사성제를 설했다 하여 이를 '초전법륜'이라고 합니다. '최초로 깨달음에 이르는 법의 수레바퀴를 굴렸다'는 뜻이죠. 지금도 불법을 전파한다는 말을 '법륜을 굴린다'고 표현하지 않습니까? 불교 교단은 이 초전법륜에 의해 성립됩니다.

〈초전법륜경〉은 《상윳따 니까야》에 나옵니다. 이와 비슷한 경이 율장에 나타나기도 하고, 또 한역 아함경에도 이에 상응하는 경이 있습니다. 그만큼 중요한 내용이기 때문에 여기저기 반복해서 나오는 것이지요. 초기불교, 특히 상좌부의 매우 중요한 수행 백과사전격인 《청정도론淸淨道論》에 〈초전법륜경〉과 관련된 주석을 따로 해놓았을 만큼 아주 중요한 경입니다. 〈초전법륜경〉은 사성제 이야기를 좀 하고 나서 합송하기로 하고, 먼저 사성제를 설한 〈현성경〉을 함께 읽어봅시다.

부처님께서 베나레스의 녹야원에 머무르실 때의 일이다. 어느 날 부처님은 제자들에게 이렇게 설법하셨다.

네 가지의 성스럽고 참다운 진리가 있다.

무엇을 네 가지라고 하는가?

첫째는 모든 것은 괴롭다는 진리요苦聖諦,

둘째는 괴로움의 원인은 쌓임에 있다는 진리요苦集聖諦,

셋째는 모든 괴로움이 소멸된 진리요苦滅聖諦,

넷째는 괴로움을 소멸시키는 방법의 진리苦滅道聖諦다.

만약 수행자로서 이미

모든 것이 괴롭다는 진리를 알고 이해하며知,

괴로움의 원인이 쌓임에 있음을 알고 끊으며斷,

괴로움이 소멸된 진리를 알고 증득하며證,

괴로움이 사라지는 방법의 진리를 알고 닦았다면修,

그런 사람은 빗장과 자물통이 없고,

구덩이를 편편하게 고르고,

모든 험하고 어렵고 얽매이는 것으로부터 벗어났다고 하리라.

그는 어질고 성스러운 사람賢聖이라 부를 것이며

거룩한 깃대를 세웠다고 하리라.

───

《잡아함경》T. II. 104

이 경을 토대로 사성제에 대한 이야기를 이어보도록 하겠습니다.

_ 사성제, 고통에서 벗어나는 길

사성제에서 첫 번째는 고苦, '모든 것은 괴롭다'는 진리입니다. 두 번째는 집集, 괴로움의 원인은 '쌓임(사뭇다야)'에 있다는 진리입니다. 세 번째는 멸滅, 모든 괴로움이 '소멸'되는 진리입니다. 네 번째는 괴로움을 '소멸시키는 방법道'입니다. 이렇게 '고·집·멸·도' 네 가지를 사성제라 하며, '네 가지 성스러운 진리'라고 합니다.

사성제의 '제'자는 본래 '체諦'자인데 불교 용어에서는 '제'로 읽습니다. 옥편을 찾으면 '체'로 나오지만, 사성제라고 할 때만 '제'로 읽습니다. 컴퓨터 한자사전에서 '제'로 아무리 찾아도 이 글자가 안 나올 거예요. 이렇게 쓰일 때는 '진리 제'입니다.

쉽게 말하면 우리 중생이 살아가는 현실이 고통으로 가득하다는 것, 모든 고통은 원인들이 모여서 일어난다는 것, 중생이 직면하는 고통은 없앨 수 있다는 것입니다. 그리고 고통을 없앨 수 있는 구체적인 길이 있다는 것입니다.

모든 것이 괴롭다는 것을 알고 이해하며, 괴로움의 원인이 쌓임에 있음을 알고 끊으며, 괴로움이 소멸되는 진리를 알고 증득하며, 괴로움이 사라지는 방법을 제대로 알고 닦는다면 고에서 벗어나 해탈에 이르게 되겠지요. 이것이 불교의 목표인 이고득락離苦得樂입니다. 고를 여의고 낙을 얻는 것. 여기서 '낙'이란 우리 욕계欲界 세상의 즐거움이 아니라 궁극적인 행복과 대자유를 말하는 것이지요.

사성제는 인간 존재의 실상을 여실히 분석해서 왜 괴로움이 있게 됐는지 그 원인을 추적하고 제거하여 괴로움을 없애는 것입니다. 그러니까 괴로움 극복을 위한 실천적 가르침이지요. 사성제의

미산 스님 초기경전 강의

실천 부분은 마치 의사가 환자를 치료하는 원리와 같습니다. 환자의 증상을 정확히 진찰하고, 그 원인을 규명해서 병이 없는 건강한 상태란 어떤 것인지 알려주고, 그런 건강한 상태에 이르려면 어떤 치료를 해야 하는지를 알려주는 것. 의료의 네 단계와 같지요. 그래서 부처님을 대의왕大醫王이라고도 하는 것입니다. 즉, 가장 훌륭한 의사이신 부처님이라는 뜻이지요.《잡아함경》〈양의경〉를 함께 읽어 봅시다.

이와 같이 나는 들었다.

어느 때 부처님께서 바라나시 녹야원에 계실 때, 비구들에게 말씀하셨다.

"이 세상에는 네 가지 진리가 있다. 그것을 성취하면 의왕이라고 한다. 그 의왕은 병을 잘 하는 사람이요, 병의 근원을 잘 아는 사람이요, 병을 치료하는 방법을 잘 아는 사람이요, 병이 치료된 뒤에 다시 발병하지 않도록 해주는 분이다.

첫째, '훌륭한 의사는 병을 잘 안다'는 것은 질병의 종류가 수없이 많지만 훌륭한 의사는 각양각색의 병을 잘 분별해 아는 것을 말한다.

둘째, '훌륭한 의사는 병의 근원을 잘 안다'는 것은 무엇인가? 병이 생긴 데는 그만한 이유가 있다. 즉, '이 병은 바람으로 발생했다, 침으로 발생했다, 냉한 기운에서 생겼다, 현재 발병했다. 오래 전부터 진행된 병이다….' 등 병의 근원을 잘 아는 것을 말한다.

셋째, '훌륭한 의사는 병을 치료하는 방법을 잘 안다'는 것은 무엇인가? 병이 생긴 것에 약을 발라야 할 것인지, 토하게 해야 할 것인지, 배설시켜야 할 것인지, 코 안을 씻어야 할 것인지, 훈기를 쐬어야 할 것인지, 땀을 내야 할 것인지를 잘 알고, 병에 따라 적절한 처방을 해주는 사람을 말한다.

넷째, '훌륭한 의사는 병을 치료한 뒤에 다시 발병하지 않도록 해준다'는 것은 병의 원인을 완전히 없애 앞으로 다시는 발병하지 않도록 해주는 의사를 말한다. 여래 응공 정등각이 큰 의왕이 되어 네 가지 덕을 성취하고 중생의 병을 고치는 것도 또한 그와 같다. 즉 여래는 사성제四聖諦를 분명히 알고 계신다.

모든 비구들이여, 저 세간의 의사는 생 노 병 사와 근심 슬픔 번민 괴로움의 근본적 치료 방법을 사실 그대로 알지 못한다. 그러나 여래 응공 등정각은 훌륭한 의왕으로서 생 노 병 사와 근심 슬픔 번민 괴로움의 근본적 치료 방법을 사실 그대로 알고 중생을 제도하기 때문에 부처님을 '큰 의왕'이라고 부른다."

《잡아함경》〈양의경〉T. 2. 105

이때 병이라는 게 바로 '괴로움'이죠. 욕구에 토대를 두고 살아가는 이 욕계 세상에 우리는 태생적으로 괴로움을 가지고 태어났습니다. 괴로움의 원인이 무엇일까요? 왜 중생들이 이렇게 아픈 걸까요? 이 원인을 찾아서 제거하는 구체적인 방법이 성스러운 진리에

미산 스님 초기경전 강의

이르는 여덟 가지 길, '팔정도'입니다. 그 여덟 가지 방법에 의해 괴로움이 다 제거된 상태를 '멸'이라고 합니다. 이것이 사성제의 전체적인 구조입니다.

대승불교 이전에 부파불교 전통이 있습니다. 부파불교에서 가장 유명한 논서가 《구사론俱舍論》입니다. 바수반두, 즉 세친世親 보살이 5세기경 집필한 방대한 분량의 중요한 논서인 《구사론》의 기본 골격을 이루는 것이 바로 이 사성제입니다. 고·집·멸·도, 사성제를 큰 축으로 해서 불교의 방대한 교설을 정리한 책이 《구사론》입니다. 사성제가 그만큼 중요하다는 방증이죠.

왜냐하면 불교의 시작이자 목적이 뭡니까? 고통의 근원적인 해결, 바로 이고득락離苦得樂입니다. 고통이라는 것을 중생이 분명히 인식하게끔 보여주고, 그 다음에 이 고통을 끊는 방법이 무엇인지를 찾게 합니다. 고통을 끊으려면 무엇부터 해야 할까요? 원인이 무엇인지를 알아야겠죠. 원인을 분명히 인식할 수 있도록 몸과 마음의 구조, 그리고 몸과 마음에 대한 집착심이 어떻게 일어나는지 등을 세세히 분석해서 정리해놓은 것이 불교 학문 중에서 유식학唯識學입니다. 또 철학적으로 왜 이 몸과 정신이 연기요, 공空인지를 면밀하게 밝혀놓은 것이 중관학中觀學입니다.

이러한 부파불교, 중관, 유식의 전통도 어디까지나 사성제와 팔정도의 구조에서 벗어나지 않습니다. 초기경전에 나오는 사성제 법문이 어떠한 불교 전통에도 매우 중요하게 자리하고 있으므로, 이 사성제와 팔정도 법문을 이해하고 체득해서 실천하는 것이야말로 불교의 전부라 해도 과언이 아닙니다. 그럼 사성제를 하나하나 살펴보도록 합시다.

고苦,
모든 것은 괴롭다

고성제에서는 현실에서 만나는 여러 종류의 고통에 대해 이야기합니다. 고통의 종류가 몇 가지나 될 것 같아요? 앞에서 삼법인을 이야기할 때 '고'에 대해 말씀드렸지요? 8만 4천 가지가 넘는다고 했습니다. 그만큼 무수히 많은 고통이 있다는 거죠. 일일이 다 열거할 수 없지만, 가장 중요한 네 가지 고통四苦(생·로·병·사)에 네 가지를 더해 '팔고八苦'라고 합니다. 먼저 네 가지 고통부터 훑어봅시다.

_ 태어남 자체가 고통

우선 '생生', 태어남 자체가 고통입니다. 여러분은 태어날 때를 기억하세요? 여기 앉아 계신 분들 중에 태어날 때 안 우신 분 혹시

있나요? 안 울었으면 이렇게 살아 있을 수가 없지요. 그렇게 빽빽
우는 이유가 뭔지 아세요?

어머니 뱃속에 있을 때는 자궁 속이 호텔방보다 더 편안하답니
다. 온도 적당하죠, 탯줄로부터 맛있는 것이 다 공급되지요, 호흡도
엄마의 탯줄을 통해서 하지요. 엄마로부터 최상의 서비스를 받으며
자궁 안에서 편안하게 생활하는데 갑자기 좁은 통로로 떠밀려서 힘
들게 세상으로 나왔어요. 그런데 나와서 보니 주위에서는 소란한 소
리가 들리고 이상한 것들이 왔다 갔다 하고 자궁 속과는 온도부터
가 다르니 태아 입장에서는 얼마나 당황하겠어요. 게다가 맛있는 것
들을 받아먹던 탯줄까지 탁 잘리니까 아기 입장에서는 깜짝 놀랄 수
밖에 없겠지요. 그래서 이 무슨 괴로운 세상이란 말인가 하며 '응애'
하고 울음을 터뜨리는 겁니다.

울면 폐가 작동을 해요. 그러면서 오장육부가 정상적으로 작동
하고, 이를 통해 이 세상이 얼마나 괴로운지를 확인하게 됩니다. 태
어나는 과정부터가 벌써 괴로움이에요. 그런데도 엄마, 아빠를 비
롯한 가족, 친지들은 좋아서 난리지요. 귀한 아기가 태어났다고. 그
런데 그런 즐거움도 잠시입니다. 세 살, 네 살, 다섯 살, 점점 개구쟁
이 짓을 하더니 초등학교에 들어가서는 엉뚱한 짓도 해요. 중고등학
생이 되어서는 곁길로 빠지기도 합니다. 그러면 애물단지가 되는 거
죠. 그렇게 되지 않고 잘 자라주더라도 신경 쓸 것이 얼마나 많아요.
아이가 태어났을 때의 즐거움은 잠깐뿐입니다. 그래서 부처님은 태
어남 자체가 고통이라고 하셨습니다. 여러 가지 갈등구조 속에서 생
이 시작되는 것이 비관적이라고도 할 수 있지만, 또 다른 관점에서
보면 매우 사실적입니다.

앞에 말한 과정은 여러분도 다 겪으셨잖아요? 이 세상에 나오면서 취약한 환경에 직면하고, 이에 대응하기 위해 스스로 몸과 정신의 기제들을 조절해가며 환경에 적응하는 것이 갓난아기들이에요. 조금만 햇볕이 강하거나 주변이 시끄러워도 금방 영향을 받지요. 엄마가 해로운 음식을 먹으면 젖에 그 성분이 들어가서 갓난아기에게는 큰 해가 된답니다. 인터넷에서 보니 산모가 모유를 먹일 때 술을 마시면 아기에게는 치명타가 될 수 있다는군요. 만약 술을 한 잔 마시고 한 시간 이내에 모유를 주면 그 알코올 기운이 바로 아기에게 전달된다고 해요. 그게 축적되면 심장마비로 죽을 수도 있다고 합니다. 맥주 한 병을 마셨다면 최소한 6시간은 지나야 모유 속에 알코올 성분이 다 없어진다고 해요. 이렇게 삶 자체가 쉽지 않습니다. 그래서 네 가지 고통 중 첫 번째가 '생'인 것입니다.

_ 늙어가는 괴로움

늙는 것 좋아하는 분은 안 계시죠? 아무리 연세 든 노인도 젊어지고 싶어하는 욕망이 있습니다. 그리고 나이를 먹으면 먹을수록 늙지 않고 오래 살고 싶어지는 게 인지상정이지요. 그래서 옛날에 진시황이 불로초를 찾으려고 그렇게 노력을 했잖습니까. 하지만 진시황도 결국에는 죽었죠. 세상에 불로초란 건 없습니다. 수명을 연장하는 방법이야 요즘 과학과 의학이 발달되어서 어느 정도 가능할 수 있겠지만, 영원히 죽지 않고 살 수는 없어요.

하지만 인간에게는 오래 살려는 욕망이 있지요. 무의식적으로

《금강경》에 나오는 '수자상壽者相(목숨에 집착하거나 영원한 것을 상정하는 관념)' 같은 것이 있어요. 그 때문에 괴로운 겁니다. 서른 살, 마흔 살 지나 쉰 살쯤 되니까 피부에 주름이 생기기 시작합니다. 저도 쉰셋이 딱 되니까 어느 날 사전을 보는데 눈앞이 희미하더군요. 그래서 안경점에 갔더니 시력은 아직도 좋은데 노안老眼이라고 해요. 그 말을 들으니 '어, 내가 벌써 늙었단 말이야?' 이런 생각이 드니까 의아하면서도 서글퍼지더군요. 그래요, 우리는 늙어가고 있습니다. 하루하루, 우리의 소망과는 정반대 방향으로 가고 있는 겁니다. 그러니까 괴롭지요.

_ 병들어 얻는 고통

늙으면 몸이 병주머니로 변합니다. 젊었을 때 없던 각종 질환이 자꾸 생기지요. 나이 들면 가장 많이 찾아오는 병이 고혈압입니다. 당뇨병도 많이 생기지요. 우리는 여러 가지 유해물질들을 알게 모르게 섭취하기 때문에 70~80년 살다 보면 암세포가 몸속 어디선가 자라게 됩니다. 그래서 요즘은 늙어서 죽는 것보다는 병들어 죽는 경우가 많지요. 사람의 명은 한정되어 있기 때문에 언젠가는 죽음을 맞을 수밖에 없습니다. 병든 것도 괴롭고 죽는 것도 괴롭습니다.

얼마 전에 제가 호스피스 교육을 하는 언양의 마하보디 교육원에 가서 불교의 생사관을 강의하고 왔습니다. 그 교육원을 운영하시는 능행 스님이 겨울방학과 여름방학 때 스님들과 재가불자 포교사들을 전문적으로 교육하고 있는데, 제게 강의를 해달라고 부탁을 하시더군요. 가서 보니 이제 불교에서도 임종을 앞둔 사람들에 대해 본격적이고 전문적인 배려를 해야겠다는 생각이 들었습니다. 제가 보통 때는 선원과 학교, 종단 일에 매여 지방 강의를 잘 나가지 못합니다. 그런데 여기는 매우 중요한 곳이라는 생각이 들어 먼 길이지만 강의를 하고 왔는데, 오히려 능행 스님께 고마운 마음이 들더군요.

그분들이 지금 하는 일이 무엇일까요? 죽어가는 사람들에게 부처님 말씀을 들려주어 존엄한 죽음을 맞이할 수 있도록 도와주는 겁니다. 그래서 간호하는 분들에게 호스피스 교육을 시킵니다. 교육 받는 분들도 자기 스스로 죽음을 맞이하는 수행을 하고, 또 죽음을 목전에 맞은 분의 수행을 인도해서 마지막 숨이 끊어지는 순간에 바르고 평온한 마음으로 임종할 수 있게 합니다. 아주 중요한 역할이죠.

병드는 것 자체는 괴로움입니다. 이 괴로움을 함께 나누려는 것이 자비행이죠. 괴로움을 괴로움으로 정확히 인식하는 게 첫 번째 할 일입니다. 이미 병들었는데 괴롭지 않으려고 발버둥 치면 훨씬 더 괴로워집니다. 병을 받아들이고, '어떻게 하면 병에 파묻히지 않고 극복해가면서 정념, 즉 바른 마음챙김을 유지할 수 있을까?' 이런 수행자의 마음을 갖게 되면 병이라는 괴로움에서 벗어날 수 있습니다.

_ 그리고 죽음

괴로움 중에 뭐니 뭐니 해도 죽음이 가장 큰 괴로움이죠. 사실 수행하려는 마음은 죽음이라는 두려움에서 비롯됩니다. 인간에게 가장 어려운 생사 문제 때문이지요. 앞에서 이야기했듯이 저도 그랬거든요.

죽을 때의 모습을 보면 그 사람이 어떻게 살아왔는지, 어떻게 수행했는지를 여실히 알 수 있어요. 재가자도 그렇지만 특히 우리 같은 스님들은 임종을 잘하는 것이 매우 중요합니다. 죽음을 두려워하고, 임종을 잘 못한다면 그동안 수행을 제대로 못했다는 것입니다. 죽음이 왔을 때 자연스럽게 받아들이고 임종 직전의 마음이 밝은 세계로 향해야 진짜 수행을 잘한 분입니다. 고불총림의 만암 큰스님이 그렇게 죽음을 맞이하셨습니다. 스승의 계보로 치자면 제 증조부님 되시는 서옹 큰스님이 바로 그분의 수제자시죠.

만암 스님께서는 돌아가시기 약 일주일 전부터 죽음을 준비하셨습니다. 이것저것 주변 정리를 하시고, 절에 일이 있으면 어떻게 처리하라고 당부 말씀도 하시고, 옷가지를 다 꺼내서 나눠주기도 하셨어요. 모두들 이상하다 싶었는데, 그로부터 딱 일주일 후에 대중을 방에 모으시더니 차를 내라고 하시더래요. 서옹 스님께서 바로 옆에서 차 시중을 드시는데, 큰스님이 한참 말씀하시다 갑자기 조용하시더랍니다. 올려다보니 큰스님 이마에 땀이 송골송골 맺혀서 흐르기에 손수건을 꺼내 땀을 닦아드리려는데 고개가 뒤로 넘어가더랍니다. 앉은 상태에서 입적하신 거지요. 이게 도인의 죽음입니다. 서옹 스님도 돌아가실 때 자리에 앉은 채로 좌탈입망坐脫入亡하셨어요. 평소에 수행을 잘하신 큰스님들은 돌아가실 때 정말 한마음으로 다음 생을 기약하면서 가시는 거지요.

이런 말을 한다 하여 앉아서 돌아가시지 않은 스님은 도인이 아니라는 이야기가 아닙니다. 누워서건 앉아서건 깨어 있는 마음을 놓치지 않으면 금생에서 아주 좋은 최후를 맞이할 수 있다는 거죠. 스님들뿐만 아니라 재가불자들도 평소 염불을 지성으로 하신 분들은 참 편안하게 가시더군요. 평상시 '나는 편안한 죽음을 맞이하겠다.'고 원을 세우시면 그렇게 되더군요.

제 속가 모친께서 항상 입버릇처럼 말씀하셨어요. 편안히 잠자듯 가는 게 가장 큰 소원이라고. 어느 날 갑자기 쓰러져서 입원하셨는데 3일 만에 퇴원하셔서 회복중이라는 연락이 왔어요. 제가 절에서 일요법회 법문을 하고 다음날 내려가려고 하니까 벌써 임종하셨다는 연락이 다시 왔어요. 그런데 아주 편안하게 가셨다고 하더군요. 내려가서 입관할 때 얼굴을 뵈니 너무 편안하게 미소 띤 표정이었어요. 그래서 제 맘도 참 편안했습니다. 평상시 그렇게 원을 세우면 편안한 죽음을 맞이할 수 있어요.

이렇게 마지막 순간의 마음이 다음 생에 몸을 받는 데 원인제공을 하기 때문에 호스피스가 정말로 중요합니다. 돌아가시고 나서 49재를 잘 지내드리는 것도 의미 있지만, 그보다 더 중요한 건 돌아가시기 전에 잘 간호하고 마음을 편안하게 해드리는 것입니다.

_ 팔고八苦, 고통에 고통을 더할 때

생·로·병·사에 다시 네 가지 고통을 더한 것이 팔고八苦입니다.

애별리고愛別離苦 : 좋아하는 이와 헤어지는 괴로움
사랑하는 사람과 서로 잊지 못하고 그리워하면서도 오랫동안

미산 스님 초기경전 강의

떨어져 있는 고통, 또 언젠가는 아주 헤어져야 하는 괴로움입니다. 여러분이 지금 애지중지하는 자녀들, 앞으로 아무리 길어도 몇 십 년 후면 헤어져야 합니다. 요새는 젊은이들끼리 두세 달 사귀다가도 조금 맘에 안 들면 바로 헤어지더군요. 사람마다 다르겠지만, 아무튼 좋아하는 사람과 헤어진다는 것은 정말 큰 괴로움입니다.

원증회고怨憎會苦 : 싫은 이를 만나는 괴로움

원수처럼 미운 사람과 얼굴을 대면해야 하는 괴로움도 무척이나 큰 괴로움이지요. 예를 들어, 직장 상사가 꼴도 보기 싫을 정도로 미운데 날마다 만나야 하고, 자꾸 앞에서 왔다 갔다 하고 싫은 소리 하면 정말 괴롭겠지요. 싫어하는 친구도 마찬가집니다. 원수는 외나무다리에서 만난다고, 싫은데도 어쩔 수 없이 마주치게 되니 마음이 상하죠. 이게 괴로움입니다.

연애할 때는 죽고 못 살 정도로 좋아서 결혼했는데 한 집에서 살다 보니까 결점도 많이 보이고 자꾸 불만이 생기죠. 부부들 중에 서로 미워하면서도 같이 사는 경우도 많더군요. 이러면 같이 사는 것 자체가 엄청난 괴로움이에요.

어떤 분이 남편을 보면 치가 떨린다고 하더군요. 왜 그런지 이야기를 들어보니, 결혼한 지 얼마 안 되어서부터 남편이 계속 아내 마음에 상처 주는 말을 많이 했더군요. 친정이 가난하다는 둥, 형제가 어떻다는 둥…, 이렇게 결혼 초에 남편이 한 서운한 말들이 사라지지 않고 계속 마음속에 쌓인 거예요. 그것 때문에 싸우기도 많이 하고, 남편도 자기 잘못에 대해 반성도 하고 사과도 했대요. 그래서 그 후로 다시는 아내에게 상처 주는 말을 안 했는데도 불구하고, 세월이 많이 흐른 지금도 그때의 앙금이 사라지지가 않는대요. 오십대쯤 되면 여자 쪽 힘이 더 강해진다고 하잖아요. 이제는 부인이 주도권을 잡아서 남편도 아내 눈치 보면서 잘해주려고 많이 노력을 하는가 봐요. 그런데도 남편이 아무리 잘해줘도 여전히 미운 거예요. 결혼 초에 너무 많은 상처를 받은 것이 무의식에 박혀버려서 자기도 모르게 남편만 보면 미운 감정이 든다는 겁니다.

원증회고, 이걸 어떡해야 할까요? 우선 저 무의식 깊은 곳에 있는 것을 의식화해서 끄집어내고, 상대방을 미워한 부분에 대해 용서를 구하고 '미안합니다, 용서하세요, 감사합니다, 사랑합니다.' 이 말을 통해 세척하고 정화하지 않으면 이 괴로움에서 벗어날 수가 없습니다. 여러분 주위의 지인들 중에도 미워하는 사람 때문에 괴로운 경우가 너무 많지요? 그래서 인간관계가 중요한 것이고, 수행을 하지 않으면 이 괴로움에서 헤어날 수가 없어요.

구부득고 求不得苦 : 구해도 얻을 수 없는 괴로움

팔고 중 일곱 번째가 구부득고입니다. 원하는 것이 그대로 이뤄진다면야 인생살이가 얼마나 쉽겠습니까. 그런데 원하는 것이 안 이뤄져요. 뜻대로 되는 일이 많이 없으니 이 자체가 고통이라는 겁니다. 뜻대로 이뤄지도록 하려면 용심用心을 잘해야 합니다. 마음을 잘 쓰면 모든 것이 뜻대로 이루어집니다. 용심을 잘하지 못하면 구부득고에 빠져서 헤어 나오지 못합니다.

오음성고 五陰盛苦 : 오온을 나로 알고 취착하는 괴로움

여덟 번째, 오음성고. 초기경전에 보면 바로 이 '고'가 앞의 일

곱 가지 고통을 종합하는 괴로움입니다. 교학에서는 습관적으로 '팔고'라고 하는데, 실제 내용상으로 보면 칠고七苦인 셈이죠. 여덟 번째 고통 안에 앞의 일곱 가지가 다 뭉뚱그려져 있으니까요.

현장 법사 이전의 옛 번역에서는 '다섯 덩어리(빤짜 스칸다pañca skandha)'를 한자로 '오음'이라고 했어요. 그 이후의 번역에서는 이를 오온五蘊이라고 합니다. '오음＝오온'이죠. 색·수·상·행·식, 즉 몸과 네 가지 정신현상에 집착하는 것이 '고'라는 것입니다. 이걸 모르고 그냥 '오음성고'라는 한문 번역만 갖고 유추한다면 이런 뜻이 안 나오니 유의하세요. 빤짜pañca는 다섯, 우빠다나upādāna는 취取, 스칸다skandha는 온(혹은 음), 둑카는 고를 뜻합니다.

오음성고는 다름 아닌 '오취온고'입니다. 오온이 나인 줄만 알고 취착하는 데서 생기는 고통 말입니다. 그런데 종래에는 오온성고의 뜻을 '오온이 치성하니 이것이 고통이다.' 이런 식으로 번역해놨어요. 이는 정확하지 못한 옛날식 번역입니다. 빨리어를 제대로 해석해서 바른 뜻을 찾아보면, '다섯 가지 존재현상을 나라고 취착하면 그것이 고가 된다.'는 뜻입니다. 몸을, 내 느낌을, 내 개념작용, 의지작용, 분별작용을 '나'라고 취착하는 것이 고라는 거죠.

우리는 태어나 살아가면서 이 몸이 나라고 생각해요. 늙어갈 때, 병들 때, 죽어갈 때도 이 몸이 나라고 생각해요. 사랑하는 사람과 헤어진다면, '내'가 저 사람과 헤어진다고 생각해요. 미워하는 사람과 만날 때도 몸이나 느낌이 실제로 있어서 '내'가 만난다는 개념에 사로잡혀 있어요. 또 무엇을 강렬히 원할 때는 '내'가 그걸 원한다고 생각해요. 색·수·상·행·식을 나로 생각하고 나에 집착해서 모든 행위를 할 때, 그 행위는 고통을 양산할 수밖에 없다는 것이 '사고팔고'의 의미입니다. 이 가운데서도 핵심이 오온성고입니다.

어때요? 옛날식으로 번역하면 애매모호하지만, 원전대로 단어를 분석해서 뜻을 재해석하니 훨씬 더 명료해졌죠? 오온이 나라고 집착하면 그게 고통이라는 것을 잊지 마세요.

정리하자면, 고성제苦聖諦에서는 괴로움에 대한 정확한 인식이 불교 수행의 출발점임을 아는 것이 중요합니다. 고통을 여의고 안심입명安心立命을 얻기 위해서는 괴로움의 실체를 바로 알아야 합니다. 두려워하거나 회피해서는 안 됩니다. 그래서 사성제 법문을 설할 때 '고통에 직면하라'는 말을 하는 것입니다.

서양에 불교가 도입된 초창기의 사상가 및 철학자들이 불교를 가리켜 페시미즘, 즉 비관주의적이고 소극적인 종교라고 잘못 기술한 책들이 당시 나온 영어서적 중에 더러 있습니다. 그건 고성제의 정확한 의미를 몰라서 하는 말입니다. 불교는 페시미즘이 아니라 리얼리즘입니다. 여실히 보라는 겁니다. 존재현상을 있는 그대로 보도록 유도하는 가르침입니다. 고통에서 헤어날 수 있도록 말이죠.

집集과 멸滅,
원인과 소멸의 진리

사성제의 두 번째인 집성제集聖諦
는 고통의 원인에 대한 확실한 인식입니다. 지금 우리가 고통을 겪
고 있다면 왜 이 고통이 생겼는지 그 원인을 추적하는 겁니다. 경전
에 보면 '갈애渴愛(땅하tanhā)'가 모든 고통의 근본이라고 합니다. 이
갈애가 바로 인간의 근본 미혹으로 인한 욕망과 집착이에요.

_ 집성제, 고통의 원인을 보라

갈애는 크게 세 가지로 나눌 수 있어요. 첫째, 감각기관을 통해
서 좋은 것만 추구하는 욕애欲愛입니다. 눈으로 좋은 것만 보고 싶고
귀로 좋은 소리만 듣고 싶은 거지요. 두 번째는 유애有愛로서, 죽지
않고 살고 싶은 갈애와 집착, 즉 존재하고자 하는 욕망입니다. 영원

히 살고 싶은 것, 오래 살고 싶은 것, 이것은 근원적으로 생에 대한 집착이 있기 때문이죠.

그런데 이와는 정반대로 앞의 둘을 추구하다 더 이상 나아갈 수 없게 되었을 때 자포자기 상태에서 허무를 탐닉하는 것이 무유애無有愛입니다. 존재가 없기를 바라는, 즉 존재하지 않기를 바라는 애착. 이 무유애 때문에 자살을 하는 것입니다. 자살한 사람들은 거의 가 다 무유애를 즐긴 겁니다.

괴로우니까 자살했을 텐데 즐겼다고 표현하니 이상하죠? 살아 있을 때 뭔가 좋은 것을 갖고자 했는데 안 이뤄졌단 말입니다. 예컨대 큰 회사를 경영하다 갑자기 부도가 났다고 해보세요. 회사를 더 크게 키워서 돈을 많이 벌어 좋은 것만 가지고 행복하게 살려고 했는데, 그게 안 이뤄지고 빚만 쌓였으니 다급하고 허무해지는 거죠. '이 수치심을 어떻게 극복하나? 내가 스스로 이 한 목숨 끊어버리면 나는 더 이상 이 세상에 존재하지 않으니까 고통이 다 사라지겠지.' 이런 착각의 이면에는 잘못된 견해에 입각해서 허무를 탐닉하려는 마음이 깔려 있습니다. 쾌락주의와 허무주의, 이 양극단에 치우친 태도를 극복하는 것이 바로 집성제입니다. 우리가 이렇게 집착하고 있다는 것을 바로 보아 거기서 헤어나는 것입니다.

자살은 현실도피입니다. 어떤 언어로도 자살을 미화할 수 없습니다. 일본의 어느 문학가는 자살을 찬미했습니다만, 그것은 그분 생각이고 자살의 이면에는 이런 무유애가 도사리고 있다는 것을 알아야 합니다.

_ 멸성제, 해탈과 열반의 경지

멸성제滅聖諦는 괴로움의 원인인 갈애와 탐·진·치가 모두 사라진 해탈과 열반의 경지를 말합니다. 괴로움의 원인을 알아서 다 제거한 열반적정의 상태겠죠. 12연기를 바로 다음 강의에서 자세히 설명하겠지만, 12연기 역관逆觀의 결과는 무명이 소멸하는 데까지 가는 겁니다. 무명이 멸하면 명明의 상태가 나오죠. 어둠이 멸하면 빛, 그게 바로 멸성제입니다. 무상·고·무아의 진리를 완전히 체득해서 어떤 것에도 마음이 머무르지 않고 늘 평온한 상태를 유지하는 것을 말합니다.

괴로운 존재현상을 떠나 뚝 떨어진 열반적정의 세계가 따로 존재하는 것이 아닙니다. 사실 이런 이야기는 대승불교 쪽으로 옮겨가서 대승경전과 선불교의 선어록을 보면서 해야 합니다. 대승 쪽이 특히 이 부분을 매우 강조하고 있거든요. 여기서 대승불교 쪽과의 연결고리가 나오고, 이렇게 하여 초기불교에서 대승불교 공부로 넘어갈 수 있습니다. 열반 따로 있고 고의 세계가 따로 있는 게 아니라, 괴로움의 세계 자체가 바로 열반적정의 세계라는 것입니다.

어떻게 하면 그럴까요? 괴로움이 '무상·무아'라는 것, 즉 괴로워하는 내가 없음을, 괴로움이 영원히 지속되는 것이 아님을 직관하는 순간—대승불교에서 말하는 '공'함을 깨닫는 것— 그 자리가 열반적정의 자리라는 것입니다. 그래서 열반과 번뇌는 손바닥과 손등의 관계와 같다고 하는 거죠.

_ 법의 바퀴를 굴리시다

도성제를 이야기하기 전에 맨 처음에 언급한 〈초전법륜경〉을 합송해봅시다.

이와 같이 나는 들었다. 한때 세존께서는 베나레스에서 이시빠따나의 녹야원에 머무셨다. 거기서 세존께서는 다섯 비구를 불러서 말씀하셨다.

비구들이여,
출가자가 가까이하지 않아야 할 두 가지 극단이 있다.
무엇이 둘인가?
그것은 저열하고 촌스럽고 범속하고 성스럽지 못하고
이익을 주지 못하는 감각적 욕망들에 대한
쾌락의 탐닉에 몰두하는 것과
괴롭고 성스럽지 못하고 이익을 주지 못하는
자기학대에 몰두하는 것이다.

비구들이여,
이러한 두 가지 극단을 의지하지 않고
여래는 중도를 완전하게 깨달았나니
이 중도는 안목을 만들고 지혜를 만들며,
고요함과 최상의 지혜와 바른 깨달음과 열반으로 인도한다.

미산 스님 초기경전 강의

비구들이여,

그러면 어떤 것이 여래가 완전하게 깨달았으며,

안목을 만들고 지혜를 만들며, 고요함과 최상의 지혜와

바른 깨달음과 열반으로 인도하는 중도인가?

그것은 바로 여덟 가지 구성요소를 가진 성스러운 도이니,

바른 견해, 바른 사유, 바른 말, 바른 행위, 바른 생계, 바른 정진,

바른 마음챙김, 바른 삼매이다.

비구들이여,

이것이 바로 여래가 완전하게 깨달았으며,

안목을 만들고 지혜를 만들며,

고요함과 최상의 지혜와 바른 깨달음과 열반으로 인도하는

중도이다.

비구들이여,

이것이 괴로움의 성스러운 진리이다.

태어남도 괴로움이다. 늙음도 괴로움이다. 병도 괴로움이다.

죽음도 괴로움이다.

근심, 탄식, 육체적 고통, 정신적 고통, 절망도 괴로움이다.

싫어하는 대상들과 만나는 것도 괴로움이다.

좋아하는 대상들과 헤어지는 것도 괴로움이다.

원하는 것을 얻지 못하는 것도 괴로움이다.

요컨대 취착의 대상이 되는

다섯 가지 무더기 자체가 괴로움이다.

비구들이여,
이것이 괴로움의 일어남의 성스러운 진리이다.
그것은 바로 갈애이니,
다시 태어남을 가져오고 즐김과 탐욕이 함께하며
여기저기서 즐기는 것이다.
즉, 감각적 욕망에 대한 갈애, 존재에 대한 갈애,
존재하지 않음에 대한 갈애가 그것이다.

비구들이여,
이것이 괴로움의 소멸의 성스러운 진리이다.
그것은 바로 그러한 갈애가 남김없이 빛바래어
소멸함, 버림, 놓아버림, 벗어남, 집착 없음이다.

비구들이여, 이것이 괴로움의 소멸로 인도하는
도 닦음의 성스러운 진리이다.
그것은 바로 여덟 가지 구성요소를 가진 성스러운 도이니,
바른 견해, 바른 사유, 바른 말, 바른 행위,
바른 생계, 바른 정진, 바른 마음챙김, 바른 삼매이다.

비구들이여,
내게는 '이것이 괴로움의 진리이다.'라는,
전에 들어보지 못한 법들에 대한 눈이 생겼다. 지혜가 생겼다.
통찰지가 생겼다. 명지가 생겼다. 광명이 생겼다.
'이 괴로움의 진리는 철저하게 알아져야 한다.'라는,

미산 스님 초기경전 강의

전에 들어보지 못한 법들에 대한 눈이 생겼다. 지혜가 생겼다.
통찰지가 생겼다. 명지가 생겼다. 광명이 생겼다.
'이 괴로움의 진리는 철저하게 알아졌다.'라는,
전에 들어보지 못한 법들에 대한 눈이 생겼다. 지혜가 생겼다.
통찰지가 생겼다. 명지가 생겼다. 광명이 생겼다.

《상윳따 니까야》 6권 384~388

　　이 〈초전법륜경〉은 지금까지 공부한 경들 중에 가장 긴 경입
니다. 이 경의 내용도 보면 반복이 많이 되어 있어요. 처음 이 강좌
를 시작하면서 제가 반복이 매우 중요하다는 말을 했지요. 아까 읽
을 때 보면 한두 단어만 바뀌고 계속 반복이 됩니다. 이 경전이 암송
을 통해 성립되었기 때문입니다. 똑같은 어구를 단어 몇 개만 바꿔
서 계속 반복하는 것입니다. 우리도 반복되는 대로 이렇게 읽다 보
면 어느새 자연스럽게 암기가 되고 친근해집니다. 그렇게 경을 반
복해서 읽고 쓰다 보면 자기도 모르는 사이에 무의식에 각인이 되어
체화됩니다. 바로 그래서 사경寫經과 간경看經이 불교 수행에서 참
중요한 몫을 차지한다는 겁니다. 이렇게 독송을 같이 하거나 혼자서
하는 게 중요합니다.

　　스님들을 교육하는 기관인 강원講院에서도 강사스님이 강의를
하고 나면 글 내용을 해석합니다. 그리고 나서 한 번 죽 읽어요. 읽
은 다음에 수업이 끝나면 스님들이 나머지 시간에 수십 수백 번 같
은 문장을 계속해서 읽습니다. "부제불제불이 장엄적멸궁은…" 이

런 식으로 똑같은 문장을 가락을 붙여 반복해서 읽으면 한문의 뜻도 들어오고 자연스럽게 암기도 되고, 좋은 수행이 되지요. 번역된 한글 경전도 마찬가지입니다. 반복해서 읽을 때 처음에는 잘 모르던 것이 자기도 모르게 터득되는 경지를 맛볼 수 있습니다.

팔정도,
행복에 이르는 8가지 길

이제 도성제道聖諦에 관해 이야기
할 차례지요. 도성제는 팔정도입니다. 괴로움의 소멸에 이르는 길이
지요. 이 길로 부처님이 제시하신 것이 여덟 가지 바른 길, 팔정도입
니다.

〈초전법륜경〉에 부처님께서 두 가지 극단에 치우쳐서는 안 된
다고 말씀하셨습니다. 이 두 가지란 무엇인가? 첫째는 감각적 욕망,
즉 쾌락에 탐닉하는 것이라 했습니다. 둘째, 자기를 학대하고 자기
몸과 마음을 괴롭히는 것, 즉 고행이라 했습니다. 부처님은 이 고행
주의도 버렸어요. 6년간 심한 고행을 하셨거든요.

여기 법당에서 위로 계단을 올라가다 보면 세 번째 칸에 갈비뼈
가 앙상한 부처님상이 있지요. '육년고행상'이에요. 보세요. 부처님
이 얼마나 열심히 정진하셨는지. 제가 왜 그 상을 거기다 모셨는지 아
세요? 여러분도 이렇게 뼈가 보이도록 열심히 정진하시라고요.(웃음)

그런데 부처님께서 그 고행을 하고 나서 '아, 고행으로는 진리를 깨달을 수 없다. 이건 하나의 극단이다.'라는 깨달음을 얻으신 것입니다. 꼰단야 등 다섯 비구와 같이 고행하다 쓰러지신 부처님은 기어서 겨우 네란자라 강가에서 물을 얻어 드셨어요. 그리고 거기 있던 아리따운 수자따가 끓여드린 유미죽을 드시고 건강을 회복해서 심기일전하여 보리수 아래서 깨달음을 얻게 되셨죠. 그 광경을 보고 같이 수행하던 다섯 비구는 "사문 고타마는 우리와 같이 고행하다가 타락했다. 여인이 주는 죽을 먹고 저렇게 타락한 그의 모습을 보기 싫다. 떠나자." 하면서 자기들끼리 베나레스를 떠납니다.

부처님께서 깨달음을 얻으시고 맨 먼저 떠오른 것이 도반들이었습니다. 그래서 도반들을 찾아가셨는데, 다섯 비구의 눈에 저 멀리서부터 환한 빛이 비치는 게 보였습니다. 그러니까 부처님이 말씀하시기도 전에 자기들이 그 에너지와 빛에 감탄해 자기도 모르게 절을 했어요. 그때 부처님이 녹야원에서 첫 설법을 하신 것이 바로 〈초전법륜경〉입니다.

_ 팔정도는 불교 수행의 시작과 끝

앞에 읽은 경전 내용에 '빛이 난다'라는 부분이 있으니 한번 읽어봅시다.

전에 들어보지 못한 법들에 대한 눈이 생겼다.
지혜가 생겼다. 통찰지가 생겼다. 명지가 생겼다. 광명이 생겼다.

새로운 안목과 지혜와 혜안이 생긴 것입니다. 이렇게 정신적인 큰 변혁이 오면 그것이 몸에 나타납니다. 몸이 광채로 가득 차서 빛이 나지요. 그래서 나중에 부처님을 묘사할 때 금광명金光明이라고 한 겁니다. 연기법을 깨달은 후 처음 대한 다섯 비구들에게 부처님은 빛으로 보이죠. 그래서 그들은 부지불식간에 부처님께 절을 하고 귀의합니다. 〈초전법륜경〉에 그런 상황이 나와요. 이때 중도란 무엇인가를 설해주셨지요. 그 부분을 다시 한 번 읽어보죠.

이 중도는 안목을 만들고 지혜를 만들며,
고요함과 최상의 지혜와 바른 깨달음과 열반으로 인도한다.
비구들이여,
그러면 어떤 것이 여래가 완전하게 깨달았으며,
안목을 만들고 지혜를 만들며, 고요함과 최상의 지혜와
바른 깨달음과 열반으로 인도하는 중도인가?
그것은 바로 여덟 가지 구성요소를 가진 성스러운 도이니,
바른 견해, 바른 사유, 바른 말, 바른 행위, 바른 생계, 바른 정진,
바른 마음챙김, 바른 삼매이다.

이렇게 일일이 열거하고 있습니다. 이 팔정도가 불교 수행의 시작과 끝입니다. 어떤 불교 전통이든 이 팔정도의 범주 안에서 다 이루어집니다. 팔정도를 잘 이해하고 이 방법대로 실천하면 불교를 다 증득하게 됩니다. 이 팔정도 안에 연기 법문이 다 들어 있는데, 특히 중도中道에 주목하세요. 팔정도를 중도로 정의해놨지요. 중도가 왜 불교 수행에서 중요할까요? 중도란 양극단에 치우치지 않는 것입니

다. 그러니까 모든 존재현상을 원인과 조건의 차원에서 바라보고 판단해서 행동하는 것이지요. 그렇게 하면 연기적 결과가 나와요. 그런데 우리 중생들은 보통 한쪽에 치우쳐서 바라보고 판단하고 행동해요. 그 결과로 연기적 지혜나 자비행이 아니라 비연기적인 무지와 남을 해치는 난폭한 행동을 하게 되지요. 이것이 바로 우리가 경계해야 할 비불교적인 일입니다.

'그럼 중도라는 것은 양끝의 한 중간인가, 아니면 어중간한 것을 말하나?' 이렇게 생각할 수도 있는데, 그런 것은 중도가 아닙니다. 예를 들어, 이 펜의 입장에서 중도란 뭘까요? 이 펜의 중도는 글을 쓰는 겁니다. 펜이 잘 나와야 하죠. 지금 이 볼펜을 보세요. 잘 안 나오니 이건 중도가 아닌 겁니다. 또 다른 이 펜의 기능은 이렇게 레이저빔을 쏘는 거죠. 잘 쏘아지네요. 이건 중도가 되는 겁니다.

중도라는 것은 어떤 원인을 제공했을 때 여러 조건들에 의해 결과가 나오는 것입니다. 연기적 행위가 이뤄져 너도 좋고 나도 좋은, 상생하는 말과 생각과 행동이 될 때 이를 중도행中道行이라고 합니다. 이 중도행은 구체적으로 무엇일까요? 그게 바로 팔정도예요. 그럼 팔정도에 대해서 구체적으로 알아보겠습니다.

_ 팔정도의 구체적 이해

앞에 말한 사성제 중 네 번째인 도성제는 괴로움을 소멸하는 길인데, 이 길은 바로 여덟 가지 수행법이죠. 이것이 팔정도입니다. 팔정도는 불교 수행의 요체이자 종합 수행법이라고 할 만합니다. 이

여덟 가지 수행 덕목들은 서로 밀접하게 연관되어 있습니다. 수행의 핵심 사항들이 이 팔정도에 집대성되어 있습니다. 팔정도 수행의 출발점은 정념입니다. 바르게 마음 챙기려는 노력이 정정진입니다. 바른 정진이 지속적으로 이어져 집중 에너지가 형성되면 이것이 정정입니다. 행동으로 자비를 실천하는 덕목, 계율과 바로 관련되는 덕목이 정어, 정업, 정명입니다.

그래서 제가 상도선원에서 매주 열리는 일요 법회 이름을 '팔정도 법회'로 해야겠다고 생각하고 2008년부터 시작했습니다. 법회 때마다 팔정도의 한 항목씩을 주제로 정해서 한 주는 정견에 대해 다음 주는 정사유에 대해, 이렇게 두 달을 하니 8개 주제를 다할 수 있더군요. 그래서 다시 정견부터 시작했더니 처음에 많이 나오던 사람들이 세 번째 달부터는 점점 줄어들어요. 거 참 이상하다, 왜 그럴까 싶었지요. 잘 생각해보니, 제 작전이 잘못된 것이었습니다. 여덟 개의 주제가 미리 정해진 상태에서 빙빙 돌며 법문 주제가 되풀이되니, 듣는 사람들이 지겨워진 거지요. "아이구, 이게 또 반복되겠네. 인터넷에 다 올라와 있으니 읽어보면 되겠지. 들어보나마나 똑같은 법문일 거야." 이렇게 생각했을 겁니다. 실제로는 다른데 말이지요.

그래서 법회 기획팀과 회의를 해서 바꾸었죠. 이젠 제가 어느 법회에서 어떤 말을 할지 몰라요. 그렇지만 제가 하는 모든 말은 팔정도에서 하나도 벗어나지 않아요. 주제를 꼭 '정견'이라고 말하지 않아도 결국 정견에 대한 예도 들면서 이야기를 하는 거지요. 팔정도를 실천함이 불교 수행의 전부라고 할 수 있어요. 모든 법문이 이 범주에서 벗어나지 못합니다.

첫째, 정견正見

정견은 바른 견해입니다. 여기서 '바르다' 함은 아까 말한 중도를 이야기합니다. 빨리어 '삼마samma'를 '바를 정正'으로 번역했지만 다른 면으로 보면 '가운데 중中'도 됩니다. 치우친 견해를 갖고 있으면 안 돼요. 어떤 것이 영원히 존재한다고 보는 상견常見, 어떤 것은 영원히 존재하지 않는다는 단견斷見, 이 둘 모두 연기·중도적 관점에서 벗어난 견해입니다. 부처님은 이를 사견邪見, 삿된 견해라고 하셨어요. 모든 존재현상을 삼법인과 사성제의 관점에서 보아 명확한 통찰력을 얻는 것을 출세간적 정견이라고 합니다.

세간에서 정견이라고 하면, 이건 머리로 그냥 이해하는 것이지요. 그러나 출세간적 정견은 실제 자기 몸과 머리로 직접 체득해서 그대로 실천하는 것입니다. 출세간적 정견은 언제 얻어집니까? 우리가 수행을 잘해서 체험하였을 때, 즉 깨달음을 얻었을 때 옵니다. 옳고 그름을 판단하는 지적 능력은 어디까지나 세간의 입장입니다. 불법 수행의 첫걸음이 정견입니다. 어떤 가치관을 갖느냐, 어떤 삶의 태도와 방향성을 갖느냐가 모든 걸 결정해줍니다.

제가 종종 이런 비유를 듭니다. 대전 톨게이트에 부산으로 내려가는 방향과 서울로 올라오는 방향이 있어요. 원래 목적지는 서울인데 잘못해서 부산 가는 길로 들어서버리면 아무리 서울로 가려고 해도 갈 수가 없죠. 이럴 때 어떻게 해야 합니까? 얼른 다음 출구로 나가서 서울 쪽으로 방향을 틀어줘야지요.

삶의 태도와 방향이 틀리게 잡히면 아무리 불법 수행을 열심히 해도 증사작반蒸沙作飯, 즉 모래를 쪄서 밥을 지으려 하는 격입니다. 동쪽으로 가려다 실제로는 서쪽으로 가는 것이지요. 그래서 팔정도의 정견이 중요합니다. 제가 마음수행학교에서 강의하며 늘 강조하는 것이 정견을 갖자는 것입니다. 불교 수행을 30~40년씩 하고 매일 절에 다녀도 이 정견을 갖지 못하면 늘 1차적 신앙체계에서 머무를 수밖에 없어요. 아니면 계속 지식만 쌓아서 아는 것을 자랑이나 하고요. 삶에서 실천이 안 되면 정견이 아직 안 갖춰져 있는 것입니다. 정견이 있는 사람은 알고 있는 것을 삶 속에 실천해서 자기 삶을 변화시키는 힘을 갖춘 겁니다.

둘째, 정사유正思惟

바른 생각을 하는 것입니다. 생각할 바와 생각해선 안 될 바를 잘 구분해서 온화하고 청정하고 자비로운 생각을 하는 것입니다. 정사유는 정견의 바탕 위에서 할 수 있습니다. 우리는 하루에도 무수한 생각을 하고 삽니다. 연구해보니 앞에서도 말했지만 우리가 하는 오만 가지 생각 중에 85%는 부정적인 생각이랍니다. 시기, 질투, 자기비하, 남의 결점과 약점을 들춰내기… 이 많은 생각들 중에서 평균 15%만이 자기도 위하고 남도 위하는 좋은 생각이라고 합니다.

정사유는 생각할 바와 안 할 바를 잘 구분해서 항상 생각이 정리정돈되어 있는 것이고, 쓸데없이 남에 대한 나쁜 생각을 해서 의업意業을 짓지 않는 것입니다. 그래서 탐·진·치, 삼독의 영향을 받지 않고, 늘 깨끗하고 바르고 정직하게 남을 사랑과 자애와 연민으로 보살펴주는 삶, 이것은 바로 정사유에서 나옵니다.

셋째, 정어正語

바른 말이죠. 바른 견해와 바른 생각에 입각해서 항상 깨어 있는 마음으로 언어 생활을 하는 것입니다. 거짓말, 남을 헐뜯는 말, 남에게 상처 주는 말, 쓸데없는 말, 이런 올바르지 못한 언어 행위를 자제하는 것이지요. 말이라는 것이 입 밖으로 나가면 바로 시비와 갈등을 빚어내기 십상입니다. 그래서 말의 흐름을 잘 관찰해서 잘못된 구업을 짓지 않고, 더 나아가 진실한 말, 남을 이롭게 하는 말, 화합하게 하는 말을 하도록 노력하는 것이 팔정도의 세 번째입니다.

그래서 상도선원 팔정도 법회 때는 〈슬기로운 말의 주인이 되기 위한 명상 발원문〉을 다 같이 읽지요. 그 글에 보면 이런 종류의 말들을 종합해 놓았습니다. 사실은 이 발원문의 초안은 영국에서 유학하고 있을 때 미국에 계시는 지인께서 엽서에 이 아름답고 의미 깊은 시를 적어 보냈어요. 그분께 감사의 말씀을 드리고 제가 조금 변형해서 활용하겠다고 허락을 받고 팔정도 법회의 발원문 중의 하나로 쓰고 있지요. 그런데 얼마 전에 인터넷을 보다 보니, 이 시의 원래 출처는 이해인 수녀님의 〈말을 위한 기도〉이더군요. 여기에 밝히고 쓰는 것이 좋을 것 같네요. 수녀님께 감사드립니다.

제가 이 세상에 태어나 수없이 뿌려놓은 말의 씨앗들이
어디서 어떻게 열매를 맺었을까? 생각해 봅니다.
무심코 버린 말의 씨앗일지라도
그 어디선가 뿌리를 내렸을지도 모른다고
생각하면 왠지 두렵고 불안합니다.

더러는 허공으로 사라지고
더러는 다른 이의 가슴속에서 좋은 열매를

또는 언짢은 열매를 맺기도 했을 언어의 나무

매일 돌처럼 단단히 결심은 해도
슬기로운 말의 주인이 되기는 얼마나 어려운지 모릅니다.
향기롭고 지혜로운 말의 주인이 되기 위해
먼저 침묵하는 지혜를 깨우쳐야 되겠습니다.

거짓된 말 한마디가 삶을 헛되게 하고 (거짓말)
진실된 말 한마디가 삶을 알차게 합니다. (진실한 말)
허영에 찬 말 한마디가 근심과 두려움을 주고 (삿된 말)
신념에 찬 말 한마디가 희망과 광명을 줍니다. (광명의 말)
부주의한 말 한마디가 싸움의 불씨 되고 (이간의 말)
칭찬의 말 한마디가 삶의 길을 평탄케 합니다. (화합의 말)
잔인한 말 한마디가 삶을 파괴하고 (험한 말)
사랑 담긴 자비의 말 한마디가 삶을 복되게 합니다. (부드러운 말)
겸허한 말 한마디가 우정을 두텁게 하고 (겸허한 말)
덕스러운 말 한마디가 편안함과 넉넉함을 줍니다. (계-도덕적인 덕
스러운 말)
차분한 말 한마디가 고요함을 자아내고 (고요한 말)
깊이 있는 말 한마디가 잔잔한 기쁨을 줍니다. (정-사색의 말)
때에 맞는 위트 있는 말 한마디가 긴장을 풀어주고 (재미있는 말)
조리에 맞는 말 한마디가 지혜를 자아냅니다. (혜-슬기로운 말)

나날이 새로운 마음, 깨어있는 마음,

그리고 감사한 마음으로 좀 더 신선하고 분별력 있으며
겸허하고 인내로운 말로 밝고 풍요로운 언어생활을 하겠습니다.
그리하여 해처럼 맑게 빛나는 삶,
노래처럼 즐거운 삶을 살아가겠습니다.
나무 시아본사 석가모니불

우리 삶에서 언어가 차지하는 부분은 참으로 많습니다. 말 때문에 사이가 틀어지는 경우가 얼마나 많은가요. 그러니 바르게 말하는 법을 배워야 합니다. 아내가 남편에게, 남편이 아내에게, 부모가 자식에게, 자식이 부모에게 말하는 법이 잘못된 경우가 비일비재해요.

말하는 법도 잘 배워야 합니다. 언제 제가 지혜롭게 말하는 법에 대한 특강을 해볼 생각입니다. 사람들이 이 문제로 너무 많은 상처를 주고받거든요. 제가 아까 상담했던 법우님도 말 때문에 큰 상처를 받았다고 해요. 사람들이 실제 마음은 부드럽고 좋은데, 말은 꼭 안 그렇게 해요. 실없는 말, 심한 말로 상처를 주고받는 것이지요.

구업을 짓지 않으려면 이렇게 해보세요. 될 수 있으면 말하기 전에 3초간 생각하는 습관을 가져보세요. 그렇게 하면 거친 말을 부드럽게 할 수 있고, 직선적인 말은 돌려서 할 수 있고, 거짓말을 하려다가도 참말을 할 수 있습니다.

넷째, 정업正業

바른 행위가 정업입니다. 정어에서 나온 언어적 행위 외에 몸으로 하는 모든 행위도 올바르게 하는 것입니다. 산 생명을 죽이고 도둑질하고 음란한 행동을 하고 술에 취하는 등 몸으로 짓는 신업

身業을 경계하라는 것입니다. 여기엔 하지 말라는 측면만 있는 것이 아니라, 생명을 살리고 남에게 베푸는 자비로운 행동을 하라는 뜻도 됩니다. 우리는 몸으로 많은 업을 짓지요. 우리도 모르는 살생을 하기도 하고 남이 주지 않은 것을 훔치기도 하고, 욕정이 넘쳐 삿된 음행을 하기도 합니다. 이런 행위들을 올바르게 하는 것이 중요합니다.

다섯째, 정명正命

규칙적이고 건전한 생활을 하고 올바른 직업을 통해 정당하게 의식주를 구하는 것이죠. 직업윤리를 잘 지키면서 생계를 꾸려가는 것, 이것이 불자 생활의 중요한 중도행입니다. 물론 살다보니 어쩔 수 없이 이 정명에 어긋나는 직업을 가진 분도 계실 겁니다. 그런 분들은 더욱 참회하고 될 수 있으면 업종을 바꾸려는 원을 세워서 생활하시라고 권해드립니다.

그러면 혹시 '세상살이에서 그렇게 힘든 일은 남들이 하도록 놔두는 게 보살인가?' 라고 반문할 수도 있겠지요. 보살 이야기는 보살이 된 차원에서 할 이야기고, 아직 수행 단계에 있을 때는 어디까지나 수행에 좋은 환경을 스스로 마련하는 것이 중요합니다. 맹모삼천지교라는 말도 있지 않습니까. 좋은 환경에 좋은 도반들이 있으면 그것에 의해 공부가 저절로 될 테니 말입니다.

여섯째, 정정진正精進

바른 노력입니다. 법회 때 항상 부르는 찬불가 가사 중에 '정진하세, 정진하세, 물러남이 없는 정진'이라는 말이 있지요. 반야 지혜를 개발하여 유지하려는 노력, 이것이 정정진입니다. 아무리 바른 생활을 하겠다고 마음먹고, 바른 견해를 가지고 바른 생각, 바른 말을 쓰려고 결심해도 이를 실천하려는 노력과 정진이 없으면 이뤄지지 않지요. 그래서 정진이 중요합니다. 매일 꾸준히 똑같은 것을 싫증내지 않고 반복하는 것이 정진입니다. 여기서 법문 듣고 공부하면서, 내일 아침에는 일찍 일어나 경전을 읽고 수행하고 숙제도 하고 열심히 해야겠다고 마음은 먹죠. 그런데 마음먹은 것처럼 안 되는 경우가 대부분이죠. 그건 정진심이 약해서 그래요.

이 정진심을 키우려면 용기를 내야 합니다. 그리고 강하게 동기부여를 해야 해요. '불교 수행을 열심히 해서 질적으로 변한 사람들이 많이 있다. 내 도반은 이미 수행을 통해 크게 깨달아 남을 돕고 평정심으로 편안한 삶을 살아간다. 그런데 나는 왜 못 하나? 나도 꼭 그렇게 해야지.' 이런 분심忿心을 내는 것이 정정진입니다. 특히 간화선에서 이 분심은 매우 중요합니다.

일곱째, 정념正念

'바른 깨어 있음, 바른 마음챙김, 바른 관찰, 바른 주의집중, 바른 지킴, 바른 기억' 등 여러 가지로 번역됩니다. 예전에는 '염念'을 글자 그대로 '생각'이라고 여겨서 '바른 생각'이라고만 번역했습니다. 그런데 최근에는 소장파 학자들이 유학을 다녀오고 원전을 읽으면서, '정념'이라는 말이 본뜻과 달리 잘못 번역되어 있다는 것을 알고 여러 번역어를 만들어냈습니다.

이 중에서 제가 주로 쓰는 번역어는 '바른 깨어 있음', '바른 마음챙김', 두 가지입니다. 앞의 다른 것들도 나름대로 의미는 통하지만, 정념의 정확한 뜻과 핵심적 의미를 드러내지는 못합니다. 그래서 제가 추천하는 것은 위 두 가지예요.

왜 이렇게 번역되어야만 할까요? 이 '염'이라는 말은 위빠사나 수행, 사념처 수행, 혹은 사마타 수행을 할 때 두루 쓰이는 핵심 개념입니다. 빨리어로는 '사띠sati', 산스크리트어로는 '스므르띠smṛti'라고 하지요. 이 두 단어는 '기억'이란 뜻인데, 불교 이전 브라만교 전통에서는 '기억'이라는 뜻으로 아주 강력하게 쓰였습니다. 왜냐하면 브라만 전통이라는 것이 전부 힌두교 경전인 4베다를 달달 외우는 '기억'의 전통이거든요. 그래서 인도 철학사를 보면 브라만 전통을 스므르띠 전통이라 하고, 비非 브라만 전통을 비 스므르띠 전통이라고 부릅니다. 그러니까 힌두·브라만 전통에서는 기억이라는 말이 맞는데, 이것이 불교의 맥락 안으로 들어오면 달라지지요.

부처님은 사띠라는 말을 수행언어로 쓰십니다. 물론 이때 사띠에는 기억이라는 뜻도 분명 포함되어 있습니다. 그러나 수행에서 사띠라는 말을 쓸 때는 과거의 것을 끄집어내어 외운다는 뜻이 아니라 '지금 현재 깨어 있는 마음'을 말합니다. 한문의 '염念'자를 잘 보세요. '이제 금今'자에 '마음 심心'자, 그러니까 '지금 여기에 깨어 있는 마음'입니다. 지금 어떤 명상의 대상, 수행 대상—화두면 화두, 호흡이면 호흡—에 밀착해서 그것을 놓치지 않는 마음이 '염'입니다.

수행, 특히 사마타(삼매) 수행을 할 때 중요한 것은 하나의 대상에 완전히 마음을 밀착해서 끝까지 놓치지 않고 '챙기는' 것입니다. 위빠사나 관법 수행을 할 때는 순간순간 무수히 일어났다 사라지는 대상들을 놓치지 않고 연속해서 밀착해보며 '챙기는' 것입니다. 이게 위빠사나에서 사띠의 의미입니다. 두 경우 다 '챙긴다'는 것이 핵심이죠.

팔정도에서도 간화선에서도 사띠는 매우 중요합니다. 염불 수행을 할 때도 사띠가 중요한데, 염불念佛의 '염'자가 바로 이 사띠를 뜻합니다. 부처님을 대상으로 놓치지 않고 끊임없이 붙들어 밀착해 있다는 것, 그래서 '염불'입니다. 간화선의 경우는 화두를 놓치지 않으면 이게 의정으로 변해 의정이 우리 몸의 70조 세포에 가득 차고, 완전히 의심덩어리가 된 몸과 마음 전체가 의단疑團으로 변했을 때, 바로 그때 완전한 삼매가 형성되고, 여기서 굉장히 강한 사띠가 형성됩니다. 간화선의 중요 포인트도 여기 있습니다.

화두를 아무리 강하게 잡고 끝까지 밀어붙여도 전혀 병통이 없는 것은 사띠의 힘 때문입니다. 삼매나 지혜는 너무 한쪽으로 치우치면 바로 균형이 깨지지만, 사띠는 수행의 중심에 해당하기 때문에 마치 지렛대의 받침대처럼, 저울의 중심처럼 아무리 강해도 전혀 이상이 없어요. 이게 바로 《청정도론》에 나오는 이야기입니다. 《청정도론》에서 이 부분을 읽어보겠습니다.

마음챙김은 모든 곳에서 강하게 요구된다.
마음챙김은 마음이 들뜸으로 치우치는
믿음과 정진과 통찰지로 인해
들뜸에 빠지는 것을 보호하고,
게으름으로 치우치는 삼매로 인해
게으름에 빠지는 것을 보호한다.
그러므로 이 마음챙김은 모든 요리에
맛을 내는 소금과 향료처럼,

모든 정치적인 업무에서 일을 처리하는 대신처럼

모든 곳에서 필요하다.

그래서 어느 경전에 아래와 같이 전한다.

"마음챙김은 모든 곳에서 유익하다고 세존께서 말씀하셨다.

무슨 이유인가?

마음은 마음챙김에 의지하고,

마음챙김은 보호로 나타난다.

마음챙김이 없이는

마음의 분발paggaha 절제niggaha란 없다."라고.

《청정도론》IV. 49

사띠는 아무리 강해도 탈이 없다는 말씀입니다. 사띠는 모든 수행의 핵심 덕목입니다.

여덟째, 정정正定

정정은 바른 선정입니다. 마음을 바르게 한곳에 집중하여 삼매를 유지하는 것입니다. 그래서 흔들림 없이 평정한 마음상태, 마음의 요소들이 하나의 대상에 고르게 집중된 상태를 유지하는 것입니다. 다시 경전으로 돌아가 봅시다.

비구들이여,

내가 이와 같이 세 가지 양상과 열두 가지 형태를 갖추어서

네 가지 성스러운 진리를 있는 그대로 알고 보는 것이

지극히 청정하게 되지 못하였다면

나는 위없는 바른 깨달음을 실현하였다고

신과 마라와 범천을 포함한 세상에서

사문·바라문과 신과 사람을 포함한 무리 가운데서

스스로 천명하지 않았을 것이다.

비구들이여,

그러나 내가 이와 같이

세 가지 양상과 열두 가지 형태를 갖추어서

네 가지 성스러운 진리를 있는 그대로 알고 보는 것이

지극히 청정하게 되었기 때문에

나는 위없는 바른 깨달음을 실현했다고

신과 마라와 범천을 포함한 세상에서

사문·바라문과 신과 사람을 포함한 무리 가운데에서

스스로 천명하였다.

그리고 내게는

'나의 해탈은 확고부동하다. 이것이 나의 마지막 태어남이며,

이제 더 이상의 다시 태어남再生은 없다.'는 지와 견이 일어났다.

—

《상윳따 니까야》 6권 389~390

이게 바로 '3전(시전·권전·증전)12행상'이라는 것입니다. '3전×4
성제=12' 해서 12행상行相이 된다고 했지요. 이걸 여기서 다시 보
셔야 합니다. 그럼 3전 부분을 구체적으로 읽어보죠.

> 비구들이여 내게는
> '이것이 괴로움의 진리이다.'라는
> 전에 들어보지 못한 법들에 대한 눈이 생겼다.
> 지혜가 생겼다. 통찰지가 생겼다. 명지가 생겼다.
> 광명이 생겼다.
> '이 괴로움의 진리는 철저하게 알아져야 한다.'는
> 전에 들어보지 못한 법들에 대한 눈이 생겼다.
> 지혜가 생겼다. 통찰지가 생겼다. 명지가 생겼다.
> 광명이 생겼다.
> '이 괴로움의 진리는 철저하게 알아졌다.'는,
> 전에 들어보지 못한 법들에 대한 눈이 생겼다.
> 지혜가 생겼다. 통찰지가 생겼다. 명지가 생겼다.
> 광명이 생겼다.
>
> —
> 《상윳따 니까야》6권 387∼388

'비구들이여, 이것이 괴로움의 진리이다.' 이렇게 보여주는 것
이 시전示傳입니다. '이 괴로움의 진리는 철저하게 알아져야 한다.'
이것이 권전勸傳입니다. 알아야 한다, 이해되어야 한다고 권하는 것

이죠. 영어로 하면 'to be understood'. 이 거룩한 진리가 수행을 통해 온전히 이해되어야 한다. 그러니까 수행을 권한다는 의미에서 '권전'입니다. 그 다음이 '이 괴로움의 진리는 철저하게 알아졌다.' 이게 증전證傳입니다. 'has been understood', 현재완료 시제죠. 그러니까 이미 증득되었다는 것입니다.

시전, 권전, 증전, 셋을 삼전三傳이라 합니다. 그런데 고성제 말고도 집성제가 있고 멸성제가 있고 도성제가 있죠. 각 성제마다 시전, 권전, 증전을 다 한 번씩 적용할 수 있어요. 그래서 앞에 말했듯이 3곱하기 4를 하면 12행상이 된다는 것입니다. 부처님은 사성제를 이 12행상으로 온전히 깨달아 안목이 생겼고, 앎과 지혜, 참다운 혜안과 광명이 나타났다고 설하십니다.

_ 팔정도와 삼학

이제 마지막으로 팔정도와 삼학三學을 말씀드리겠습니다. 삼학이란 계戒·정定·혜慧입니다. 팔정도는 삼학으로 다시 정리해볼 수 있습니다. 계에 해당하는 것이 정업·정어·정명이고, 정에 해당하는 것이 정정진·정념·정정, 혜에 해당하는 것은 정견·정사유입니다. 팔정도의 각 덕목을 이렇게 계·정·혜 삼학에 서로 대응시킬 수 있습니다. 또 수행 내용에 따라서 다음 세 가지 영역으로 나눌 수도 있습니다.

첫째, 올바른 견해를 갖는 것. 이것은 팔정도 중 정견과 일치합니다. 이렇게 불교 기본 교리를 듣고 공부해서 바르게 이해하여 견해를 정립하는 것이 정견이죠.

둘째, 실천적 노력을 하는 것. 정견에 입각해 삶의 여러 측면에서 꾸준히 힘쓰는 것을 말합니다. 그러니 정사유에서 정정진에 이르는 것이 노력이죠.

셋째, 체험적 수행인데, 이에 바로 연결되는 것은 정념과 정정입니다. 정념을 통해 자기 몸과 마음을 깊이 관찰해서 번뇌의 생멸을 체험하고 정정(바른 삼매)을 통해 제대로 집중하여 모든 번뇌에서 벗어난 적멸의 경지를 체험하는 것입니다.

그래서 팔정도에 모든 게 다 포함되어 있다고 하는 것입니다. 예컨대 정정에서 색계 사선, 무색계 사선, 이런 건 실제로 사마타 수행을 하다 보면 다 나옵니다. 정념, 즉 바른 마음챙김을 통해 간화선 수행도 얼마든지 잘 끌어갈 수 있으며, 정정 즉 삼매의 요소들도 간화선에 다 들어 있습니다. 또 정견을 구성하는 중도·연기·공의 관점을 간화선에서도 가장 중요시합니다. 그러니까 모든 수행법의 바탕이 팔정도라고 하는 거죠. 팔정도 수행의 완성은 괴로움의 소멸이며, 모든 것은 연기적으로 존재하고 있음을 확연히 체득하는 것입니다.

연기법을 체득함은 지혜의 완성입니다. 지혜란 팔정도의 첫 번째인 정견을 온전히 갖춘 상태입니다. 연기를 확실히 깨달은 상태를 지혜라 하며, 지혜는 자비의 실천을 전제로 합니다. 그러니까 지혜의 성취와 자비의 실천은 불교 수행의 완성을 의미하지요.

세속적으로 기억력이 좋고 똑똑하다면 이 사성제, 팔정도를 순서 따라 금방 습득하고 '정념, 정사유, 정어…' 이렇게 달달 외울 수는 있을 겁니다. 그러나 그렇게 팔정도를 입에 달고 머리로 외우고 살아도 소용없어요. 직접 자신의 괴로움이 소멸하는 데까지 가지 못한다면 말입니다. 비록 우리가 이번 생에서 번뇌의 불을 다 끄고 윤회를 벗어나지는 못한다 해도, 수행을 통해 사성제와 팔정도를 깊이 체득하여 늘 평정심으로 이웃에게 회향하는 삶이 되어야만 부처님이 이 설법을 하신 의미를 살리는 것입니다. 그래서 상도선원에서는 매주 일요일 팔정도온가족법회를 열어 팔정도 실천에 매진하도록 합니다. 다음은 매주 일요법회에서 스님들과 법우들이 합송하는 팔정도 발원문입니다.

팔정도 발원문

부처님께서 가르쳐주신 여덟 가지 바른 길을 따라 걸어가기를 이 자리에서 마음 다해 서원하옵니다.

정견正見, 바른 견해를 갖고 살겠습니다.
바른 관점으로 바른 가치관을 세워 연기법을 관찰하겠습니다.
무상·고·무아의 진리를 삶 속에서 실천하겠습니다.

정사유正思惟, 바른 생각으로 아집을 내려놓고 평화로운 삶을 살겠습니다.
내 마음을 오염시키는 아집의 뿌리가 탐·진·치임을 늘 자각하겠습니다.
탐착과 혐오의 마음을 내려놓고 평정의 마음을 갖겠습니다.

정어正語, 밝고 조화로운 언어생활을 하겠습니다.
진실한 말, 광명의 말, 화합의 말, 사랑 담긴 자비의 말로
행복한 삶을 살겠습니다.

정업正業, 바른 행동으로 몸과 입과 뜻의 삼업을 맑게 하며 살겠
습니다.
중생의 고통과 함께하는 정의로운 삶을 살겠습니다.
바른 실천으로 개인생활과 사회제도에서 불교적 가치를 실현하
겠습니다.

정명正命, 바른 직업을 영위하며 살겠습니다.
사회에 해악을 끼치는 직업으로 돈을 벌지 않겠습니다.
재화는 중생들의 노고가 모여 생산된 것이기에 보시하는 삶을
살겠습니다.

정정진正精進, 바른 정진을 하며 살겠습니다.
물러남이 없는 용맹 정진으로 선을 키우고 불선을 없애겠습니다.
부처님 법에 따라 끝까지 걸어갈 힘을 스스로 늘 만들겠습니다.

정념正念, 바른 마음챙김을 하고 살겠습니다.
지금 여기에서 늘 깨어 있는 마음으로 수행의 대상을 놓치지 않
겠습니다.
일상에서 삼매와 지혜를 증장하는 수행을 꾸준히 하겠습니다.

정정正定, 바른 삼매에 들어 고요하고 맑은 삶을 살겠습니다.
맑은 호수의 물처럼 무념무상의 마음으로 존재의 참모습과 하나가 되는 선정을 닦겠습니다.

자비와 지혜의 부처님,
저희들은 이와 같이 쉼 없는 팔정도 수행 정진으로 인드라망 생명존중 정신의 바탕인 연기법을 확실히 체득하여 언제나 상생의 삶을 살아가겠습니다.
겸손하고 선량하나 무력하지 않은 사람, 유능하나 오만하지 않은 사람이 되겠습니다.

항상 열린 삶의 자세로 우리 시대의 가치를 새롭게 열어가는 선지식으로 거듭 나기를 간절히 발원하옵니다.

저희 팔정도 수행불자들은 부처님 가신 길을 따라
무상정각을 이루어 불국정토를 향한 바른 전법수행으로 자비를 실천하겠습니다.

나무 석가모니불
나무 석가모니불
나무 시아본사 석가모니불

6강

업과 윤회,
그리고
12연기

모든 존재현상이 연기적으로 있기 때문에 그렇습니다.
연관성 속에서 존재가 존재로서 나타나고,
또 연관성이 흩어지면 존재가 없어진다는 것,
이것을 부처님은 '연기중도緣起中道'라고 표현하셨습니다.
상주론과 단멸론이라는 양 극단을 떠나 설하신 것이 연기중도이고,
이 연기중도의 구체적 내용이 바로 12연기입니다.

업과
윤회

사성제까지 공부하고 나니, 다시 연기법에 대한 이야기로 돌아가지 않을 수 없네요. 왜냐하면 제가 처음에도 말씀드렸듯이 부처님 깨달음의 요체가 바로 연기법이기 때문입니다. 초기경전을 설명하고서 바로 연기법 이야기로 이 강좌를 시작했다면, 끝 강의는 연기법의 생활 속 실천에 대한 이야기로 마감할 것입니다. 그 마감을 위해 연기법을 깊이 있게 알아보고 이해하려는 노력이 6강의 주제입니다.

불교 교리를 공부하다 보면 들을 때는 알 것 같다가도 돌아서면 이해 안 되고 어렵지요? 또 다른 책을 찾아보고 혼자 공부를 하면서도 '도대체 12연기가 뭔가?' 뚜렷하게 잡히는 것 없이 자꾸 의문점만 남고는 하지요? 12연기를 잘 이해하기 위해서는 업과 윤회가 무엇인가에 대한 이야기부터 먼저 해야겠습니다.

_ 업이란 무엇인가?

우리말에는 '업'이 들어가는 단어가 꽤나 많습니다. 생업, 수업, 직업, 창업, 작업, 영업. 아무래도 우리 민족이 불교 문화권 속에서 오래 살아왔기 때문에 이런 말이 생활 속에 많이 녹아 있는 것입니다. 일이 잘 안 풀리거나 속상한 일이 생기면 "아휴, 내가 무슨 업장이 두터워서…." "업보가 많아서…." 이런 말들을 무심결에 하잖아요. 이때 말하는 업이란 무엇일까요?

예컨대, 참선 수행할 때 나타나는 여러 가지 현상들을 객관적으로 지켜보면, 업력業力이라는 단어가 마음속을 떠나지 않습니다. 업력이란 '업의 힘'입니다. 빨리어로는 '깜마 웨가'라고 합니다. '깜마'는 업, '웨가'는 강한 바람 같은 압력, 힘을 말합니다. 깜마는 동사 kṛ(만들다, 형성하다)'에서 파생된 명사입니다.

우리가 살고 있는 존재계 전체, 특히 눈으로 볼 수 있고 귀로 들을 수 있고 코로 냄새 맡을 수 있는 오감으로 인식할 수 있는 영역의 모든 것은 만들어진 것, 형성된 것입니다. 그래서 이를 유위법, 즉 '함爲'이 있는 법이라 합니다. 한다는 것이 있기에 시작과 끝이 늘 내포되어 있습니다. 유위법의 세계는 항상 이런 업의 에너지, 즉 업력이 우리 삶을 매우 강한 추동력으로 이끌어갑니다.

불교에서는 이 업이 세 가지 방식으로 형성된다고 봅니다. 첫째 몸을 통해, 둘째 말을 통해, 셋째 뜻을 통해. 사람은 몸을 통해 업을 짓고 살아왔어요. 몸으로는 어떤 업을 짓지요? 좋은 업도 많이 짓죠. 우리가 사는 이 세계는 기세간器世間, 즉 큰 그릇 같은 세계입니다. 우리가 서로 돕고 서로의 생명을 존중하고 좋은 업을 짓고 사는 인간세계입니다. 우리는 이 큰 그릇 속에서 몸을 통해 남에게 베풀기도 합니다. 또, 결혼 약속을 한 배우자 이외의 다른 사람과 성적으로 접촉하지 않는 청정범행을 닦아가는 것도 몸을 통해 짓는 선업입니다. 반대로 몸을 통해 많은 생명체를 고의적으로 혹은 모르는 체 살생하는 업을 짓기도 합니다. 남의 물건을 훔친다거나 한 공간에서 같이 사는 배우자나 자식을 때린다든가 하는 일도 모두 몸을 통해 짓는 악업들입니다.

말로도 끊임없이 업을 짓고 있습니다. 진실한 말을 하는 사람들이 우리 주위에는 많이 있어요. 서로 용서하고 화해시키기 위해서 말하는 사람이 있는 반면, 서로 이간질시키고 남을 현혹하고 사이비 수행법이나 종교에 끌어들이려고 달콤한 말로 유혹하는 기어綺語를 하는 사람도 있지요. 귀에 거슬리는 거친 언어를 쓰기도 하고 부드러운 말을 쓰기도 하면서 말로 좋고 나쁜 업의 에너지를 축적해가고 있습니다.

뜻으로도 계속 업을 짓는데, 이게 바로 항상 말하는 탐·진·치입니다. 갈구하고 집착하는 마음이 탐심입니다. 자기를 중심으로 이롭거나 이롭지 않다고 생각하고 좋아하는 것이 아닐 경우엔 밀쳐내는 마이너스 에너지가 진심입니다. 이 둘 중 하나에 해당하지 않을 때는 마음이 밝지 못하고 혼몽한 상태인데, 이를 치심이라 합니다. 우리는 끊임없이 몸과 말과 뜻으로 계속 업을 지어가는 존재입니다. 이 중에도 가장 대표적인 게 마음으로 짓는 업입니다. 마음으로 짓는 탐·진·치, 삼독이 바탕이 되어 입과 몸으로도 업을 짓게 되죠.

업에 대해 충분히 이해해야 연기법을 깊이 있게 이해할 수 있습니다. 이런 악업들은 지워지지 않고 기록됩니다. 특히 강한 업일수

록 확실하게 기록되는데, 도대체 어디에 기록되는 것일까요? 유식
唯識의 입장에서는 업이 식識에 저장되어 있다가 조건이 형성되면
밖으로 뛰쳐나온다고 봅니다. 프로이트는 이를 무의식, 잠재의식이
라고 합니다.

업은 태어나면서부터, 더 거슬러 올라가면 어머니 뱃속에 잉태
되는 순간부터 짓는다고 생각하면 되겠습니다. 그러면 우리가 태어
나기 전에는 어떤 업이 있을까요? 바로 이것이 윤회에 대한 이야기
를 하지 않고는 대답하기 힘든 부분입니다.

부처님께서는 연기법을 깨닫는 과정에서 식과 명색에 관한 부
분에서 좀처럼 진전을 못 이루시다가 그 상태에서 계속 사유하여 한
발자국 나아가니 직관적으로 '식 이전에 행이 있다'는 것을 깨달으
셨습니다. 그래서 더 깊이 있는 심식의 세계에 들어가 행의 원인이
'무명'이라는 것을 확인하는 순간, 12연기 전체를 재구성해서 깨달
은 내용을 제자들에게 설명하시게 된 겁니다. 구체적인 12연기 내용
은 조금 후에 알아보기로 하고, 윤회가 무엇인지부터 알아봅시다.

_ 불교의 윤회, 힌두교의 윤회

윤회는 불교뿐만 아니라 인도의 브라만 사상에서도 이야기됩
니다. 또 서양에서도 아리스토텔레스, 플라톤의 고대 철학 사상에
서도 윤회 사상이 다른 차원의 형식으로 나오고 있습니다. 조로아스
터교도 마찬가지고, 고대의 종교와 사상에는 어느 정도 윤회와 관련
된 체계들이 갖춰져 있습니다. 비잔틴 제국의 콘스탄티누스 대제가

그리스도교를 공인하면서 그런 것을 정리하여 현재의 기독교 사상이 성립되었다고 볼 수 있죠. 불교는 고대 인도 사상과 분리되어서 발전한 종교가 아니기 때문에 브라만교의 영향을 받지 않을 수 없었죠. 그런데 불교에서 이야기하는 윤회는 브라만교에서 힌두교로 이어지는 윤회 사상과는 차원이 다릅니다.

브라만 사상에서는 브라만梵이라는 큰 창조신이 있으며, 그의 분신인 개체로서 아트만自我들이 있습니다. 인간이나 동물 같은 존재들이 그런 '개아'죠. 이 존재들이 자기 본성의 상태, 즉 '범'의 상태로 돌아가려는 욕구가 있지만 여러 가지 제약에 의해 돌아가지 못한다고 봅니다. 그래서 삼매 수행을 통해 '범아일여梵我一如', 전체인 '범'과 개체인 '아'가 하나 되는 방법을 가르칩니다. 그러니까 브라만 사상의 시각에서 보자면 개아는 계속 브라만으로 합일合一될 때까지 윤회하는 것이지요.

그런데 불교에서는 어떻게 이야기할까요? 우선 불교에선 '아트만'이라는 말을 안 씁니다. 아트만과 어원이 같은 빨리어 '아타atta'라는 개념은 브라만교와는 전혀 다르죠. 브라만교의 아트만은 '영구불변의 자아'라는 실체입니다. 그러나 불교의 삼법인 중에는 '아나타anattā', 즉 '무아'가 있습니다. 나라고 할 만한 내가 없는데 마치 오온이 자기인 것처럼 착각을 하는 겁니다. 다섯 덩어리가 인연 따라 뭉쳐 있는 것뿐인 '나'라는 것에 집착하기 때문에 이걸 진짜 '나'로 착각하여 신·구·의 삼업의 에너지로 뭉친 상태에서 이 생에서 다음 생으로 계속 윤회하게 된다는 것이 불교 교리입니다.

둘의 근본적인 차이가 뭐지요? 브라만─힌두교는 '아我'가 영구불변의 실체로 존재하면서 계속 윤회한다고 생각하는데, 불교에

선 이 '아'를 구성하는 색·수·상·행·식이 뭉쳤다 흩어지는 하나의 현상이지 영원불변의 실체로 존재하는 것은 아니라고 보는 겁니다.

그렇지만 앞서 얘기한 것처럼 '집착'이라는 것 때문에 그 다섯 무더기를 나로 오인하고 착각해서, 그 집착의 에너지는 현상으로 실제 존재합니다. 이 에너지와 이 업이 다음 생에 몸을 받는 원인으로 작용하고, 거기에 맞는 조건들이 형성되면 다시 태어나게 된다는 겁니다. 그래서 불교에서 말하는 윤회는 영어로 하면 'rebirth', 즉 '재생'입니다. 그런데 힌두교의 윤회는 'reincarnation'입니다. re는 '다시'라는 뜻이고 incarnation은 '환생'이니 '다시 환생한다'는 것입니다. 영구불변의 실체인 '아'가 다른 개체로 다시 온다는 겁니다. 그런데 rebirth는 빨리어로는 '뿌나르바와punarbhava'입니다. '바와'는 존재입니다. 그래서 '다시 존재가 된다'는 뜻입니다. 'reincarnation'은 '실체로서의 아'를 인정하는 것인 반면, '바와'는 '실체로서의 아'가 아니라 여러 인연화합에 의해 형성된 '오온'을 말합니다.

이렇게 분명한 차이가 있는데 이를 모르고 힌두교의 윤회설과 불교의 윤회설을 혼동하는 경우가 많습니다. 서양인들은 이를 구분하기 위해 아예 단어를 다르게 쓰고 있습니다. 만약 영문 불교 서적을 보다가 윤회를 두고 'reincarnation'이라 쓰인 것이 있다면 제대로 된 정보 없이 잘못 쓴 것입니다. 윤회를 지칭하는 적절한 단어는 'rebirth' 혹은 빨리어 '삼사라saṁsāra'입니다. 종종 이 부분이 혼동되기에 이번 기회에 자세히 설명합니다.

12연기설

그럼 연기에 대한 이야기를 계속 해봅시다. 이렇게 업과 윤회에 대해 우리가 좀 더 연기의 관점에서 살펴보려면 연기법에 대한 정확한 이해가 선결되어야 합니다. 먼저 12연기에 대한 경을 읽고 이야기를 이어가겠습니다.

부처님께서 마가다국 왕사성 죽림정사에 계실 때, 어느 날 성 안으로 들어가 걸식하고 있는데 옷을 입지 않고 사는 외도 아짤라까 깟사빠가 부처님에게 다가와서 물었다.

"고타마에게 한 가지 물어볼 것이 있는데 이 점에 대해 대답해 주시겠습니까?"

"깟사빠여, 지금은 적당하지 않으니 집으로 들어가서 이야기하자."

부처님께서는 자리를 옮겨서 이야기하자고 말했으나, 그는 한

가지만 물을 것이니 그냥 대답해달라고 말하면서 부처님께 여쭈었다.

"고타마여, 괴로움은 자아에 의해 생기는 것입니까?"

"그렇지 않다."

"그러면 자기의 괴로움은 남들에 의해 만들어집니까?"

"그렇지 않다."

"그러면 괴로움이 자아에 의해 생기는 것도 아니고 남들에 의해 생기는 것도 아니라면 우연으로 생기는 것입니까?"

"그렇지 않다."

"그렇다면 괴로움이란 존재하지 않는 것입니까?"

"괴로움이 존재하지 않는 것은 아니다. 괴로움은 분명 있다."

"그러면 고타마께서는 괴로움을 알지도 못하고 보지도 못하고 있는 것이 아닙니까?"

"나는 괴로움을 알지 못하고 보지 못하는 사람이 아니다. 나는 괴로움을 아는 사람이요 괴로움을 보는 사람이다."

"어찌된 일입니까? 고타마시여, 나의 모든 물음에 당신은 '그렇지 않다.'고만 말했습니다. 그런데도 당신은 괴로움이 분명히 있고, 그 괴로움을 알고 또 본다고 단언하고 있습니다. 그렇다면 나에게 괴로움의 본질을 가르쳐주십시오."

깟사빠야,
자아가 괴로움을 만들고 그 자신이 그 결과를 경험한다면,
이것은 괴로움이 저절로 생긴다는 것인데,
이것은 결국 상주론常住論이 되고 만다.

자기가 행동하고 다른 사람이 그 결과를 경험한다면

이것은 괴로움이 남에 의해 생긴다는 것인데,

이것은 결국 단멸론斷滅論이 되고 마는 것이다.

나는 이 두 극단을 떠나 중도中道로써 법을 가르친다.

내가 말하는 중도란 무명無明에 의해 의지行가 생기고,

의지에 의해 의식識이 발생한다.

이처럼 의식에 의해 마음과 육신의 결합名色이 생기고,

마음과 육신의 결합에 의해 다섯 가지 감각기관과 의식六入이

생긴다.

다섯 가지 감각기관과 의식에 의해 접촉觸이 일어나고,

접촉에 의해 감각受이 발생하고,

감각에 의해 욕망愛이 발생하고,

욕망에 의해 집착取이 발생한다.

집착에 의해 존재의 상태有가 생기고,

존재의 상태에 의해 태어남生이 발생하고,

태어남에 의해 늙음, 죽음老死, 슬픔, 괴로움 등이 발생한다.

(…)

그렇지만 무지의 완전한 소멸을 통해

의지行와 그 외의 것들이 사라지고,

의지의 소멸에 의해 의식識과 그 외의 것들이 사라진다.

이렇게 해서 이 모든 괴로움이 사라진다.

《상윳따 니까야》 2권 85-91.《잡아함경》T. Ⅱ. 86 참조

12연기는 중도의 구체적 내용

여기서는 12연기에 대해 비교적 간략히 말씀하셨지요. 다른 여러 군데서도 이런 방식으로 12연기를 설하십니다. 이 경은 죽림정사에서 깟사빠가 부처님께 와서 꼬치꼬치 캐묻는 형식으로 되어 있습니다.

만약 자아가 괴로움을 만들고 그 결과를 그 자신이 경험한다면 이는 괴로움이 저절로 생긴다는 얘기인데 이를 '상주론(삿사빠 딧띠)'이라고 하지요. 이런 식이라면, 괴로움은 영원히 존재하므로 없앨 수가 없습니다. 또 괴로움이 남에 의해 생긴다고 했을 때는 '단멸론(웃체다 딧띠)'이 되는 것이라고 하십니다.

상주론, 단멸론, 둘 다 부처님이 가르치신 진리가 아닙니다. 특히 브라만교나 다른 종교의 가르침은 전능한 신이 모든 존재현상을 창조했다는 것입니다. 신은 영원불멸의 존재고, 개아들은 실체로서 존재한다는 상주론, 이것이야말로 비진리라는 것을 부처님은 설파하셨습니다. 그렇다면 반대로 모든 것은 단멸, 즉 완전히 없어져버리는 것이라는 태도 또한 실제 경험 세계에서 타당하지 않다는 것입니다. 부처님은 왜 이 둘 모두는 타당하지 않다고 확신을 갖고 말씀하셨을까요?

모든 존재현상이 연기적으로 있기 때문에 그렇습니다. 연관성 속에서 존재가 존재로서 나타나고 또 연관성이 흩어지면 존재가 없어진다는 것, 이것을 부처님은 '중도中道'라고 표현하셨습니다. 상주론과 단멸론이라는 양 극단을 떠나 설하신 것이 중도이고, 이 중도의 구체적 내용이 바로 연기법입니다. 12연기를 알기 쉽게 그려놓은 오른쪽 그림을 봅시다.

미산 스님 초기경전 강의

_ 12연기 _

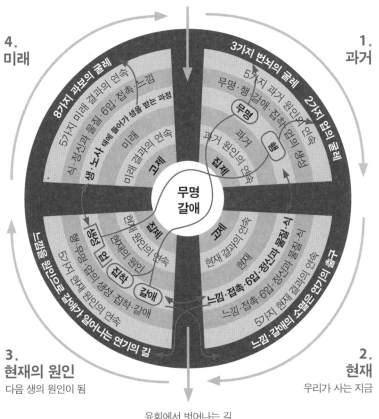

무명인 상태로 죽으면
다시 무명인 채로 태어남

**4.
미래**

**1.
과거**

5가지 과보의 굴레

3가지 번뇌의 굴레

5가지 미래 결과의 연속

5가지 과거 원인의 연속

무명·행·갈애·집착·업의 연속

2가지 업의 굴레

생·노사 내에 들어가 생을 받는 과정

미래 결과의 연속

5가지 정신과 물질·6입·접촉·느낌

무명
갈애

고제

집제

과거 원인의 연속

무명

행

과거 원인의 연속

집제

고제

현재 결과의 연속

집착

행·무명·업의 상상·집착의 원인

느낌·접촉·6입·정신과 물질·생·사

무명

갈애

느낌

집착

갈애

현재 결과의 연속

현재 결과의 연속

느낌·접촉·6입·정신과 물질·사

5가지 현재 결과의 연속

5가지 현재 원인의 연속

느낌을 원인으로 갈애가 일어나는 연기의 길

느낌·갈애의 소멸은 여기의 출구

**3.
현재의 원인**

다음 생의 원인이 됨

**2.
현재**

우리가 사는 지금

윤회에서 벗어나는 길
사성제

자료제공 | 사단법인 상좌불교 한국 명상원

무명인 상태로 죽으면 다시 무명인 채로 태어납니다. 여기서 보면, 화살표가 과거1에서 죽 내려오죠. 큰 글씨로 무명, 행이라고 된 것을 보십시오. 이는 과거에 이런 밝지 못한 상태, 즉 무명 상태에서 전생의 업이 발동된 것입니다. 그 업력은 굉장히 강한 에너지로 존재하며, 이 에너지가 다음 생의 조건을 불러들입니다. 바로 이때 형성되어 태胎 속으로 들어가는 것이 식識입니다. 그리고 이 식은 명색과 결합하게 됩니다. 이렇게 행에서 식으로 넘어가 다시 식에서 명색으로 갈 때의 상황을 잘 이해하기 위해 〈재생의 순간〉이라는 경을 읽어보겠습니다.

부처님께서 제따와나에 계실 때 사띠 비구를 비롯한 여러 비구들에게 말씀하셨다.

세 가지 조건이 결합해야 임신하게 된다.
아버지와 어머니가 교합하더라도 어머니의 때가 아니고
간답바가 나타나지 않으면 임신되지 않고,
부모가 합하고 어머니의 때라 하더라도
간답바가 나타나지 않으면 역시 임신되지 않는다.
부모의 합함이 있고 어머니의 때가 맞고
간답바가 나타나야 임신이 된다.
열 달 동안 어머니 뱃속에 있다가 세상에 태어나
어머니의 젖을 먹고 자란다.
점차 자라면서 눈 등의 감각기관으로
형체 등의 대상을 대하면서 제 마음에 드는 것에 집착하고

미산 스님 초기경전 강의

마음에 들지 않는 것을 미워하게 된다.

이 과정에서 몸뚱이에 집착하고 마음은 더욱 집중력을 잃게 되어 마음의 해탈과 지혜의 해탈을 사실대로 깨닫지 못하고 만다.

《맛지마 니까야》M. Ⅱ. 265-266, 《중아함경》T. Ⅰ. 769 참조

우리가 무명에서 업의 에너지를 받아 태어나려면, 세 가지 조건이 결합해야만 재생할 수 있습니다. 그 첫 번째 조건이 남녀가 교접해야 한다는 것이고, 두 번째는 어머니가 임신 주기가 되어야 한다는 것, 셋째는 '간답바'입니다. 앞의 두 조건은 과학적이고 일상에서 체험하는 것이니 금방 알 수 있지만, 세 번째는 비물질적이고 정신적인 요소를 가리키는 부분입니다.

'간답바gandhabba'는 빨리어이며, 산스크리트어로는 '간다르바 gandharva'입니다. 이 말에는 두 가지 뜻이 있어요. 하나는 도솔천에서 음악을 담당하는 천신입니다. 항상 춤과 음악에 빠져 사는 유명한 신이죠. 한문으로는 음역해서 '건달바乾闥婆'라고 쓰는데, 여기서 나중에 '건달'이라는 말이 파생된 것입니다. 우리가 흔히 건달이라고 하면 하얀 구두 신고 슬렁슬렁 춤이나 추고 노는 것 좋아하는 그런 게 생각나시죠? 그런데 여기서 말하는 간답바는 그런 것이 아닙니다. 똑같은 단어지만 천신 간답바를 말하는 게 아니고, 다른 뜻으로 쓰였어요. 이는 정신적인 존재현상을 뜻하는 단어입니다. 초기경전의 다른 경에서는 이를 '식識(윈냐나)'이라고 했어요. 이 '식'을 여기선 간답바라고 한 거죠.

정신적 요소인 이 간답바가 행에서 식으로 전환될 때 개입합니다. 이미 업 때문에 식이 생긴 거예요. 업과 행은 사촌간이라고 보면 됩니다. 앞에서 말했듯이 행은 '함께 형성해서 만든 것'이라는 뜻이죠. 그래서 굉장히 큰 에너지로 작용해요. 우주 전체가 파동 에너지로 되어 있다고 물리학에서 말하죠. 그런 에너지들이 개체화하면서 식이라는 정신세계와 연기적으로 형성이 되어 행 다음에 식이 만들어지죠. 식이 형성되면 식을 담을 수 있는 명색名色, 즉 이름과 물질이 형성될 수밖에 없습니다.

_ 연기의 의미와 종류

앞에서 보았듯이 항상 원인과 조건이 상호 관계하여 생기는 것이 연기적 현상입니다. 독자적으로 존재하는 것은 없고, 모든 현상은 인연생기합니다. 우리가 맨 처음 연기의 기본 공식을 이야기하고 읽어보기도 했죠. '이것이 있으므로 저것이 있고…'라는 공식 말입니다. 이 기본 공식에서 발전해 다시 자세하게 연기를 공부하게 되는 것입니다. 연기는 방향에 따라 유전문流轉門과 환멸문還滅門, 이 두 가지로 볼 수 있습니다.

유전문이란, 중생이 생사유전의 고통을 받는 것을 순서대로 본 것입니다. 무명 – 행 – 식 – 명색 – 육입 – 촉 – 수 – 애 – 취 – 유 – 생 – 노사. 이렇게 순차적으로 '무명이 있기 때문에 행이 있고, 행이 있기 때문에 식이 있고…'라고 하나하나 사유해갈 수 있습니다.

반대로, 수행해서 해탈 쪽으로 향하는 연기, 즉 무명에서 하나씩 제거해 원래의 명明 상태를 회복해가는 방향으로 보면 환멸문입니다. '무명이 멸하면 행이 멸하고, 행이 멸하면 식이 멸하고…' 이렇게 생각하는 것입니다. 그러니까 사성제 중에 '고·집'은 유전문, '멸·도'는 환멸문에 해당합니다.

다시 말하면, 유전문과 환멸문에는 역으로 관해가는 역관逆觀과 순차적으로 관해가는 순관順觀이 있습니다. 유전문의 역관은 괴로움이 형성된 실상을 관하여 이해知하는 것이므로 고제관苦諦觀이고, 유전문의 순관은 괴로움이 형성되어 모이는 과정을 관하여 끊는斷 집제관集諦觀입니다. 또한 환멸문의 역관은 괴로움이 소멸된 실상을 관하여 증득證하는 멸제관滅諦觀이고, 환멸문의 순관은 구체적인 팔정도의 실천 수행修 과정을 통해서 체득하는 도제관道諦觀입니다.

표로 그려 보면 다음과 같습니다.

유전문	역관	괴로움의 실상 – 고제관 – 이해(知)
	순관	괴로움의 형성 과정 – 집제관 – 단절(斷)
환멸문	역관	괴로움이 소멸된 실상 – 멸제관 – 증득(證)
	순관	괴로움을 소멸할 방법의 과정 – 도제관 – 수행(修)

연기설로 본
죽음과 탄생

12연기를 더 깊이 이해하기 위해 태내오위설胎內五位說을 이야기해드리겠습니다. 현대과학과도 상통하는 내용입니다. 앞서 읽은 경전에 '재생의 순간'에 대한 이야기가 나온 김에 자세히 해보죠.

앞에서 세 가지 조건이 있어야 입태해서 몸을 받는다고 했지요. 우리가 이 생을 살다가 죽음에 다다랐을 때 어떤 현상이 나타나지요? 여러분도 언제가 될지 모르지만 모두 다 죽음을 맞을 테니 잘 들어보세요. 그래야만 임종 순간에 마음을 잘 지켜서 다음 생에 몸을 잘 받을 수 있어요. 임종 순간이 가장 중요합니다. 이 순간에 어떤 생각을 하느냐에 따라 다음 생의 조건을 업이 결정해서 바로 식(재생연결식)이 나타납니다.

예컨대 이번 생에 좋은 일을 무척 많이 한 사람이라고 합시다. 선한 인연으로 마지막 숨을 거두는 순간에 그의 업 에너지가 굉장히 밝고 청정한 쪽으로 딱 뭉쳐 있어요. 그런 에너지는 밝고 청정한 조건을 찾습니다. 그래서 순간적으로 그런 존재계에 몸을 받게 되는 것이죠. 특히 상좌부 불교 주석서에 보면 금생에 절에서 열심히 수행하고 많은 공덕을 쌓은 분들은 죽기 전에 '깜마 니미따', 즉 자기가 지은 업에 의해 생긴 심상이 확 떠오른다고 합니다. 그런 경우에는 극락세계 같은 모습, 아름다운 궁전, 절, 부처님, 탑 같은 것이 보이고, 그 조건에 의해 순식간에 빨려 들어갑니다.

이와 정반대의 경우도 있을 수 있죠. 이 생에 와서 계속 나쁜 행동만 일삼다가 죽음이 임박한 순간까지도 포악하고 남에 대한 증오와 복수심으로 가득 차 있다면, 그것이 갖는 업 에너지는 매우 혼탁하고 날카롭고 부정적이겠죠. 원인 때문에 그런 조건이 확 다가오는 것입니다. 그래서 악도의 몸을 받게 되는 겁니다. 악도라 하면 지옥이나 혼미한 축생계, 아니면 목구멍이 바늘만큼만 뚫려 있어 항상 굶주림에 시달려야 하는 아귀계를 말합니다.

편의상 '육도六道 윤회'라 하여 나쁜 존재계를 지옥, 아귀, 축생, 이렇게 셋으로만 상정했지만, 그 외에도 수많은 존재계가 있다고 볼 수 있습니다. 좋은 존재계도 마찬가지입니다. 수라, 인간, 천상, 이렇게 세 개의 존재계를 상정하지만, 이 역시 수많은 존재계를 상상할 수 있습니다. 이를 그냥 육계로 나누어 육도 윤회라고 설명한 것이지요. 상좌부 불교에서는 수라(아수라)계가 없고 오도五道 윤회입니다. 이를 보면 편의에 의해 나눈 것임을 알 수 있지요.

그런데 보통의 경우는 이렇게 극히 좋은 업이나 극히 나쁜 업만 짓는 것이 아니지요. 날이면 날마다 나쁜 일만 하는 건 아니겠고, 나쁜 일도 좀 하다가 좋은 일도 좀 하다가, 또 좋지도 나쁘지도 않은 일도 하면서 살아가는 게 보통 사람의 삶이잖아요. 이런 사람들이 죽는 순간 업의 경향성은 매우 복합적입니다. 이 경우에는 업식이 망설이게 됩니다. 천상으로 한번 가볼까? 그런데 그 사람이 천상에 갈 만한 업을 아직 못 지었다면 그런 조건이 안 나타나겠죠. '아니, 아수라가 좋을 것 같아' 하면서 그냥 아수라로 가지요. 이 생에서 잔인한 게임을 많이 하고 죽이는 연습을 많이 한 사람들은 아수라에 태어날지도 모릅니다. 이거 알아두세요.

_ 중음과 사십구재의 의미

이렇게 망설이는 기간을 대승불교에선 중음中陰 기간이라 합니다. 7일씩 7번, 49일까지 결정을 못하고 유보 상태로 임시 몸을 받아 존재계를 형성해서 있는 상태를 중음이라고 합니다.

중음신으로 태어나면 몸 크기는 대여섯 살 정도이고 인간처럼 이목구비가 다 있는데 후각이 굉장히 발달해 있다고 해요. 그래서 모든 에너지를 후각으로 섭취한다고 합니다. 제사 지낼 때 중음신이 오면 우리처럼 입으로 먹는 것이 아니라 냄새로 에너지만 빼먹는다는 것입니다. 제삿밥이 맛없는 게 그 때문이라고 하는 분들도 있어요.(웃음) 대승불교나 부파불교에서는 중음을 인정해요. 특히 티베트 불교에서는 이를 중시하지요. 그런데 상좌부 불교에서는 중음을 인정하지 않고, 모든 존재는 죽는 순간 바로 업과 함께 재생연결식이 일어나 다음 생에 태어난다고 봅니다.

요즘 인터넷에 보면, 초기불교를 공부하시는 분들이 대승불교

미산 스님 초기경전 강의

권인 우리나라에서 행하는 49재나 기타 재 의식을 강하게 비판하는 글이 가끔 있습니다. 중음 같은 것은 실제로 있지도 않은데 사찰 경영을 위해 스님들이 강조한다는 식으로 심한 말을 하시는 분도 있더군요. 죽은 후의 일이야 죽어봐야 아는 것이지만, 이 중음은 어디까지나 경전에 토대를 둔 개념입니다. 그리고 49재라는 의식은 꼭 죽은 사람을 위한 것만이 아닙니다. 살아 있는 유족에게 큰 위안이 되고 마음챙김을 하게 하는 역할도 큽니다.

아시다시피 49재 의식이 길지요. 독경의 내용을 가만히 들어보면 산 사람들이 훨씬 감화를 받아 슬픔을 견디고, 더 열심히 살아야겠다고 다짐하며 마음정리를 하는 경우가 많습니다. 그러니 종교 의식이자 문화 현상인 고유의 재 의식을 함부로 비판하는 것은 경솔하다고 생각합니다. 그렇다 하여 이런 의식을 너무 신비화한다면 당연히 비판 대상이 되겠지요. 예를 들어, 천도재를 올릴 만한 일도 아닌데 조금만 이상한 현상이 있어도 천도재를 올리라고 권하는 사례는 문제가 있지요.

제가 여는 법회에 나오는 보살님 중에서 얼마 전 시어머니가 오랜 병환으로 누워 계시다 돌아가시고 나서 심적으로 몹시 힘들어하셨어요. 제가 보기엔 그 보살님이 공허해져서 우울증이 온 것인데, 그런 경우에는 수행과 심리치료를 권해야지요. 그걸 두고 시어머니 중음신이 씌웠다며 재를 올리면 된다고 부추기면 안 됩니다. 그런 말을 듣고 불안하지 않을 사람이 있겠습니까? 우리 같은 출가수행자들이야 그런 말을 들어도 꿈쩍도 안 하지만 일반 재가불자들 입장에서는 불안하죠. 그것은 바른 법이 아닙니다. 그 보살님은 우울증 약을 복용하고 꾸준히 치료해서 이제는 완전히 정상이 되었습니다.

재를 권하는 그런 극단적 예들이 있는 것도 사실입니다. 그래서 불교가 비판받기도 하지만, 정말 순수한 동기의 49재나 다른 재 의식에 대한 무분별한 비판은 삼가야 한다고 생각합니다.

《대비바사론》에 보면 제가 앞에 말한 것과 똑같이 해석한 부분이 나옵니다. 극악무도한 업이나 아주 좋은 선업을 지으면 중음 단계를 거치지 않고 바로 다음 생을 받아 태어납니다. 하지만 대부분의 존재들은 좋은 일도 하고 나쁜 일도 하기 때문에 마지막 순간의 결정이 그리 쉽지 않습니다. 우리가 백화점 가서 옷 한 벌 살 때도 이거 들었다 저거 놓았다 하면서 망설이잖아요. 그런데 하물며 다음 생을 결정하는 마당에 그렇게 쉽게 되겠어요? '이리 갈까, 저리 갈까, 차라리 돌아갈까' 그러겠지요.(웃음)

아무튼 중음 단계를 거치든 거치지 않든, 잉태되려 할 때 처음 생겨나는 것이 '재생연결식'입니다. 이것이 나타나는 순간 곧이어 재생연결식이 찾은 조건이 딱 나타납니다. 부모의 교접 순간을 포착해서 거기에 정신적인 에너지가 딱 임하는 겁니다. 어머니는 난자를, 아버지는 정자를 제공해서 정자와 난자가 만나는 순간, 수정란이 형성되지요. 이 수정란이 그냥 물질로만 이뤄져 있다면 정신을 가진 생명체로 자라나지 못할 것입니다. 불교적 입장은 수정란에 아주 초창기부터 새로운 정신 에너지가 내포되어 있다고 보는 것이죠. 《상윳따 니까야》에 있는 〈야카 상윳따〉라는 경에 보면, 태아가 처음 5주간 자라는 모습을 7일 단위로 설명해놓았습니다. 이를 '태내오위설'이라고 합니다.

_ 태내오위설이란?

1주, 깔라라kalala

수정된 지 일주일 된 상태를 '깔라라'라고 합니다. 이것을 어떻게 묘사했는지 주석서를 보면, '마치 참기름 방울이나 투명한 우유 기름 같은 모습이라고 말한다.'라고 나와 있어요. 정자와 난자가 만나 수정란을 형성했을 때의 모습을 기술한 겁니다. 잘 정제된 참기름에 양털을 넣었다 뺐을 때 그 꼬투리에 맺히는 기름방울만한 크기라는 겁니다. 우유 기름은 인도 말로 '기ghee'라고 해요. 우유를 저으면 위에 뜨는 기름 있지요. 거기에 양털을 넣었다 빼면 그 끝에 맺히는 물방울 크기만 하다는 겁니다. 그런데 현대 태생학에서 전자현미경으로 이를 관찰해보니 0.1㎜에요. 이 볼펜심이 0.1㎜짜리인데 여기 점을 찍어서 보면 눈에 보입니까? 우리가 처음 어머니 뱃속에 잉태될 때 이 정도 크기였습니다. 색깔도 냄새도 없는 무색무취였어요. 현대 태생학에서도 비슷한 이야기를 합니다.

2주, 아부다abbuda

그러다 두 번째 주가 되면 '아부다'라는 상태로 변하는데, '고기 씻은 물 색깔의 작은 종기 같다.'라고 표현합니다. 고기 씻은 물 색깔이 불그족족하죠. 작은 종기가 첫 날에는 조그맣고 발갛게 톡 튀어나오잖아요. 크기가 그만하다는 거예요.

이번 간화선 집중수행 중에 아주 흥미로운 경험을 하신 분이 있어요. 화두를 들고 집중수행을 하면서 어머니 자궁 속에 있던 자기 모습을 보았답니다. 기억이 계속 퇴행하면서 엄청나게 힘든 상태를 경험한 것이죠. 그리고 어릴 때 자기를 많이 때렸던 아버지에 대한 기억이 중첩되면서 잠재의식 속에 있던 문제들을 이번에 해결했어요. '아, 내가 이래서 그랬구나.' 이렇게 옛날부터 쌓인—어머니 뱃속에서부터 영향을 준—잠재의식을 이번에 해결하고 기뻐하시더군요.

이렇게 작은 상태라 할지라도 정신적인 요소들이 가미되었기 때문에 불교적인 관점에서 봤을 때는 이미 매우 중요한 생명체입니다. 이 작은 존재—7일 된 깔라라—가 성숙하여 사라지면 그 상태가 변해 '아부다'가 형성됩니다.

현대 태생학에서는 1주 중반부터 2주 후반까지를 배반포 시기라 합니다. 배반포가 낭포처럼 부풀어 오르면 자궁벽에 붙어서 탯줄이 형성되는데, 이를 '착상'이라 하죠. 자궁벽에 붙어서 태아의 몸에서 융기되어 나오면 어머니 자궁에 있는 미세한 실핏줄과 연결되어 이렇게 들어갑니다. 벽 안으로 들어가서 실핏줄과 완전히 연결되면 다시 밖으로 나옵니다. 나와서 점점 가늘어지고 커지면서 양수 속에 떠 있게 되는데, 이 대롱이 탯줄이 됩니다. 처음부터 어머니 자궁벽에 붙어 있는 것이 아니라 맨 처음 일주일간은 양수 속에서 둥둥 헤엄쳐 다니는데, 이때 만약 착상이 안 되면 낙태가 됩니다. 착상되었을 때 비로소 임신이 확정되는 것입니다.

3주, 뻬시pesī

세 번째 주는 '뻬시'라고 합니다. 주석서에 보면 정제된 낙생이나 백색 후추씨 모양이라고 합니다. 현대 태생학에선 2~3주를 '원장대'라고 합니다. 태아의 기초 골격이 형성되는 시기죠. 이미 중요한 생명현상들이 일어나기 시작합니다. 2주 후반쯤 되면 척추가 형성됩니다. 그래서 생명복제 문제가 대두될 때 14일 이전과 이후가 중요한 분기점이 됩니다.

영국도 우리나라도 법적으로 14일 이전의 태아는 생명체로 안 보기 때문에 줄기세포를 추출할 수 있지만, 14일 이후가 되면 줄기세포 추출을 못합니다. 확실한 생명현상이 일어나고 있으니까요. 그런데 사실 불교적 관점에서 보면 14일 이전에도 손대면 안 됩니다. 이미 정신적인 요소가 들어 있으니 말이죠. 경제적인 이유 등 여러 요인들 때문에 현대 생명공학이 계속 그런 방향으로 나가고 있어서 개인적으로 좀 안타깝게 생각합니다.

여러분, 후추씨 보신 적 있어요? 음식점에서는 아예 갈아서 나오니 후추씨가 어떻게 생겼는지 모르시죠. 요만한 크기에 색도 있습니다. 완전히 익어서 껍질이 벗겨지면 안은 흰색이에요. 3주쯤 되어 병원에 가서 레이저로 찍어보면 나타나죠. 오늘 어느 불자님 따님이 임신 3주 됐다고 사진 찍어봤대요. 직경 6cm인데 너무 귀엽고 좋다고 자랑하시더군요.

4주, 가나ghana

네 번째 주가 되면 '가나'라는 형태의 작은 달걀 모양의 살덩이가 됩니다. 이것은 업의 조건에 따라 생기는 것입니다. 이미 이때 뇌와 심장, 척추 부분이 형성되어 있습니다. 이렇게 두뇌와 척추 등 신경 계통 부위가 형성되므로 C자 모양으로 길게 자라기 시작하는 것이 4주째입니다.

옛 주석서의 기술이 너무도 정확해서 놀라울 지경입니다. 제가 박사논문 쓰느라 빨리어 주석서를 보면서 이 정확함에 깜짝 놀랐어요. 그래서 신이 나서 그 내용을 번역해 옥스퍼드대학병원의 인공자궁을 만드는 팀에 있는 친구에게 이 자료를 주고 현대 태생학과 비교해보라고 했더니 놀라더군요. 어찌 이렇게 정확할 수 있느냐고요. 수술도 안 하고 전자현미경도 없던 시대인데 말이지요. 전자현미경이 발달한 게 1950년대이니 이후에야 태아의 정확한 관찰이 가능해진 셈이죠. 아리스토텔레스 등 태생학자들이 머릿속으로 상상해서 그린 그림들은 지금 보면 전부 얼토당토 않잖습니까. 지금부터 2,000년 전의 까마득한 옛날의 주석서에 이렇게 정확하게 기술되어 있다는 게 신기하지 않으세요? 이건 아주 깊은 삼매 상태에 들어가지 않으면 알 수 없는 것입니다. 미얀마의 파욱 센터 같은 명상 센터에 가서 수행하고 오신 분의 얘기를 들으면, 깊은 삼매에서는 이런 특수한 것이 다 보인다고 합니다.

5주, 빠사까 pasākha

다섯 번째 주를 '빠사까'라고 하는데, 머리와 팔다리가 생기는 시기입니다. '비구들이여, 다섯 번째 주가 되면 업으로부터 다섯 가지의 종기 모양이 형성된다.'라고 나옵니다. 몸통에서 다섯 개의 가지가 나오고, 새봄 나무에 움이 트듯이 머리와 양팔, 양다리에 움이 트기 시작합니다. 귀엽게 생긴 머리와 손발이 있고, 어머니 자궁과 실핏줄로 연결된 탯줄을 통해 모든 자양분을 공급받고 호흡작용도 합니다. 주석서에 보면 '이 조그만 존재가 어떻게 자양분을 받아 살아가는가?'라는 질문에 '연꽃대롱 같은 대롱으로 받아서 먹는다.'라는 답이 있습니다. 그게 탯줄입니다.

《해탈도론》이라는 책은《청정도론》과 비슷한 체계로 되어 있는 한문본입니다. 그 책에 보면 배아와 태아의 발달과정이 40주까지 묘사되어 있습니다. 그런데 이 책은 한문본이라 무슨 말인지 잘 모릅니다. 그걸 전부 연구하려면 한의학 용어에 대한 논의가 선행되어야 하겠지요.

《불설포태경》이라는 한문 경전에도 5주뿐만 아니라 더 나아간 단계까지도 나오는데, 이 역시 한문으로 번역되어 있고 자세히 기술되어 있지 않습니다. 《수행도지경》에도 마찬가지로 나오는데, 비슷하지만 이것만으로는 잘 몰라요. 또 유식 관련된 책인《유가사지론》에도 한문으로 나옵니다. 한문 서적만 봐서는 자세한 설명을 할 수 없어 빨리어 주석서를 보고 정리해 논문을 써서 불교 생명윤리 정립위원회에 발표했던 것입니다.

자, 여러분 태아 상태인 옛날로 돌아가 보니 기억이 좀 나십니까? 12연기에 관련된 이야기는 해도 해도 많기만 하군요.

12연기와
3생

다음 그림을 보세요. 12연기를 이
해하는 데 도움이 될 겁니다. 여기서 무명과 행은 전생에 해당합니
다. 전생의 '행'에 의해 '식'이 형성되는데, 이를 '업식'이라고 하죠.
위에서 자세히 살펴보았듯이 업식 때문에 '명색'이 생깁니다. '명名
(정신적 요소)'과 '색色(물질적 요소)'으로 형성된 태아가 어머니 자궁 안
에서 자라나게 됩니다. 그리고 시간이 좀 지나면 육입이 생깁니다.
'안·이·비·설·신·의' 육처(=육근), 즉 인식기관들이 형성되는 겁니
다. 이게 형성되지 않으면 삶의 정보들을 받아들일 수가 없죠.

이 인식기관을 통해 '촉觸'이 일어납니다. 촉이란 '접촉'입니다.
이 접촉을 통해 '느낌受'이 일어납니다. 좋은 느낌, 싫은 느낌, 좋지
도 싫지도 않은 무덤덤한 느낌, 크게 이 세 가지 범주의 느낌이 끊
임없이 일어나게 되죠. 느낌이 있으면 바로 '애愛'가 일어납니다.
뭔가를 취하려 하거나 버리려 하는 애증이 이 때문에 일어나는 거

미산 스님 초기경전 강의

12연기와 3생

전생		현생								내생	
1 무명 (無明)	**2** 행 (行)	**3** 식 (識)	**4** 명색 (名色)	**5** 육처 (六處)	**6** 촉 (觸)	**7** 수 (受)	**8** 애 (愛)	**9** 취 (取)	**10** 유 (有)	**11** 생 (生)	**12** 노사 (老死)

죠. 그래서 '취取', 취착함이 있고, 이 때문에 다시 존재가 형성되지요. 이렇게 해서 다시 태어나고 늙고 죽고, 다음 생이 만들어지는 것입니다.

식·명·색

한 번만 다시 정리하고 넘어가겠습니다. '식'은 전생 업의 저장 의식, 씨앗입니다. 앞에서 식을 간답바(중음신)라고 했죠. '명'은 정신입니다. '색'은 육체, 즉 수정란으로서 부의 정과 모의 혈이 간답바와 화합해 형성되어 1~4주에 깔라라, 아부다, 뻬시, 가나의 과정을 거쳐 5주가 지나면 수정란이 지각 영역(육입)을 형성해 출생을 하게 되고, 그때부터는 직접적인 촉을 느끼게 됩니다. 그러니까 생후

2~3일이면 벌써 감각을 통해 외부 세계를 감지하는 삶을 살아간다는 이야기입니다. 그 다음에 고수苦受·낙수樂受·불고불락수不苦不樂受의 느낌 세계가 형성됩니다. 우리 삶은 느낌의 영역이 참으로 큽니다.

여기서 한 가지 짚고 넘어갈 것이 '명색'과 '식'입니다. 티베트의 쫑까파 큰스님은 '식'을 이렇게 해석했습니다. "식은 두 가지 면을 포함한다. 식은 전생의 저장과 미래의 탄생의 밭이다. 마치 가을의 씨앗은 열매도 되지만 봄에는 밭의 씨앗이 되는 것처럼 식은 두 가지 측면을 갖고 있다." 두 묶음의 갈대다발이 서로 기대고 서 있는 것과 같다는 비유로 설명할 수 있는 명색과 식의 '쌍雙 조건', 밀접한 상호관계를 뜻하는 말입니다.

'식識을 연緣하여 명색이 있고, 명색을 연하여 식이 있다.'란 구절이 《중아함경》에도 나옵니다(T. I. 579~580). 명색은 식과의 작용에 의해 비로소 명색이 됩니다. 그러므로 경에서도 '식은 명색에 기인하고, 식을 연하여 명색이 있다.'고 하는 것입니다. 식의 조건을 따라가 보면 그것이 행이고, 행의 조건은 무명임을 알게 되지요. 이것이 12연기의 구조입니다. 12연기 중에서도 '애', 즉 욕심과 '취', 즉 집착 때문에 다시 삶을 받게 되는 것임을 강조해둡니다.

여기서 취착에 대한 경전 말씀을 읽고 계속하겠습니다.

부처님께서 사왓띠 기원정사에서 말씀하셨다.

쾌락, 견해, 규칙과 관습, 자아의 이론에 대한 집착 등
네 가지 집착이 있다.

비구들아, 네 가지 집착의 뿌리가 어디에 있는가?

욕망이 그 뿌리다.

욕망의 뿌리는 감각이고,

감각의 뿌리는 감각적 접촉이고,

감각적 접촉의 뿌리는 감각적 느낌의 여섯 가지 바탕이며,

감각적 느낌의 여섯 가지 바탕의 뿌리는 명칭과 형체이고,

명칭과 형체의 뿌리는 의식이고,

의식의 뿌리는 업의 형성이고,

업을 형성하는 뿌리는 무명이다.

이 네 가지 집착을 이해한 체하지만,

이해한 것을 옳게 버리지 못하는 수행자들이 있다.

쾌락에 대한 집착을 버렸지만,

견해에 대한 집착이나 규칙과 관습에 대한 집착,

자아의 이론에 대한 집착을 버리지 못하는 이가 있다.

그는 견해에 대한 집착, 규칙과 관습에 대한 집착,

자아의 이론에 대한 집착을 사실대로 이해하지 못하기 때문이다.

쾌락에 대한 집착과 견해에 대한 집착을 버렸지만,

규칙과 관습에 대한 자아의 이론에 대한 집착과

자아의 이론에 대한 집착을 사실대로 이해하지 못하기 때문이다.

쾌락에 대한 집착, 견해에 대한 집착,

규칙과 관습에 대한 집착을 버렸지만

자아의 이론에 대한 집착을 버리지 못한 이도 있다.

자아의 이론에 대하여 사실대로 이해하지 못하기 때문이다.

《잡아함경》T. 2. 85.《맛지마 니까야》M. Ⅰ. 66 참조

이것이 취取에 대한 부처님 말씀입니다. 그럼 취에는 무엇이 있는지 살펴볼까요?

_ 집착의 종류

첫 번째가 '욕취'입니다. 쾌락kāma에 대한 집착이죠. 이것이 우리 인간세상에서는 참 떼어내기 어려워요. 그래서 우리가 살고 있는 이 세계를 '까마닷뚜kāmadhātu', 즉 '욕유欲有' 혹은 '욕계'라고 합니다. 쾌락이 없으면 재미없는 세상, 욕심으로 이루어진 세상이지요.

욕에는 오욕五慾이 있습니다. 재물욕, 색욕, 식욕, 명예욕, 수면욕. 이 다섯 가지 욕망 중에서 여러분은 어떤 것이 가장 강합니까? 각자 속으로 한번 생각해보세요. 수면욕이 가장 강한 사람도 있을 겁니다. 아니면 식욕이 왕성한 분, 색욕이 왕성한 분, 명예욕이 강한 분… 아무튼 이런 욕망을 떨쳐버리기가 매우 힘듭니다. 수행하는 사람들은 항상 이 다섯 가지 욕망으로부터 자유로워지기를 바라죠. 그러기 위해 수행하고요.

특히 수행에 가장 큰 방해가 되는 것이 수면욕입니다. 이번 여름에 용맹정진하는데 화두가 잘 들리지 않는 분들은 수면욕 때문에

참 고생하셨죠. 화두가 딱 들렸다 하면 그 상태에서는 못 잡니다. 좌선하다 몸이 피곤하니 누워서 한두 시간 자다가도 자기도 모르는 사이에 벌떡 일어나 앉게 됩니다. 평상시에는 상상도 못할 정도의 자세로 빨리 딱 앉는다니까요. 수면욕이 극복되지 않으면 절대로 삼매 상태에 들어갈 수 없고 화두가 성성적적한 상태에 들어갈 수 없어요.

두 번째가 '견해'에 대한 집착입니다. 자기가 이성적으로 생각해서 옳다고 여기는 자기 고집이에요. 우리 마음의 영역은 이성의 영역만 있는 게 아니거든요. 논리적 사유는 극히 일부분입니다. 프로이트 심리학에서 의식을 세 영역으로 나누는데, 빙하에 비유하자면 바닷물의 수면 위에 있는 것이 '현재의식', 바다표면에 걸쳐 있는 부분이 '전의식', 이 안에 잠겨 있는 커다란 빙하 부분을 '잠재의식' 혹은 '무의식'이라고 합니다.

수행할 때 현재의식 상태에만 머물러 가지고는 깊은 곳까지 못 들어갑니다. 하지만 화두를 들거나 진언 염불을 하면서 전의식을 거쳐 무의식 상태로 들어가면 그 안에 어마어마한 양의 함축된 정보가 내장되어 있습니다. 이런 여러 정보들 중에 '신·구·의' 삼업으로 지은 업의 부정적인 종자들이 많을수록 이것들이 현재의식이 되면서 정화가 일어납니다. 수행 체험을 하신 분은 몸으로 체득된 일이기에 금방 이해하실 겁니다. 자기도 모르는 사이에 축적되어 있던 업이 맨 먼저 몸으로 나오는데, 엄청나게 많습니다. 취착이 얼마나 우리 삶을 힘들게 하는지 이걸 통해 알 수 있고, 취착을 버리라는 이유도 바로 여기에 있습니다. 특히 견해에 대한 취착, 이것은 지적 사유를 많이 하는 분들의 경우 아주 강합니다.

예를 들면, 교수들은 견해와 주관이 굉장히 분명해요. 이게 학문 활동을 하는 데는 유용하지만, 수행의 영역으로 들어오면 무척 큰 방해가 됩니다. 저도 불교학자 중 한 사람이지만 수행의 차원에서는 견해로부터 자유로워지려고 많은 노력을 합니다. 견해에 대한 집착 중에서 가장 본질적인 것이 내 몸이 있다는 집착입니다. 이걸 '유신견有身見'이라고 하지요. 몸이 자아라고 인식하는 집착은 성자聖者의 지위에 들어가야 비로소 떨어진다고 하죠. 이런 취착심 때문에 계속 윤회할 수밖에 없는 것입니다.

　　세 번째는 규칙과 관습에 대한 집착입니다. 의례나 의식, 제사, 이 모든 영역은 종교적인 영역입니다. 그런데 이런 절차나 의식에 마음이 걸리면 굉장히 힘듭니다. 옛날부터 이 절에 다니던 어떤 보살님이 엊그제 칠석날이라고 오셨어요. 재작년인가 절에 관세음보살 탱화를 모시는데 시주하겠다고 약정을 하셨어요. 그런데 그분 따님이 경제적으로 힘들어서 아직 그걸 못 내고 있었답니다. 여기가 무슨 회사도 아니고 약정했다가도 안 내면 그뿐인데, 이 어머니는 자기 딸이 그 시주금을 안 낸 것이 늘 마음에 걸렸대요. 그래서 이번에 딸이 살던 아파트를 팔아서 돈이 생기니, "그 돈 절에 안 내면 죽어서라도 갚아야 한다."고 말했답니다. 딸이 어머니의 이 말을 듣고 불안해서 견딜 수가 없어 결국 돈을 냈다고 합니다. 이 일화는 인간이 갖고 있는 관념을 그대로 보여줍니다. 어려워서 못 내면 그만이지 그걸 어쩌겠어요. 그때의 마음은 시주하겠다는 생각이었지만 지금은 형편이 안 되니까요. 그런데 그렇게 오래도록 마음에 걸려 있을 만큼 종교적 틀에 대한 집착을 떨치기가 매우 힘들다는 거죠.

　　　　　　　　　　　　　미산 스님 초기경전 강의

또 이런 예도 있어요. 어떤 분이 우울증을 앓고 있는데, 어느 스님의 '그건 영가의 장애 때문이다.'라는 한마디에 그냥 마음이 흔들려 구병시식救病施食(병 걸린 사람을 낫게 하기 위해 특별히 마련된 불교 의식)을 해달라고 제게 왔습니다. 저는 구병시식 전문가가 아니라서 그런 것은 안 한다고 분명히 말씀드렸지요. 이게 다 사람의 집착입니다. 지금은 그런 일이 많이 줄어들었지만, 정식 스님도 아니고 겉만 탁발승같이 차린 분들이 여기저기 돌아다니다가 어느 집에 들어가서 "가만히 보니 이 집에 우환이 있을 것 같다." 이렇게 한마디하면 금가락지, 은가락지 다 빼서 주거든요. 그러고는 나중에 찾아오라고 한 곳으로 가보면 절도 스님도 없어요. 이런 일이 옛날에는 많았답니다. 다 불안감 때문이죠. 종교적 의식이나 규범에 대한 집착이 인간에게는 다 있습니다. 이것을 계금취견戒禁取見이라고 합니다.

중국에는 이런 이야기도 있어요. 제사 때마다 자꾸 고양이가 와서 음식을 먹기에 못 그러게 옆에 묶어두었더랍니다. 그런데 아버지가 돌아가시고 아들이 제사를 지내려니 그 전에 제사상 옆에다 고양이를 묶어놨던 기억이 나는 겁니다. 그래서 제사 지낼 때마다 일부러 고양이를 잡아와서 묶어놓았다는 일화입니다. 이게 바로 관습에 대한 두려움을 말해줍니다. 이런 것을 부처님은 정교하게 분석해내셨습니다. 미세하게 잠재된 망상과 번뇌는 수다원도나 수다원과에 들어가야 비로소 떨어진다고 합니다. 그러니 평범한 사람들은 잘 안 되죠. 다 약한 존재들이니까요.

_ 어떻게 윤회를 벗어나는가?

다시 12연기 도표의 원을 보십시오. 과거에서 현재로 왔죠. 식, 명색, 육입, 촉, 수까지. 다시 여기서 갈애, 취까지 방금 설명했죠. 이 취 때문에 업이 생성되고, 존재가 형성되어 생·노·사를 받게 됩니다. 이렇게 끊임없이 윤회하는 것입니다. 원의 중심에 무명과 갈애가 있고, 그 옆에 괴로움의 원인, 괴로움에 관한 진리, 괴로움의 원인, 괴로움에 관한 진리, 이렇게 반복되어 있지요.

이 동그라미 속에서 계속 윤회하는 존재들의 특징은 무엇일까요? 괴로움을 늘 재생산하고 있다는 것입니다. 그냥 재생산하는 게 아니라 그 괴로움의 원인 제공을 스스로 끊임없이 하는 것이지요. 무명에서 행으로, 행에서 식으로. 이렇게 계속 에너지가 생성되기 때문에 윤회로부터 벗어날 수가 없는 겁니다.

그렇다면 윤회를 벗어나는 과정은 뭘까요? 원을 보면 맨 밑에 화살표가 밑으로 나 있지요. 거기에 '윤회에서 벗어나는 길'이라고 쓰여 있죠. 이게 사성제입니다. 사성제에 입각한 수행을 열심히 하게 되면 윤회를 벗어나 아라한이 됩니다. 아라한에겐 윤회가 없지만, 중생에겐 윤회가 분명히 있습니다. 불자라면 윤회가 있다는 것을 분명히 알고 받아들여야 합니다. 어떤 스님들은 책이나 말로 '불교엔 윤회가 없다.'라고 함부로 단순하게 이야기하는 경우도 있거든요.

12연기를 얘기하는 이 강의에서 윤회에 대한 이야기를 많이 했는데, 여기서 한 가지 짚고 넘어갈 것이 있어요. '식'이 여기서 매우 중요시되죠. 앞에서 간답바가 식이라는 이야기도 해드렸지요. 그런

미산 스님 초기경전 강의

데 이 식이 주체가 되어 하나의 실체인 마음으로서 다음 생을 받는 것이라고 말한다면 그건 아직도 연기법을 이해 못하고 힌두교적인 해석을 하는 것입니다. 그런 개념은 힌두교에서 말하는 아트만 같은 것입니다. '식이 있어 윤회한다.'라고 말하면 불교가 아닙니다. 부처님이 몸소 그 잘못을 바로잡아주신 것이 바로《맛지마 니까야》의 〈마하땅하상카야 숫따〉입니다. 이 경을 한번 읽겠습니다.

부처님이 기원정사에 계실 때 사띠 비구가 삿된 생각을 가지고 비구들에게 말했다.
"세존께서는 '우리가 저 세상에 가서 태어나는 것은 지금 식識이지 다른 것이 아니다.'라고 말씀하신 것으로 나는 알고 있다."
사띠 비구의 말을 듣고 비구들이 꾸짖었다.
"부처님을 비방하지 말라. 부처님께서 그렇게 말씀하시지 않았다. '지금 우리의 식은 연緣을 말미암아 생긴다.'고 말씀하셨을 뿐이다. 부처님께서는 '연이 있으면 식이 일어나고, 연이 없으면 식이 사라진다.'고 거듭해서 말씀하시지 않았는가? 그러니 이제 잘못된 생각을 버리도록 하라."
비구들이 잘못을 꾸짖음에도 불구하고 사띠 비구가 잘못된 생각을 버리지 않게 되자 비구들이 부처님께 그것을 말씀드렸다. 부처님께서 사띠 비구를 불러놓고 물으셨다.
'우리가 다음 생에 태어나는 것은 지금의 식이지 다른 것이 아니다.'라고 내가 말했다고 한다는데, 그게 사실이냐?"
"예, 그렇게 알고 있습니다. 세존이시여."
"사띠야, 식이란 무엇이냐?"

"세존이시여, 식이란 말하고 느끼며 여기저기서 선업과 악업을 짓고 그 갚음을 받는 것입니다."

"사띠야, 내가 언제 그렇게 가르쳤더냐? 나는 그렇게 말하지 않았는데 네가 그렇게 말하고 있구나."

식은 연을 말미암아 생긴다.
식은 연이 있으면 생기고 연이 없으면 사라진다.
식은 연하는 것을 따라 생기는데,
그 연이란 눈이 형체를 연으로 하여 생기는 것을 말하며,
식이 생긴 위에는 안식眼識이라 말한다.
귀, 코, 혀, 피부에서도 마찬가지이며,
뜻意이 생각法을 인연하여 생기는 식을 의식意識이라 한다.
마치 불이란 인연하는 것을 따라 생기는 것과 같아서
석탄을 인연하여 생기면 석탄불이라 하고,
장작을 인연하여 불이 생기면 장작불이라 하는 것과 같으니라.

—

《중아함경》T. 1-766, 《맛지마 니까야》M. Ⅰ. 256~258 참조

　식은 실체로 영속하는 것이 아니고 단지 연기할 뿐임을 부처님이 확실히 지적하신 대목입니다. 식이 영구불변의 주체로서 홀로 존재하는 것이 아니라 연에 의해 행이 있어 식이 존재하고, 명색과 연결되어 진행된다는 것을 부처님은 여기서 분명히 정리해주십니다. 자칫 '영원히 존재하는 무엇이 있다'는 실체론적 입장으로 갈 우려

　미산 스님 초기경전 강의

가 있는데, 이 경을 읽어보면 그게 아님을 확실히 알 수 있지요. 마음이 어떤 실체로 형성되어 있어서 윤회의 주체로서 계속 이어지는 것이 아니고, 마음 역시 조건에 의해 형성된 것이라는 말씀입니다. 이것은 매우 중요한 부분입니다.

_ 영원한 '나', 영원한 '식'이란 없다

'마음, 불성, 참나' 이런 것이 불교에서 흔히 말해지는 중요한 개념입니다. 그런데 이런 개념이 연기법이라는 스크린을 거치지 않으면 문제를 야기할 수밖에 없어요. 이를 연기적으로 잘 이해하지 못하면 불교가 영원한 '진아眞我'라는 실체를 받드는 힌두교나 다를 바 없게 될 수 있습니다. 이런 용어들을 쓰더라도 항상 '연기'라는 스크린을 거쳐서 이해해야 걸리지 않습니다.

특히 수행 체험을 직접 해보면 불성, 참나, 이런 것이 어떤 자리인지를 스스로 체득하게 됩니다. 그렇게 체득한 상태에서는 어떤 용어를 쓰더라도 걸리지 않죠. 그 말을 쓰는 당사자는 체득해서 걸림이 없는데, 혹 다른 사람이 그걸 듣고 실체론적으로 뭐가 있다는 식으로 잘못 이해할 수 있어요.

제행무상, 제법무아를 설파하신 부처님께서는 어디까지나 비실체적이고 연기적인 입장에서 법을 설하셨는데, 이 경에서 보다시피 사띠 비구는 실체론적으로 잘못 이해했던 것입니다. 식이라는 실체가 있어 윤회한다고 말입니다. 심지어 부처님 살아 계신 당시에도 그랬다는 말이지요.

지금도 그렇게 이해하는 분들이 우리 주위나 불자들 중에도 꽤 있어요. 제가 이렇게 여러 각도에서 설명을 했는데도, '그래도 어쨌든 식은 있는 거야. 그게 내 주체야, 바로 나야.' 이렇게 생각하며 속으로 비웃는 분들도 있을지 모릅니다. 그렇다면 그건 자신의 몫이고 업이니 알아서 하십시오.

생활 속의
연기법 수행 1

—

육방예경

수행 따로 일상 따로가 아니고,
일상사 그대로가 수행이어야 합니다.
언제나 어디서나 누구나,
마음만 내면 실행할 수 있어야 합니다.
때와 장소를 가리지 않고
즉각 적용할 수 있어야 합니다.
이것이 바로 연기법 수행입니다.
삶 속에서 이것을 실천했을 때,
비로소 부처님 가르침의 참모습과
참가치가 드러나게 됩니다.

시간적 차원에서 수행하기

앞에서 공부한 내용을 살면서 구체적으로 어떻게 실천할 것인가, 그 이야기를 할 때가 왔네요. 사실 이게 제일 중요한 거죠. 알기만 하면 무엇 하겠습니까. 생활 속의 연기법 수행을 저는 크게 네 가지로 나누어 설명하겠습니다. 네 가지 연기법 수행을 하나하나 살펴보고 나서, 이와 관련된 〈육방예경六方禮經(싱갈로와다 숫따)〉을 같이 읽겠습니다.

우선 연기법을 생활 속에서 구체적으로 적용하려면, '나'라는 존재를 정확히 인지해야 합니다. 간화선 수행을 할 때 '보고, 듣고, 냄새 맡고, 혀로 맛보고, 몸으로 촉감을 느끼고, 손가락을 까딱 움직이는 이 존재가 도대체 무엇일까?', 즉 '이 뭣고?'라는 화두를 들고 공부합니다. 지금 이 강좌에서도 부처님 가르침에 입각한 '나'라는 존재가 대체 무엇인지에 대해 여러 차례 이야기를 했고요.

이 '나'라는 존재를 그냥 머리로 생각하면 어느 정도 알 수야 있겠지요. 또 요즘 과학자들이 인지과학적으로 여러 가지 개념들을 사용해서 나를 설명하고 이런저런 답을 내놓고 있습니다. 그런데 선禪에서 요구하는 정답은 그렇게 머리나 개념으로 짜낸 답이 아닙니다. 자기 실존으로 직접 부딪쳐서 조금이나마 느끼고 확인했을 때, 그것이 가장 정확한 답이라고 할 수 있습니다. 그 답을 깨달으신 분이 바로 부처님이고, 우리도 깨달을 수 있다는 것이 부처님 가르침이죠. 나라는 존재를 여기선 개념으로 논하는 강의니까 개념으로 이야기합니다만, 개념이 생기기 이전의 입장에서 이걸 바라보고 행동하고 실천하려는 마음가짐이 중요하죠. 여기서 그 실천 방법을 구체적으로 말씀드리겠습니다.

_ 연기 그물 속의 나

나라는 존재는 상호의존성과 연관성을 가지고 있습니다. 네가 괴로우면 나도 괴롭고 네가 행복하면 나도 행복합니다. 자연 환경이 오염되면 인간도 오염되고, 생명이 죽으면 인간도 죽습니다. 환경과 생명이 살아나면 인간도 건강하게 살아납니다.

'나'라는 존재는 혼자만 이야기해서는 도저히 정의가 되지 않아요. 시간적으로는 나를 낳아주신 부모, 조부모 등 조상님들의 연장선상에 있고, 공간적으로는 지구촌이라는 공간에서 더불어 살아가는 존재입니다. 이 두 가지만 갖고 한번 생각해보죠.

우리는 시간과 공간의 좌표 위에서 살아갑니다. 오늘도 7시 반에 맞춰서 이 법당이라는 공간에 우리가 모여 법회하고 수행하고 공

미산 스님 초기경전 강의

부합니다. 시간과 공간의 토대 위에서가 아니라면 인식도 할 수 없고 이런 활동도 할 수 없죠. 연기법을 생각할 때는 항상 맨 먼저 시간·공간 좌표 속에서의 현상을 생각해보세요.

이렇게 부처님 가르침을 배워도 배운 교리와 일상사가 하나가 되지 못하고 물과 기름처럼 따로 돌기 때문에 아무리 불교 공부를 해도 불자의 삶에서 수행의 향기가 배어나지 않는 것입니다. 수행 따로 일상 따로가 아니고, 일상사 그대로가 수행이어야 합니다. 언제나 어디서나 누구나, 마음만 내면 실행할 수 있어야 합니다. 주부가 집에서 집안일을 하건, 직장인이 회사 일을 하건, 학생이 공부를 하건, 때와 장소를 가리지 않고 즉각 적용할 수 있어야 합니다. 이것이 바로 연기법 수행입니다.

연기법 실천이 이렇게도 중요하다고 강조하는 이유는 바로 삶속에서 이걸 실천했을 때, 비로소 부처님 가르침의 참모습과 참가치가 드러나게 되기 때문입니다. 그렇다면 그것을 어떤 방식으로 실천해야 할까요?

하나는 시간의 선상에서 나의 존재를 순간순간 살피는 수행을 하는 것입니다. 연기법 수행의 첫 번째는 '나는 시간적 존재'임을 확실히 하는 겁니다. 어느 날 갑자기 '나'라는 존재가 지구에 뚝 떨어진 것이 아니라 부모님, 거슬러 올라가면 조부모님, 그 위의 모든 조상들이 있었기에 지금의 나라는 존재가 여기에 있게 된 것입니다. 나로부터 20대만 거슬러 올라가면 약 200만 명 이상의, 30대를 거슬러 올라가면 21억 명의 조상들과 연결되어 있다고 앞에서도 이야기했죠. 그들 중 한 분만 안 계셨더라도 지금의 나는 있을 수 없었을 것입니다.

참 놀랍죠? 그리고 이 21억 명 중에는 영적으로 훌륭하신 부처님 같은, 예수님 같은, 인류 문명을 질적으로 변화시킨 그런 많은 성자들이 분명 있었을 것입니다. 어느 생엔가는 그분들을 나의 부모님으로, 조부모님으로 모시고 있었던 적도 있었을 겁니다.

하루는 부처님께서 제자들을 거느리고 여행을 가시다가 들판에 뼈 무더기가 있는 것을 보고 갑자기 그 앞에서 절을 하셨습니다. 제자인 아난다가 나중에 여쭤보았지요. "왜 갑자기 그때 뼈 무더기 앞에서 절을 하셨습니까?" 그러자 부처님께서 "저 뼈 무더기 속에는 나의 부모님도 계시고, 나와 밀접한 관계가 있는 많은 어른들이 계신다. 그렇기 때문에 절을 했느니라." 하셨어요.

우주 전체의 흐름은 계속 이런 연관성 속에 있습니다. 그러기 때문에 모든 존재현상에 대해 감사하는 마음을 가질 수밖에 없지요. 그런 마음을 갖는 순간, 연기법을 실천하는 겁니다. 또한 모든 사람과 존재들에게 공경의 마음을 내는 순간, 연기법을 실천하고 있는 겁니다. 시간적 차원에서요.

공경이라는 말을 우리가 많이 쓰는 '사랑'이라는 말로 바꿔도 됩니다. '사랑'이라는 단어가 옛날엔 주로 남녀 간의 애정을 지칭하는 말이었지만, 요즘은 많이 바뀌어 손자손녀가 할아버지에게도 "사랑해요", 엄마한테도 "사랑해요", 이렇게 보편적으로 쓰이고 사람들이 좋아하잖습니까. 그래서 저도 다소 거리감 있는 공경이라는 말보다 이왕이면 사랑이라는 말을 쓰려고 합니다. 날마다, 순간순간 감사하는 마음과 사랑하는 마음이 늘 함께할 때, 이것이야말로 연기법을 시간의 선상에서 실천하는 것이라 하겠습니다.

　　　　　　　　　　　　미산 스님 초기경전 강의

_ 연기법에서 우러나는 사랑

연기법 수행의 첫 번째는 공경과 감사의 생활을 하는 것입니다.

연기법의 의미를 이런 시간적인 측면에서 음미해보면 모든 존재가 경이롭고, 모든 존재를 공경할 마음이 우러납니다. 공경은 내 마음이 위로 향하는 것이죠. 이런 연기의 원리를 모르고 무조건 남을 존중하고 공경한다는 것은 쉬운 일이 아닙니다.

사람은 제각각 자신이 잘났다고 생각하기 때문에 남에게 고개 숙이고 남을 잘 모시기란 참 힘든 일이고, 상대를 공경하고 대접하기만 하려는 사람도 별로 없습니다. 내 앞에서 누가 인사도 잘하고 굽신거린다 해도 상황에 따라 어쩔 수 없이 그러는 것일 뿐, 속마음은 그게 아닐 수 있습니다. 나보다 높은 사람들에게 웃는 낯으로 공손하게 대하지만 마음까지 공경심이 있는 것은 아닐 수도 있고요. 진정 공경심을 발해 이웃을 진솔하게 대한다는 것은 이렇게 어려운 일입니다.

그리고 명심할 것은 공경이란 아랫사람이 윗사람에게 일방적으로 하는 것이 아니라는 겁니다. 누구나 서로를 공경해야 합니다. 예절은 어른들부터 지켜야 하는 것입니다. 진정한 어른이란 나이만 많은 거만한 사람이 아니라 자비롭고 지혜롭고 인자한 마음을 가진 사람입니다.

그래서 요즘은 위아래로 오고가는 공경을 뜻하는 말이 전부 '사랑'으로 통하더군요. 여러분도 그냥 '사랑한다' 하면 다 통하잖아요, 이 말 저 말 따로 찾을 것 없이. 세월 따라 말이 이렇게 많이 변했어요. 제가 전에 불교 교리서를 쓸 때만 해도 '공경'과 '사랑'을 구분해서 철저히 '공경'이라고 썼습니다. 사랑이란 말은 하나도 안 넣었거든요. 그때는 그랬지만, 지금은 사랑이라고 거리낌 없이 씁니다.

모든 인간이 맺는 관계 중에서 가장 어려운 것이 인간관계입니다. 인간관계를 쉽고 부드럽게 만드는 윤활유가 바로 감사와 사랑입니다. 모든 행의 기본이 공경심이고, 인간관계, 개인의 성장, 자연과의 친화, 이 모든 것이 감사에서 시작됩니다. 감사하는 마음이 사랑으로 가는 지름길입니다. 감사하는 마음이 있으면 모든 대상을 부처님과 부모님 모시듯, 소중한 친구 대하듯, 어느 것 하나 소홀히 할 수 없고 지극정성으로 공경하게 되는 거지요. 감사와 사랑이 연기법 수행의 첫걸음입니다.

_ 들숨에 감사, 날숨에 사랑

우리가 생활 속에서 쉽게 실천할 수 있는 '감사와 사랑 수행법'이 있습니다. 집이나 직장에서 이렇게 한번 해보세요. 들숨에 '감사합니다', 날숨에 '사랑합니다' 무조건 이렇게요.

'감사합니다' 할 때 마음에 걸리는 사람이 있지요. '내가 왜 저 사람에게 감사해? 아이고, 참 어이없어 죽겠네.' 이런 마음이 혹시 나더라도 그런 부정적인 마음은 무시해버리세요. 그냥 '들숨에 감사, 날숨에 사랑' 이렇게만 해보세요.

연세 드신 분들은 사랑이라는 말이 혹 맘에 걸린다면 그냥 '공경'이나 '존경'으로 하세요. '정말 나의 위대한 스승 부처님처럼 공경합니다.' 이런 마음으로 숨을 내쉬어보세요. 숨을 안 쉬면 죽으니

미산 스님 초기경전 강의

까 계속 쉬잖습니까. 숨을 계속 쉬듯이 감사와 사랑의 마음도 숨과 함께 유지해야 해요. 이게 진짜 연기법 수행입니다.

간화선 수행을 하시는 분들도, 절 수행을 하시는 분들도, 제게 '스님, 다음에 할 수행은 뭐예요?'라고 물으시지만 말고 우선 이 수행을 늘 하세요. 어떻게 수행하느냐고 묻지만 마시고, 이렇게 쉬운 것부터 해보십시오. 순간순간 청정심 자리에서 '들숨에 감사, 날숨에 사랑' 이렇게 하면 그 자리에서 다 끝나요. 세상에 불행한 일, 불편할 일, 다 없어지고 좋은 일만 생깁니다. 딱 일주일만 해보시고 저한테 와보세요. "스님, 감사합니다. 어찌 옛날에 일어나지 않았던 일들이 막 일어나네요." 이런 말씀을 하실 겁니다.

저 자신도 지금 실천하고 있거든요. 순간순간, 놓치지 않고요. 가령 엘리베이터를 타고 있을 때도 어색하게 눈만 말똥말똥 뜨고 저마다 딴 생각하잖아요. 그럴 때 여러분은 자연스레 호흡하면서 들숨에 "감사합니다." 해보는 겁니다. 아, 얼마나 고맙습니까? 이 공간의 공기를 내가 받아들여 허파 속에 들어가면 신진대사가 원활하게 돌아가고, 숨 쉬는 것 자체가 감사할 일이죠. 숨을 이렇게 내쉬는 것 자체가 얼마나 다행스럽습니까. 모든 존재들에게 사랑의 마음, 공경의 마음을 보내지 않을 수 없죠. 모르는 사람들과 있어서 어색하고 머쓱할 때도, 마음속으로 숨을 관찰하고 감사와 사랑의 마음을 계속 챙기는 게 연기법 수행의 첫 번째입니다.

하루 중 얼마만큼이나 이 마음을 챙기는지 잘 보세요. 자기 전까지, 꿈속에서도 하시면 더 좋아요. 무의식 속에 많은 오염물질이 있어요. 감사와 사랑 대신에 원망, 시기, 질투, 미움, 이런 것들이 꽉 차 있어요. 현재의식 상태에선 잘 몰라요. 자기도 모르는 사이에 마음속 깊이 채워넣은 그런 것들은 감사와 사랑의 파동이 들어가면 견디지 못하고 다 녹아버립니다. 아무리 강한 에너지도 이 파동 에너지 앞에선 당해내지 못해요. 이것이야말로 우리가 연기법을 체화해서 부처님같이 되는 가장 쉬우면서도 빠른 길입니다. '우리도 부처님같이'라는 노래 아시잖아요. 그러면 정말 그렇게 되어야지요.

미산 스님 초기경전 강의

공간적 차원에서
수행하기

두 번째는 기쁨 가득한 공존의 생활입니다. 앞의 것이 시간적 차원이라면, 이번엔 공간적 차원입니다. 나라는 존재는 공간적 관점에서 보면 더불어 사는 존재입니다. 공간은 함께 공유하는 것입니다. 그러니까 나만 위해 살 이유도 없고, 그렇게 살 수도 없어요. 항상 남들과 같이 살아간다는 입장에서 공간을 써야 합니다.

그래서 연기법 수행 두 번째는 공간 속에서 항상 행복을 공유하는 것입니다. 그러려면 어떻게 해야 합니까? 몸담은 공간을 항상 자기화해야 합니다. 공간을 자기화하지 않는 사람은 아무데나 침 뱉고, 쓰레기 버리고, 자기 집 앞에 놔두면 냄새 나니까 남 안 볼 때 슬쩍 길에 갖다 놓기도 합니다. 그런 마음 자세는 공존의 생활이 체화되지 않아서 나오는 겁니다. 공간을 모든 존재와 함께 쓰고 있다는 사실을 한시도 놓치지 않고 기쁨 가득한 행복의 생활을 해나가는 것이 두 번째 수행입니다.

_ 행복한 공간 만들기

우리가 사는 이 공간은 온갖 유정有情들을 담아 이 존재들이 잘 살아갈 수 있도록 조화롭게 보살펴주는 기세간입니다. 자연이 우리에게 그렇게 많은 혜택을 주는데, 우리는 자연을 마음대로 파괴하고 활용하면서도 고마운 마음을 가지지 않습니다.

우리가 죽으면 살과 뼈는 흙이 되어 돌아가고, 물과 피와 고름 같은 액체는 물이 되어 흐르고, 몸의 열이나 따뜻한 기운은 대지의 열로 전환됩니다. 우리 몸의 운동이나 혈액의 흐름 등을 원활하게 해주었던 바람의 기운은 대지의 움직임, 바람이 되어 흩어집니다. 이렇게 보면 지금 눈앞에 보이는 산하대지는 내 몸과 무관하지 않습니다. 내 몸이라는 것도 결국 산하대지로 환원되며, 산하대지가 바로 내 몸입니다.

깊은 삼매를 체험하게 되면 우주와 내가 별개의 존재가 아니라 하나임을 체험하게 됩니다. 우주와 내가 하나 됨을 체험하는 특별한 의식 상태에 들어가는 거죠. 그런 체험을 한 사람들은 이를 몸으로 체득하고 알게 됩니다. 설령 그렇지 않더라도 조금만 깊이 생각해보면 생명체를 담고 있는 지구는 나와 한 몸임을 알 수 있습니다. 우리 몸도 소우주라면 이 태양계는 대우주입니다. 떼려야 뗄 수 없는 관계성 속에 공존하고 있는 것입니다.

사정이 이러한데, 어찌 남의 것을 대하듯 마구 뚫고 부술 수 있겠습니까. 개발과 성장이라는 미명 하에 수백만 년 동안 우리와 함께 해온 산과 강을 뚫고 막고 부수고 합니다. 무분별하게 4대강 개발 사업을 추진함으로써 생태계의 조화가 깨져 큰 재앙을 초래할지도 모릅니다. 막아놓은 갯벌의 무수한 생명들이 죽어갑니다. 늦은 밤에 공장에서 폐수를 방출하고, 공장 굴뚝에서 이산화탄소를 내뿜습니다. 휴지와 음식물 쓰레기를 함부로 버리고, 아무데서나 침 뱉고 코를 풉니다. 이 세계는 더불어 살아야 참으로 살맛나는 기쁜 세상이 펼쳐진다는 사실을 망각하고 있기 때문에 환경을 파괴하고 자연을 오염시키는 어리석은 행동을 일삼는 겁니다. 지구촌에 살고 있는 인류가 진작 연기의 진리에 귀를 기울였다면, 지금처럼 오존층이 파괴되어 지구온난화가 가속화되고 물이 오염되어 정수된 물을 사먹어야 하는 이 지경까지 이르지는 않았을 것입니다. 우리는 지금 이런 환경에서 살고 있습니다.

지구온난화가 끊임없이 진행되고 있기 때문에 이 시점에서 우리 각자가 대오각성하지 않으면 언제 지구가 멸망할지, 냉각기로 갈지 예측할 수 없습니다. 그래서 상도선원에서는 '일회용 컵 안 쓰기 운동'을 실천하고 있습니다. 바로 이 빨간 컵이 상도선원 전용 컵입니다. 불자님들이 절에서는 커피나 차, 물 드실 때 이 컵 하나씩 들고 사용하시죠. 일회용 컵은 쓰지 않기로 서로 합의했습니다. 왜냐하면 그간 알게 모르게 일회용 컵을 굉장히 많이 썼거든요. 제가 항상 이걸 어떻게 좀 해결해야겠다는 생각은 하고 있었는데, 마침 뜻 있는 불자님이 "이래서는 안 됩니다. 제가 보시를 좀 할 테니 스테인리스 컵을 비치해서 이렇게 하자."며 제안을 하시더군요. 그런데 선원에 컵과 잔이 많이 있지만 항상 설겆이가 문제가 됩니다. 누구는 마시고 그냥 두고 가고, 누구는 다 모아서 씻어야 하는 불평등한 일이 항상 일어나거든요. 그래서 아이디어를 낸 것이 이렇게 각자 컵을 지참하고 다니면서 자기가 마시고 씻어서 잘 간수했다가 절에 올 때 갖고 오도록 하는 거죠. 이런 작은 것부터 실천하면 다른 일로도 확산된다는 자신감을 갖고 있습니다.

또 한 가지 아이디어가 있습니다. 제가 가르치는 중앙승가대 스님들이 350명쯤 되는데, 학교에서 공부하고 나면 각자 자기 절로 돌아갑니다. 이 스님들에게 '일회용 컵 안 쓰기' 캠페인을 벌이고 전용 컵을 하나씩 쓰게 하는 방법도 있습니다. 이렇게 해놓으면 전국 사찰로 퍼져나갈 수도 있습니다. 이미 실천하는 곳도 있을 겁니다. 꼭 사찰만이 아니라 범국민적으로도 이렇게 하게 되면 얼마나 좋겠어요. 종이컵이나 수많은 일회용품들이 오늘도 버려지고 있지 않습니까? 이런 것을 적극 실천하는 것이 바로 연기법을 실천하는 것입니다. 이게 두 번째 연기법 수행입니다.

_ 네트워크 사회의 공존 지수

인간과 자연의 공존뿐만이 아니죠. 인간과 인간, 인간과 동물이 더불어 살며 기쁨을 주는 생활입니다. 아무리 힘들고 고달픈 인생이라도 혼자가 아니라 고마운 많은 이들과 함께하고 있음을 깨달으면 삶이 신나고 즐거워요. 생존경쟁이 치열한 이 사회에서 연기법을 잊고 살면 그 즉시 즐거움이 괴로움으로 바뀝니다. 남보다 더 많이 갖고, 더 높이 올라가고, 더 빨리 가고 싶은 욕망은 끝이 없습니다. 내가 승진하려면 동료가 나가야 하고, 내 자식이 입시에 합격하려면 다른 아이들이 떨어져야 하잖아요. 내가 손해를 보면서까지 남 잘되는 것을 보기란 쉬운 일이 아닙니다. '사촌이 땅을 사면 배가 아프다.'고 하잖아요. 내 이익을 접고 남의 이익에 박수를 치는 건 성인군자가 아니고는 실천하기 쉽지 않습니다.

그러나 발상을 바꾸어 연기법 입장에서 본다면 꼭 어렵거나 불가능한 이야기만은 아닙니다. 오히려 지금 같은 네트워크 시대에는 공존의 밀도가 워낙 높아 '나만 잘살고 남들은 못살아도 돼.'라는 자기중심적 태도를 가진 사람은 낙오될 수밖에 없습니다.

정보화 사회에서 서로 공존하며 살 수 있는 능력을 네트워크지수, 즉 'NQ Network Quotient'라고 합니다. 김무곤 교수가 쓰신 《NQ로 살아라》라는 책도 있지요. 또 《사회지수Social Quotient》라는 책도 나왔는데, 이 책은 《EQ》의 저자인 대니얼 골먼이 썼습니다. 골먼은 이미 《EQ》라는 감성지수에 대한 책을 써서 베스트셀러 저자가 되었죠. 그분은 불교 명상수행을 열심히 하는 것으로 널리 알려졌습니다. 그런 바탕에서 아이디어도 나오고, 유명한 저자가 된 것입니다. 그분이 지구촌 시대, 특히 요즘 같은 정보화 시대에서 중요한 것이 SQ, 즉 '사회성지수'라고 한 겁니다. 'SQ시대'라고 하죠. 사회성지수, 즉 공존지수가 중요하다는 겁니다.

정보화 사회에서 살아가는 데 공존지수가 매우 중요하다는 것을 불교적으로 해석해볼까요. '지금 우리가 맞이하고 있는 네트워크 시대에는 연기법의 응용이 극대화된다.'라는 뜻입니다. '누이 좋고 매부 좋고'란 말이 이제는 더 설득력 있는 시대가 되었다는 것이지요. 영어로 하면 '윈윈win-win'입니다. 갈수록 복합적인 상호관계성이 더욱 커지는 사회에서 자기만 잘살겠다고 발버둥 치는 사람은 자신도 실패할 뿐만 아니라 남들에게까지 피해를 줍니다. 더불어 공존하면 모두가 기쁘고 즐겁지만, 남을 이기기 위해 짓밟으면 함께 슬프고 비참해집니다.

정말 그렇습니다. 요즘 아이들 교육시킬 때도 IQ, EQ만 좋아가지고는 앞으로 큰일 못해요. 정말 큰일을 할 수 있는 사람은 NQ, SQ가 높아야 해요. 그래서 대기업이나 미국의 큰 기업에서는 인터뷰 때 가장 많이 보는 게 공존지수나 사회성지수랍니다. 그래야만 복잡하게 연관된 사회 속에서 능력껏 일할 수 있으니까요. 아이들 교육시킬 때 책상머리에 앉아서 책만 보는 교육을 시켜서는 안 됩니다. 한국의 교육이 아직 그 수준을 탈피하지 못하는 게 아쉽습니다. 영국이나 미국을 보면 아이들을 자유롭게 키웁니다. 현장 교육이나 여행도 많이 시킵니다. 케임브리지나 옥스퍼드대학교 같은 곳에서는 3학년까지만 다니고 1~2년 동안 전공에 관련된 활동을 하고 오면 바로 석사나 박사 과정에 다니게 해줍니다. 그만큼 창의성을 발휘할 충분한 기회를 제공하는 것이죠.

연기법 수행을 실천하는 사람은 사소한 것이라 할지라도 함께 기뻐하는 태도를 가져야 해요. 한 방울의 물이 모여 바다를 이루고, 북경에서 펄럭이는 나비의 날갯짓이 아마존에서 태풍을 일으킵니다. 미시적 변화가 거시적 변화를 가져오는 겁니다. 옆집 개가 새끼를 낳는 것도 기뻐할 일이고, 앞집 소년이 장학생이 된 것도 기뻐할 일입니다. 연기적 관점에서 보면 세상이 온통 기쁨과 환희로 충만합니다.

그런데 여러분, 실제로 이게 잘 됩니까? 옆집에서 사둔 주식이 올랐다고 좋아하면 괜히 억울하고 질투가 생기죠? 그렇지 않다는 분은 연기법 수행을 잘하고 계신 분입니다. '남은 잘됐는데, 난 뭐야?' 이런 생각이 당연히 들 수밖에 없습니다. 이럴 때 정말 지혜 있는 사람은 이 연기법 수행을 합니다.

_ 안으로 깨어 있자

연기법 수행의 세 번째는 안으로 늘 깨어있는 생활을 하는 것입니다. 앞의 두 가지 즉, 공경과 감사 그리고 기쁨과 공존의 삶이 늘 유지되도록 지금 여기에 깨어있는 것입니다.

'나'에서 시작했습니다. '나'라는 존재는 실체로 존재하는 게 아니라, 이 세상에 태어나는 순간부터 외부 정보와 의식 공간에 이미 존재해 있던 기존의 업식, 개념, 관념, 가치가 결합돼 형성된 것이라고 했지요. 지금 이 순간도 끊임없이 변하며 새롭게 형성되고 있어요. '나'라는 존재에 대해 이 강의를 듣는 순간 또 다른 내가 존재하는 겁니다. 벌써 시간과 공간이 달라졌으니 말이죠. 이처럼 '나라고 할 내가 없다', 즉 '무아'라는 사실을 늘 알아차리는 겁니다. 지금 여기서 들을 때는 이게 수긍이 가죠? 그런데 나가는 순간에 다 잊어버립니다. '무아'가 어디 있어요? 상황에 이끌리고 주위 사람에 휘둘려서 순간순간 상황의 노예가 되어버리죠.

이번 여름에 일주일간 집중수행을 하신 분들은 어때요? 이제 조금 지나니까 다시 심란해지실 겁니다. 똑같이 화나고 똑같이 답답하고, 전철에서 누가 밀면 짜증나고 덥고. 이런 상황의 노예가 되는 순간, 우린 다시 범부중생이 되는 겁니다. 이런 상황에서도 놓치지 않고 화두를 들거나 염불을 하거나 '들숨에 감사, 날숨에 사랑'을 해 보세요. 지하철 안에서 이리 밀치고 저리 밀리고 난리가 날 때, 자기 숨을 딱 보면서 "감사합니다, 사랑합니다." 이렇게 하고 있으면 세 상이 완전히 달라져요. 한번 해보세요. 자신의 말과 뜻을 관조할 수 있을 때, 그를 연기법 수행자라고 할 수 있습니다. 순간순간 깨어 있 는 맘으로 상황의 노예가 되지 않고 자신의 말과 뜻을 관조하는 것, 이것이 바로 세 번째 방법입니다

화가 머리끝까지 치솟아서 친구와 싸움을 한다고 생각해보세 요. 싸우는 순간 친한 친구라는 사실은 까맣게 잊어버리고, 상처를 줄 심한 말을 해서는 안 된다는 것도 잊어버리고, 그저 화나는 대로 욕하고 주먹이 날아가고 몸싸움까지 해버리죠. 이렇듯 순간의 상황 에 휩쓸려서 돌이킬 수 없는 실수를 저지르고 나서야 비로소 후회하 고 한탄합니다.

이때 연기적 삶의 태도란 무엇인가요? 화를 내는 순간 연쇄적 으로 일어날 상황들을 미리 간파하여 몸과 입과 뜻을 조절하는 것입 니다. 앞으로 전개될 상황이 훤히 들여다보이는 거지요. 이러한 수 행자라면 어떤 돌발적 상황에도 휩싸이지 않아요. 마음이 항상 밖으 로 내닫지 않고 내면을 관조하고 있습니다. 이런 사람의 내면은 맑 고 고요하고 항상 당당하고 흔들림이 없어서 어떤 외부 경계가 다가 와도 결코 흔들리지 않습니다. 이것이 연기법 수행자의 맑고 여여如 如한 마음입니다. 이 정도가 되면 수행이 아주 깊이 있게 진행되고 있는 겁니다. 거리낌 없는 당당함, 이것이야말로 중요합니다.

엊그제 어느 학부모가 과학고등학교에 다니는 아이를 데리고

저한테 왔어요. 전에 과학고에 들어갈 때 저를 찾아와서 몇 마디 나눈 것이 마음에 남아 있었는지, 앞으로 인지과학 명상과 관련된 두뇌생리학 쪽을 공부하고 싶다더군요. 그런 특수고등학교는 경쟁이 굉장히 심하다고 하더군요. 모두 공부 잘하는 학생들만 지원할 텐데, 그 중에서 뽑으니 얼마나 불안하겠어요. 그렇게 불안한 마음으로 시험에 응하면 좋은 점수를 못 받으니 당당한 마음자세를 유지해야 한다고 충고해주었어요.

그래서 감사와 사랑 호흡법을 그 학생에게 가르쳐줬어요. 시험 보기 전 일주일 동안 마음이 흔들리고 불안하고 걱정스러울 때마다 '숨 들이쉬며 감사, 내쉬며 사랑'을 해보라고요. 그러면 네 앞에는 경쟁자가 없을 거라고 했어요. 모든 친구들이 다 좋은 벗으로서 선의의 경쟁을 하는 것이니 맘을 편히 가져야지 불안해하면 안 된다고 당부했어요. 그리고 앞으로 인지과학 명상 관련 연구를 하려면 스스로 이런 명상을 계속 해야만 수준 높은 연구를 할 수 있다고 조언해주었지요. 지식이나 과학적 데이터만 가지고는 깊이 있는 연구를 할 수 없는 게 당연하니까요. 얼마나 도움이 될지는 모르지만, 어린 학생일수록 마음이 순수해서 진리에 대한 이야기를 해주면 바로 흡수하거든요.

아무튼 항상 이렇게 연기법 수행을 제대로 하고 있는 분들은 맑고 당당한 마음으로 살아가게 됩니다. 우리는 눈·귀·코·혀·몸·뜻, 이렇게 육근을 통해 외부대상인 육경을 받아들이고 있어요. 그런데 사람들 대부분은 더 좋은 경계, 더 짜릿한 자극을 향해 하루 종일 그런 것만 생각합니다. 좋은 것을 보면 더 갖고 싶고, 맛있으면 먹고 싶고, 사랑하는 사람은 껴안고 싶고 키스하고 싶고 그렇지요.

육근이 시키는 대로만 이끌리다 보면 자꾸 집착만 늘어나고, '나'라는 생각만 키워서 끊임없이 추구하다 보면 결국 삶의 무게를 감당할 수 없게 됩니다. 그래서 스트레스가 쌓이고, 심하면 우울증도 되고, 정신병리학적 현상들이 나타나기도 합니다. 이렇게 살기 때문에 그래요. 순간순간 마음의 흐름을 관찰해서 집착심이 나지 않도록 하면 맑고 당당한 마음으로 살아갈 수 있지요.

연기법 수행자는 이런 관념의 늪에 빠지지 않고 늘 성성하게 깨어 있는 사람입니다. 외부의 그 어떤 경계가 우리를 휘젓더라도 말입니다. 참된 연기법 수행자의 모습은 경계에 부닥쳤을 때 여실히 드러납니다. 언뜻 보면 맑게 느껴질 수 있지만, 경계 앞에 서면 참된 수행자의 실상이 나타납니다. 맑은 물 한 컵과 흙탕물 한 컵을 가만 놔두고 보면 양쪽 다 맑게 보이지요? 하지만 막대로 휘저어보면 맑은 물은 그대로 맑지만, 흙탕물은 엄청나게 탁해지게 마련입니다.

항상 순간순간 마음을 정화하는 수행을 해야만 언제 어떤 경계를 맞더라도 맑고 당당한 모습을 그대로 유지할 수 있습니다. 그렇지 않으면 표면적으로는 맑게 정화된 것 같지만, 저 무의식 깊은 곳에는 오염원들이 가라앉아 있어요. 간화선 수행을 해보신 분들은 실제 몸으로 체험하셨을 거예요. '아, 내가 속으로 이런 생각을 하고 있었구나.' 놀랄 만큼 그런 것들이 표면으로 흘러나오거든요. 그래서 수행은 꾸준히 해야 한다는 겁니다. 그래야만 그런 맑고 향기로움이 삶 전체에 가득하게 되는 겁니다.

부처님 같은 완전한 깨달음을 성취한 사람이란 사실 없지요. 아무리 연기법을 따르는 수행자라 하더라도 경계 없는 인생은 없으며, 경계가 닥쳐오면 과거에 쌓아놓은 업식에 따라 마음이 동하게 마련

미산 스님 초기경전 강의

입니다. 그러나 그 업식에 놀아나지 않도록 하는 것이 바로 수행인 것입니다. 이건 아주 중요한 이야깁니다. 우리가 수행해서 지혜가 조금 생겼다 해도 이 지혜가 아직 약해요. 과거의 업식이 마음속 깊은 곳에 너무도 농도 짙게 있기 때문에 경계에 따라 조건이 맞으면 바로 '욱' 하는 마음이 올라옵니다. '확' 하고 올라오는 마음은 탐심, '욱' 하고 올라오는 마음은 진심입니다. 마음의 혼미함에서 오는 치심은 '멍' 하게 올라옵니다. 탐심, 진심, 치심, 이 세 가지 마음을 늘 살펴 그쪽에 에너지를 주지 않는 것이 진짜 수행이에요. 그러니 온 생에 걸쳐서 꾸준히 해야 됩니다. 구체적인 방법은 순간순간 감사와 사랑의 마음을 놓치지 않는 것입니다. 계속 놓치지 않고 해보면 진짜 변화가 생깁니다.

제가 숙제를 한번 내볼게요. 매일 감사 일기를 쓰세요. 공책을 한 권 마련해서 날짜를 적고, 그날그날 감사할 일들을 구체적으로 다 쓰셔도 되고, 정 귀찮으면 몇 단어만이라도 적어보세요. '어떠어떠한 일에 감사' 이런 식으로 목록을 죽 작성해보면 자기 삶이 변화되는 궤적을 볼 수 있습니다. 라이프 코칭을 하시는 분들이 감사 일기를 꼭 쓰게 하는데, 효과가 아주 큽니다. 한발 더 나아가 매순간 호흡에서 감사와 사랑의 깨어 있음을 놓치지 마십시오.

_ 좋으면 좋은 대로, 나쁘면 나쁜 대로

연기법 수행의 네 번째는 분별심과 집착을 놓아버리고 자유로운 삶을 살아가는 것입니다. 좋다 나쁘다를 분별하는 순간, 마음이 대상에 딱 머물러버려요. 진드기처럼 딱 들러붙지요. 그러면 대상을 붙잡고 나, 나의 것, 이렇게 집착을 하게 되지요. 분별의식 속에 살아가는 게 우리 인간인데, 분별은 항상 집착을 낳습니다.

집착은 탐착과 혐오, 두 가지 양상으로 나타납니다. 자기에게 이롭다고 생각되는 것은 강하게 끌어들여 플러스 에너지를 만드는데, 이게 탐착 에너지입니다. 자기에게 해롭다 생각하면 강하게 밀쳐내는 것은 혐오 에너지입니다. 삶 전체를 채우는 이 에너지가 크면 클수록 우리는 소용돌이에 휘말려 고통과 번민의 늪에서 헤어날 수 없게 됩니다.

좋은 대상에 대해서 사랑하고 미운 대상에 대해선 분노를 느끼는 것은 바로 분별의식 때문입니다. 그런데 본래의 청정심 자리에서 마음을 일으켜 대상을 보고 흘려보내면 거기에 집착 에너지가 생기지 않아요. 좋으면 좋은 대로 있는 그대로 보고 흘려보내고, 나쁘면 나쁜 것대로 흘려보내지요. 이러한 마음 상태로 살아간다는 것이 네 번째 연기법 수행입니다.

연기법 수행은 어떤 기법이나 테크닉이 아닙니다. 모든 불교 수행의 바탕이 되는 게 연기법입니다. 방금 설명한 이 네 가지 수행법은 어떠한 불교 수행에도 적용되는 구체적인 원리입니다. 기법만 갖고는 불교 수행의 완성도가 떨어집니다. 간화선이든 기도든, 완성도를 가지려면 이 네 가지가 바탕이 돼야 합니다. 연기법은 어떤 형태의 불교 전통에서도 공유하고 있는 원리로서, 사람으로 하여금 행복한 삶을 누리도록 하는 것입니다. 행복이란 고통이 소멸되면 저절로 오게 마련이거든요.

여섯 방향에 절하기

연기법의 실천적 수행에 관한 이
야기와 잘 어울리는 경이 〈싱갈로와다 숫따〉, 우리말로 〈육방예경〉
입니다. 재가불자의 삶과 직결된 부처님 말씀인데, 〈디가 니까야〉의
31경에 속하는 좀 긴 경이죠. 〈중아함경〉에 〈육방예경〉 혹은 〈선생
경〉으로 나오는 이 경은 한역도 여러 차례된 유명한 경입니다. 빨리
어로 남아 있는 것은 남방불교 국가에서 자주 애송됩니다. 이 경의
앞부분과 뒷부분에 초점을 두어, 특히 육방에 절해야 하는 이유를
밝힌 부분을 발췌하여 합송하겠습니다.

한때 세존께서는 라자가하에서 대나무 숲의 다람쥐 보호구역에
머무셨다. 그 무렵에 싱갈라라는 장자의 아들이 아침 일찍 일어
나서 라자가하를 나가서 옷을 적시고 머리를 적시고 합장을 하
고 동쪽 방향과 남쪽 방향과 서쪽 방향과 북쪽 방향과 아래 방

향과 위 방향의 각 방향으로 절을 했다.

그때 세존께서는 오전에 옷매무새를 가다듬고 발우와 가사를 수하시고 걸식을 위해서 라자가하로 들어가셨다. 세존께서는 라자가하로 들어가시다가 장자의 아들 싱갈라가 아침 일찍 일어나서 라자가하를 나가서 옷을 적시고 머리를 적시고 각 방향으로 절을 하는 것을 보셨다. 보시고서는 장자의 아들 싱갈라에게 이렇게 말했다.

"장자의 아들이시여, 왜 그대는 아침 일찍 일어나 라자가하를 나가서 옷을 적시고 머리를 적시고 합장을 하고 동쪽 방향과 남쪽 방향과 서쪽 방향과 북쪽 방향과 아래 방향과 위 방향의 각 방향으로 절을 하는가?"

"세존이시여, 저의 부친께서 임종하시면서 제게 말씀하시기를 '애야, 방위를 향해서 절을 해야 한다.'라고 하셨습니다. 그래서 저는 부친의 유언을 존경하고 존중하고 숭상하고 예배하고 공경하여서 아침 일찍 일어나서 라자가하를 나가서 옷을 적시고 머리를 적시고 합장하고 동쪽 방향과 남쪽 방향과 서쪽 방향과 북쪽 방향과 아래 방향과 위 방향의 각 방향으로 절을 합니다."

"장자의 아들이여, 그러나 성자의 율에서는 이렇게 육방으로 절을 해서는 안 된다."

"세존이시여, 그러면 성자의 율에서 어떻게 육방으로 절을 해야 합니까? 세존께서 제게 성자의 율에서는 육방으로 절을 해야 하는지 법을 설해주시면 감사하겠습니다."

"장자의 아들이여, 그렇다면 들어라. 마음에 잘 새겨라. 나는 설하리라."

"그렇게 하겠습니다. 세존이시여."

육방을 감싸는 자, 장자의 아들이여.

어떻게 해서 성스러운 제자는 육방을 감싸는 자가 되는가?

장자의 아들이여, 이들 여섯 방향을 잘 알아야 한다.

동쪽 방향은 부모라고 알아야 한다.

남쪽 방향은 스승이라고 알아야 한다.

서쪽 방향은 자식과 아내라고 알아야 한다.

북쪽 방향은 친구라고 알아야 한다.

아래 방향은 하인과 고용인들이라고 알아야 한다.

위 방향은 사문과 바라문이라고 알아야 한다.

장자의 아들이여,

아들은 다음의 다섯 가지 경우로

동쪽 방향인 부모를 섬겨야 한다.

'나는 그분들을 잘 봉양할 것이다.

그분들에게 의무를 행할 것이다.

가문의 대를 확고하게 할 것이다.

유산인 부모의 훈육대로 잘 실천할 것이다.

부모가 돌아가시면 그분들을 위해서 보시를 행할 것이다.'라고.

장자의 아들이여,

이와 같이 아들은 동쪽 방향인 부모를 섬긴다.

그러면 부모는 다시 다음의 다섯 가지 경우로

아들을 사랑으로 돌본다.

사악함으로부터 멀리하게 한다.

선善에 들어가게 한다. 기술을 배우게 한다.

어울리는 아내와 맺어준다. 적당한 때 유산을 물려준다.

장자의 아들이여,

이러한 다섯 가지 경우로 아들은 동쪽 방향인 부모를 섬기고

부모는 다시 이러한 다섯 가지 경우로 아들을 사랑으로 돌본다.

이렇게 해서 동쪽 방향은 감싸지게 되고 안전하게 되고

두려움이 없게 된다.

장자의 아들이여,

제자는 다음의 다섯 가지 경우로

남쪽 방향인 스승들을 섬겨야 한다.

일어나서 맞이하고 섬기고 배우려 하고

개인적으로 시봉하고 기술을 잘 배운다.

장자의 아들이여,

이와 같이 제자들은 남쪽 방향인 스승들을 섬긴다.

그러면 스승들은 다시 다음의

다섯 가지 경우로 제자를 사랑으로 돌본다.

잘 훈육되도록 훈육한다.

잘 이해하도록 이해시킨다.

기술을 모두 다 배우도록 잘 가르쳐준다.

친구와 동료에게 잘 소개해준다.

모든 곳에서 안전하게 보호해준다.

장자의 아들이여,
이와 같이 제자들은 남쪽 방향인 스승들을 섬기고
스승들은 다시 이러한 다섯 가지 경우로 제자를 사랑으로 돌본다.
이렇게 해서 남쪽 방향은 감싸지게 되고 안전하게 되고
두려움이 없게 된다.

장자의 아들이여,
남편은 다섯 가지 경우로 서쪽 방향인 아내를 섬겨야 한다.
존중하고, 얕보지 않고, 바람피우지 않고,
권한을 넘겨주고, 장신구를 사준다.
장자의 아들이여,
이와 같이 남편은 서쪽 방향인 아내를 섬긴다.

그러면 아내는 다시 다음의 다섯 가지 경우로
남편을 사랑으로 돌본다.
맡은 일을 잘 처리하고, 주위 사람들을 잘 챙기고,
바람피우지 않고, 가산을 잘 보호하고,
모든 맡은 일에 숙련되고 게으르지 않는다.

장자의 아들이여,
이러한 다섯 가지 경우로 남편은 서쪽 방향인 아내를 섬기고
아내는 다시 이러한 다섯 가지 경우로 남편을 사랑으로 돌본다.

이렇게 해서 서쪽 방향은 감싸지게 되고 안전하게 되고
두려움이 없게 된다.

장자의 아들이여,
선남자는 다음의 다섯 가지의 경우로
북쪽 방향인 친구와 동료들을 섬겨야 한다.
베풀고, 친절하게 말하고, 그들에게 이익이 되도록 행하고,
자기 자신에게 하듯이 대하고, 언약을 어기지 않는다.
장자의 아들이여, 이와 같이 선남자는
북쪽 방향인 친구와 동료들을 섬긴다.

그러면 친구와 동료들은 다시 다음의 다섯 가지의 경우로
선남자를 사랑으로 돌본다. 취해 있을 때 보호해주고,
취해 있을 때 소지품을 지켜주고, 두려울 때 의지처가 되어주고,
재난에 처했을 때 떠나지 않고, 그의 자녀들을 존중한다.

장자의 아들이여, 이러한 다섯 가지 경우로
선남자는 북쪽 방향인 친구와 동료들을 섬기고
친구와 동료들은 다시 이러한 다섯 가지 경우로
선남자를 사랑으로 돌본다.
이렇게 해서 북쪽 방향은 감싸지게 되고 안전하게 되고
두려움이 없게 된다.

장자의 아들이여,

주인은 다음의 다섯 가지 경우로
아래 방향인 하인과 고용인들을 섬겨야 한다.
힘에 맞게 일거리를 배당해주고, 음식과 임금을 지급하고,
병이 들면 치료해주고, 특별히 맛있는 것을 같이 나누고,
적당한 때에 쉬게 한다.
장자의 아들이여, 이와 같이 주인은 아래 방향인
하인과 고용인들을 섬긴다.

그러면 하인과 고용인들은
다시 다음의 다섯 가지 경우로 주인을 사랑으로 돌본다.
먼저 일어나고, 나중에 자고, 주어진 것에 만족하고,
일을 아주 잘 처리하고, 주인에 대한 명성과 칭송을 달고 다닌다.

장자의 아들이여, 이러한 다섯 가지 경우로
주인은 아래 방향인 하인과 고용인들을 섬기고
하인과 고용인들은 다시 이러한 다섯 가지 경우로
주인을 사랑으로 돌본다.
이렇게 해서 아래 방향은 감싸지게 되고 안전하게 되고
두려움이 없게 된다.

장자의 아들이여,
선남자는 다음의 다섯 가지 경우로
위 방향인 사문 바라문들을 섬겨야 한다.
자애로운 몸의 업으로 대하고, 자애로운 말의 업으로 대하고,

자애로운 마음의 업으로 대하고, 대문을 항상 열어주고,
일용품을 공급한다.
장자의 아들이여, 이와 같이 선남자들은
위 방향인 사문 바라문들을 섬긴다.

그러면 사문 바라문들은 다시 다음의 다섯 가지 경우로
선남자를 사랑으로 돌본다. 사악함으로부터 멀리하게 하고,
선善에 들어가게 하고, 선한 마음으로 자애롭게 돌보며,
배우지 못한 것을 가르쳐주고, 배운 것을 깨끗하게 해주고,
천상으로 가는 길을 드러내어 준다.

장자의 아들이여, 이러한 다섯 가지 경우로 선남자는
위 방향인 사문 바라문들을 섬기고, 사문 바라문들은 다시
이러한 다섯 가지 경우로 선남자를 사랑으로 돌본다.
이렇게 해서 위 방향은 감싸지게 되고
안전하게 되고 두려움이 없게 된다.

세존께서는 이렇게 말씀하셨다. 선서善逝께서는 이렇게 말씀하
신 뒤 다시 게송으로 이렇게 말씀하셨다.

부모는 동쪽 방향이요
스승들은 남쪽 방향이며
자식과 아내는 서쪽 방향이요
친구와 동료들은 북쪽 방향이며

하인과 고용인들은 아래 방향이요
사문과 바라문들은 위 방향이다.

재가자는 이들 방향에 예배해야 하나니
이렇게 해야 가문을 지킨다고 할 만하다.
현자는 계를 구족하고 온화하고 영감을 갖추나니
겸손하고 완고하지 않은 이러한 자는 명성을 얻는다.
일찍 일어나고 게으르지 않고 재난에 처했을 때 떠나지 않으며
흠이 없고 총명한 이러한 자는 명성을 얻는다.

섭수하여 친구로 삼고 친절하게 말하고 인색하지 않으며
인도자요 훈도자요 조정자인 이러한 자는 명성을 얻는다.

이 세상에서 베풀고 친절하게 말하고
그들에게 이익이 되도록 행하며
모든 것들에 대해 자기 자신에게 하듯이 대하고
어디서든 누구에게나 적절하게 행하면
이런 요소들이 세상을 돌아가게 하나니
마치 마차 차축의 핀과도 같다.

이런 요소들이 없다면 어머니도 아들이 하는
존경과 예배를 받지 못하며 아버지도 역시 그러하다.

그러므로 이런 요소들을 현자들은 바르게 관찰하나니

그러므로 이런 것들은 위대함을 얻게 되고
칭송이 자자한 것이다.

이렇게 말씀하시자 장자의 아들 싱갈라는 세존께 말씀드렸다.
"경이롭습니다. 세존이시여, 경이롭습니다. 세존이시여, 마치
넘어진 자를 일으켜 세우시듯, 덮여 있는 것을 걷어내 보이시
듯, 방향을 잃어버린 자에게 길을 가리켜주시듯. '눈 있는 자 형
상을 보라.'고 어둠 속에서 등불을 비춰주시듯, 세존께서는 여
러 가지 방편으로 법을 설해주셨습니다. 저는 이제 세존께 귀의
하옵고, 법과 비구승가에 귀의하옵니다. 세존께서는 저를 오늘
부터 목숨이 있는 날까지 귀의한 청신사로 받아주소서."

―

《디가 니까야》 3권 311~332

〈싱갈로와다 숫따(싱갈라교계경)〉에서 부처님께 말씀을 듣는 이
사람의 이름은 '싱갈라'라고 하는데, 한문으로 번역하면 '선생善生'
입니다. '잘 태어난 사람'이라는 뜻이지요. 싱갈라는 어떤 사람이었
을까요? 이분 아버님이 브라만으로서 열심히 신들에게 절하고, 절
을 통해 축복 받아 잘 살도록 지도하신 분입니다.

인도에는 '수리야 나마스까라(태양 숭배)'라고 해서 절하는 수행
이 있어요. 아침 해가 뜰 때쯤 해를 보며 신의 명호를 외우면서 손을
올렸다가 바닥으로 좍 뻗어서 척추를 휘게 하는 전신 수행인데, 티
베트의 오체투지보다 좀더 요가에 가깝게 움직이는 수행입니다. 싱

미산 스님 초기경전 강의

갈라는 아침마다 목욕재계하고 여섯 방향을 향해 절하라는 아버지의 가르침에 충실했지만, 부처님이 보시기에는 근본이 잘못되었던 거죠. 그렇게 무조건 절하는 게 아니고, 여섯 방향에 절하는 데는 중요한 의미가 있다며 실질적인 의미를 가르쳐주십니다.

우리 삶 속에서 남편이 아내를, 아내가 남편을, 자식이 부모를, 부모가 자식을, 상사가 부하를, 부하가 상사를 어떻게 대해야 하는지를 부처님이 이 경에서 자세히 알려주시죠. 이것은 도덕과 사회윤리 차원에 그치는 게 아니라 감사와 사랑의 삶을 체화하기 위한 구체적인 지침입니다. 이 경을 읽을 때는 그것을 음미하며 읽어보십시오.

앞의 연기법 수행 네 가지를 가족관계뿐만 아니라 직장·학교·사회에서 만나는 모든 이들과의 관계 속에서도 실천해가야 됩니다. 여기서 공통적인 핵심 단어를 뽑아본다면 무엇일까요? 바로 '감사와 사랑'입니다. 감사와 사랑이 있으면 모든 관계는 부드러워집니다. 문제가 그 안에서 전부 해결되는 것이죠.

_ 동쪽은 부모, 서쪽은 아내

'육방을 감싸는 자'라고 해서 각 방향이 누구를 의미하는지를 명시하고 있지요. 동쪽은 부모에게 절하는 방향입니다. 절한다는 것은 무슨 의미일까요? 자기를 비우고 상대방을 공경한다는 뜻이죠. 사랑이라는 말로 바꿔도 됩니다. 부모님을 진실하게 사랑한다는, 공경한다는 마음가짐으로 동쪽을 향해 절하는데, 절하는 행위 속에 어떤 마음이 있어야 할까요?

첫째, 나는 부모님을 잘 봉양할 것이다.
둘째, 그분들께 의무를 행할 것이다.
셋째, 가문의 대를 확고하게 할 것이다.
넷째, 유산인 부모의 훈육대로 잘 실천할 것이다.
다섯째, 부모가 돌아가시면 그분들을 위해 보시를 잘할 것이다.

이런 마음가짐으로 절을 합니다. 부모님을 잘 봉양하고 의무를 다한다는 것이 말처럼 쉽지는 않습니다. 살다 보면 형편이 안 되는 경우도 있고, 잘해드리고 싶어도 뭔가 반항적으로 치밀어 오르기도 합니다. 특히 부모자식 관계에서 해결되지 않은 문제들이 꼭 있습니다. 그래서 잘해드리면서도 뒷말을 계속하기도 하지요. 이런 식이라면 진정한 연기법 수행이 아닙니다. 진정한 연기법 수행은 그런 뒷말을 다 비우고 조건 없이 감사하며 사랑의 에너지를 보내는 것입니다. 부모가 돌아가신 후 그분들을 위해 보시를 잘하는 것보다는 돌아가시기 전에 잘하는 것이 훨씬 더 중요합니다.

부모가 자식에게 해주는 다섯 가지. 이건 모든 부모의 심정일 거예요. 잘 교육시켜 삶의 기반을 마련해주는 것도 부모들이 바라는 일이죠. 어울리는 배우자를 찾아주는 것은 특히 한국 부모들에게는 큰 의무지요. 시집장가를 안 보내면 큰 근심을 안고 살잖습니까. 자식을 저처럼 출가시켜 수행하게 하면 이런 걱정할 필요도 없는데 말이죠. 적당한 때 유산을 물려준다는 것도 부모의 의무죠. 그런데 요즘 부모들 중에서 진실로 깨어 있는 분들은 재산을 많이 안 물려준답니다. 너무 많이 물려주면 오히려 자녀가 잘못될 가능성도 있어요. 그래서 돈보다는 앞으로 돈을 잘 벌 수 있는 요령과 방법을 가르쳐주려고 하더군요. 그 대표적인 예가 워렌 버핏이죠. 유산은 적당히 물려주고 나머지는 사회에 환원하는 문화가 우리나라에도 확산되어야 한다고 생각합니다.

신문에 보니 요즘 30억 정도 재산이 있으면 50% 이상은 세금으로 나간다고 하더군요. 국가에 내는 세금은 공공사업이나 국민을 위해 쓰이니 좋은 일이죠. 그런 점에서 생각이 깊으신 분들은 살아 생전에 자기가 하고 싶은 일을 대신해서 해줄 수 있는 단체에 기부를 하십니다. 서양에선 종교단체나 사회복지재단, 교육재단 같은 곳에 기탁하는 게 일반적인데, 우리나라에도 서서히 그런 문화가 형성되고 있습니다. 최근 어떤 기업인도 스님들 교육을 위해 기여하고 싶다며 기부를 하겠다고 하시더군요. 그분 생각은 스님들이 제대로 지도자 교육을 받아야만 앞으로 한국 불교가 제 역할을 할 수 있다는 것입니다. 그래서 기업의 이윤 중에서 일부를 이런 곳에 쓰고 싶다고 하시더군요. 기업 이윤 중에서 일부는 세금으로 내야 하는데, 어차피 세금으로 낼 돈으로 자신이 원하는 곳에 기부하는 게 돈의 가치와 효과를 극대화시킬 수 있다고 말씀하시는데, 현명한 생각이라고 봅니다. 경에 보세요, 부처님께서도 '적당한 때' 유산을 물려주라 하셨습니다. 그러니 부디 아무 때나 자식들한테 재산을 물려주시면 안 됩니다.

서쪽은 아내에 관한 것입니다. 남편 분들, 잘 들으세요. 부처님이 말씀하신 이 다섯 가지를 꼭 지키십시오. '존중하고, 얕보지 않고, 바람피우지 않고, 권한을 넘겨주고, 장신구를 사준다.'

거사님들, 이렇게 실천하고 계십니까? 아내에게 늘 감사하고 사랑의 마음으로 대하고 말해야 합니다. 절대로 얕보면 안 됩니다. 학력, 외모, 집안, 이런 이유로 결혼 후 아내를 얕보는 남편들도 있거든요. 그러면 결혼생활이 정말 힘들어지고 불행의 극치를 맛보게 되죠. 그런 결혼은 차라리 안 하는 게 더 나아요. 감사하고 존중하는 마음을 잊지 말아야 합니다. 연기법 수행을 가장 잘 실천할 수 있는 대상이 누군지 아세요? 바로 아내입니다. 아내에게 하면 정말 수행 효과가 몇 배로 커집니다. 바람피우지 말아야 하는 건 물론이고요. 권한을 넘겨주라고 하셨는데, 안 그래도 요즘 남자들 권한을 거의 다 넘겨주고 살더군요.(웃음) 그 시대에 이런 말씀을 하시다니, 부처님은 참 현명하셨지요. 장신구를 사준다는 것도 중요합니다. 기념일이나 생일을 잊어버리지 말고 작은 것이라도 선물하라고 하셨지요.

아내 쪽에서도 다섯 가지를 지켜야 합니다. 친정 식구만 챙기고 시댁 식구들한테 불평불만만 늘어놓으면 불화의 원인이 됩니다. 그러니 시집 식구도 좋은 마음으로 보고 잘 챙기면 남편이 더 미안해하고 고마워해서 없던 사랑도 생깁니다. 모든 건 다 연기적으로 이뤄지는 겁니다. 그리고 아내들도 바람피우지 마세요. 가산을 잘 보호하고, 사치하지 말고, 모든 맡은 일을 숙련되게 하고 게으름 피우지 마세요. 아내가 게으르면 집안이 엉망진창이 되지요.

_ 남쪽은 스승, 북쪽은 친구

남쪽 방향은 스승입니다. 좋은 스승을 갖는다는 건 행복한 일이고 스승에게서 배우는 것은 소중한 일입니다. 그리고 스승은 '다섯 가지로 제자를 사랑으로 돌본다.'고 했습니다. 좋은 스승은 아주 쉽게 가르쳐서 잘 이해시킵니다. 자기만 아는 노하우를 감춰놓고 죽을 때까지 안 가르쳐주고 가는 스승도 있지만, 진짜 좋은 스승은 남김없이 다 가르쳐줍니다. 그리고 친구와 동료를 통해 제자에게 직장까지 소개해주는 것이 참다운 스승이죠.

북쪽 방향은 친구와 동료입니다. '베풀고 친절하게 말하고 그들의 이익이 되도록 행하고, 자신에게 하듯이 대하고 언약을 어기지 않는다.'고 했죠. 자기 이익만이 아니라 친구의 이익을 먼저 생각하고 돕는 것, 약속 어기지 않는 것, 이것이 바로 연기법을 실천하는 삶이라고 부처님이 말씀하셨습니다.

'취해 있을 때 보호해주고, 소지품을 지켜주고, 두려울 때 의지처가 되어주고, 재난에 처했을 때 떠나지 않고, 그의 자녀들을 존중해주고.' 실제로 우리 사회에 이런 좋은 친구들이 있습니다. 반면, 취한 사람만 보면 도와주는 척하면서 슬쩍 지갑이나 빼가는 가짜 친구나 취객 상대의 도둑도 많습니다.

아래 방향은 하인이나 고용인이죠. 힘에 맞게 일을 배당해주고 음식과 임금을 지급하고, 병들면 치료해주고, 맛있는 것은 같이 나누어먹고 적당한 때 쉬게 하는 것. 이건 고용주가 부하 직원에게 해야 할 당연한 연기적 삶의 태도입니다. 피고용인 역시 부지런히 일하고 주어진 것에 만족해야지요. 현대의 회사 생활에서도 꼭 필요한 말입니다.

윗 방향은 사문, 바라문, 종교인들이죠. 종교인들에게 어떻게 해야 할까요? 대문을 항상 활짝 열어주고 일용품을 공급한다고 했지요. 당시 재가불자들이 부처님을 따르는 수행자들의 모든 의식주를 해결해드렸죠. 바라문들은 선한 마음으로 자애롭게 돌보며, 천상세계로 인도해준다고 했습니다.

배우고 나면 그것을 내 삶에 연결해서 실천해야 합니다. 그래서 제가 선원에서 마음수행학교, 경전학당을 열고 각종 법회도 하는 겁니다. 다른 사찰도 마찬가지입니다. 이걸 하지 않으면 마음 정화가 안 됩니다. 수행하고도 밖으로 나가면 바로 역경계가 도사리고 있기 때문에 다시 마음이 흙탕물이 되어버리기 쉽습니다. 그럴 때 절에 와서 정화하고, 그러다 보면 내생에 천상에 태어나는 길로 가게 되죠. 이끄는 역할은 우리 스님들이 해줍니다. 계를 지키고 보시하는 삶이 천상으로 가는 길을 보장해준다는 것은 제 얘기가 아니고 부처님이 경전에서 하신 말씀입니다. 보시와 지계로 적어도 천상에는 태어난다고 하셨습니다. 여기에 깊은 수행까지 함께하면 해탈열반으로 가는 것이고요.

〈육방예경〉은 살펴본 바와 같이 재가불자들이 일상의 삶 속에서 어떻게 구체적으로 수행할 것인가를 말씀하신 재가불자의 수행지침서입니다. 건성으로 여섯 방향에 예배를 한다고 천상에 태어나고 복을 받는 것이 아니라, 가정생활을 할 때 실제로 자식은 부모님을 잘 봉양하고 스승을 존경하며, 부모는 자녀를 정성껏 훌륭하게 양육해야 하며, 남편과 아내는 깊은 배려와 사랑으로 서로를 감싸주어야 한다는 것입니다. 사회생활을 할 때는 직장 상사와 부하 직원

미산 스님 초기경전 강의

간에 긴밀한 유대관계로 회사의 공동이익을 도모하고 동료들 간에 인격적으로 서로 존중하는 삶을 살아야 한다는 것이지요. 종교인들도 역시 세상의 정의와 평화를 위해 헌신하고 맑고 향기로운 세상이 될 수 있도록 의무와 역할을 다해야 한다고 말씀하십니다.

여러분의 삶 속에서 〈육방예경〉의 말씀을 실천해보십시오. 항상 감사와 사랑의 에너지로 충만한 삶을 살 수 있을 것입니다.

8강

생활 속의
연기법 수행 2
—
자애경, 자애송, 보배경, 최상의 행복경

지혜의 발현과 자비의 실천이
불교의 모든 것이라고 할 수 있어요.
지혜와 자비는 새의 양 날개와 같고,
수레의 양 바퀴와 같다고 했습니다.
지혜만 있고 자비가 없으면 이것은
절름발이와 같습니다.
자비만 있고 지혜가 없다면 이 또한
진정한 불교라고 할 수 없습니다.
지혜와 자비가 항상 같이 굴러갈
때 비로소 참다운 불법을 공부하고
실천한다고 할 수 있습니다.

사무량심 수행이란 무엇인가?

생활 속의 연기법 실천에 대해 오늘은 자비의 측면을 강조하는 경을 읽고 거기 담긴 의미를 이야기해 보겠습니다. 특히 불교 수행과 우리 삶을 질적으로, 구체적으로 바꿔줄 수 있는 수행이 사무량심四無量心 수행입니다. 네 가지 한량없는 마음을 개발하는 수행이지요. 초기불교뿐만 아니라 대승, 티베트 불교에서도 여러 수행법을 통해 구체화하고 있는 이 사무량심이란 무엇일까요?

_ 네 가지 한량 없는 마음

빨리어로 '아빠만냐appamañña'라고 하는 사무량심은 '한계 없는, 테두리가 없는 무량한 마음'입니다. 자慈·비悲·희喜·사捨, 이 네 가지 마음입니다. 불자로서 가꾸어가야 할 네 가지 덕목이지요.

첫 번째, '자'는 자애와 사랑의 마음입니다. 빨리어로 '메따 mettā'입니다. 요즘은 빨리어 불교용어도 많이 보편화되어서, '당신에게 메따를 보냅니다.' 이런 인사들도 자주 하지요. 이 메따가 바로 자애입니다. 중생을 기쁘게 하려는 마음입니다.

두 번째, '비'는 연민과 보살핌의 마음으로 '까루나karuṇā'라고 합니다. 중생의 고통을 없애주려는 마음이죠.

세 번째, '희'는 중생의 기쁨을 더불어 기뻐하는 마음, '무디따 mudita'입니다.

네 번째, '사'는 수용과 평정의 마음으로 '우뻬까upekkhā'입니다. 한자로 버릴 '사捨'자를 썼다고 하여 '내다 버림'이라고 직역하면 안 됩니다. 이 마음은 모든 것을 있는 그대로 수용하여 좋고 나쁨에 휘둘리지 않는 마음, 즉 평정심입니다.

자-비-희-사. 이 순서대로 한번 발음해볼까요. 메따-까루나-무디따-우뻬까. 지금은 까다롭고 귀찮은 것 같아도, 이렇게 원어를 알아두시면 앞으로 다른 책을 읽을 때 많은 도움이 됩니다. 앞으로 심화과정에서 책을 읽으면 이 용어가 많이 나올 겁니다. 지금 공부할 때 기본적인 빨리어 용어들을 자꾸 익혀 놓으면 더욱 자유롭게 책을 읽고 다른 강의도 들을 수 있겠지요. 그러니 저와 초기경전 공부를 한 분들은 이 네 단어는 다 외우셔야 합니다.(웃음)

이 네 가지 끝없는 마음을 그냥 가만히 앉아서 성취할 수 있겠어요? 실제로 구체적인 방법을 써서 성취하자는 것이 이 수행의 목표입니다. 초기경전을 공부하는 기회에 사무량심과 관련된 경들, 그중에도 특히 〈자애경〉을 함께 읽어보겠습니다. 자애경은 원어로 '깔라니야 메따 숫따'인데 간단히 줄여 '메따 숫따'라고 합니다.

독송을 하면 참으로 좋습니다. 이 경은 초기경전 중에서도 보물 같은 소중한 경입니다. 부처님이 하신 설법의 큰 두 축이 바로 '지혜'와 '자비' 아닙니까. 이 중에서 자비와 관련된 구체적인 말씀이 이 안에 다 들어 있습니다. 그리고 이를 토대로《무애해도》나《청정도론》같은 주석서에 구체적인 수행 방법을 개발해놓았습니다.

그럼 불교 공부를 하면서, 또 수행을 하면서 이 사무량심을 어떻게 해석하고 정리해야 할까요? 지혜의 발현과 자비의 실천이 불교의 모든 것이라고 할 수 있어요. 지혜와 자비는 새의 양쪽 날개와 같고, 수레의 양쪽 바퀴와 같다고 했습니다. 지혜만 있고 자비가 없으면 이 것은 절름발이와 같습니다. 자비만 있고 지혜가 없다면 이 또한 진정한 불교라고 할 수 없습니다. 지혜와 자비가 항상 같이 굴러갈 때 비로소 참다운 불법을 공부하고 실천한다고 할 수 있습니다.

여기서 지혜란 어떤 지혜를 말하는 걸까요? 불교, 특히 초기불교에서 지혜란 제가 누누이 강조한 바와 같이, 연기법에 관련된 지혜를 의미합니다. 연기법을 깨우쳐 삶의 이치와 우주만유의 이법에 맞게 일상을 살아가는 것이 불교적 지혜의 발현입니다. 우리의 공부도 연기법으로 시작해서 연기법의 실천으로 끝을 맺지 않습니까? 이렇게 연기법이란 아무리 강조해도 지나치지 않습니다.

연기법의 지혜의 발현을 바로 삶 속에 실천하는 것이 자비행입니다. 연기의 진리를 몸으로 체득한 사람이 연기적 안목으로 생각하고 말하고 행동하면 그 자체가 자비행인 것입니다. 연기적 안목이란 모든 현상이 인·연·과의 연속성 속에서 존재하므로 삶을 무상·고·무아, 삼법인의 관점에서 바라보는 겁니다. 찰나마다 이런 안목으로 볼 수 있는 사람은 삶 자체도 연기적으로 살아가겠죠.

자아와 세계에 관한 이런 보편적인 진리를 명징하게 알아 지혜의 완성과 자비 실천의 삶을 온전히 성취한 분을 붓다, 즉 깨달은 자 覺者라고 합니다. 그리고 지혜의 완성, 자비의 실천을 지향하는 삶을 사는 분을 보살, 보디사트바라고 부릅니다. 보살이란 아직 부처가 되지는 않았지만 끊임없이 지혜의 완성과 자비 실천을 향해 부지런히 정진하는 사람입니다. 대승불교의 개념이지요. 물론 초기불교에도 〈자따까〉에 보살 사상이 있습니다. 석가모니 부처님께서 성도하시기 전에 무수한 세월 동안 보살행을 실천하셨다고 합니다.

그리고 연기적 삶에 대해 무지하여 탐·진·치의 감정적 번뇌에 휩싸여 괴로운 삶을 살아가는 사람을 중생이라 하는데, 그 괴로움의 직접적인 이유는 탐욕, 더 근본적으로는 무명과 무지 때문입니다.

_ 그래서 '확·욱·멍'

여러분, 오늘 하루의 삶을 가만히 반성해봅시다. 탐내는 마음이 전혀 없었나요? 화내는 마음은요? 아마 있었을 겁니다. 모든 존재현상에 대해 눈·귀·코·혀·몸·뜻, 이 여섯 개의 감각기관에 의해 순간순간 탐심이 발동을 하면 '확' 하고 끌리는 마음이 생깁니다. 탐심을 우리말로 '확'이라고 표현하면 딱 맞습니다. 그렇잖아요? 좋은 게 있으면 확 하고 끌려갑니다.

그 다음으로 화내는 마음은 어땠나요? 좋은 것을 자기 것으로 하지 못하고 싫은 것이 자기를 공격한다는 생각이 들 때, 또 자기 기

미산 스님 초기경전 강의

준에서 세워놓은 가치관이나 생각, 자기 위주의 이기적인 것들에 대해 반대하는 어떤 경계가 딱 나타났을 때 오감五感과 육감六感을 통해 마음속에서 '욱' 하는 기운이 치밀어 오르죠. 그게 바로 진심瞋心입니다.

확과 욱은 어디서 나올까요? 근본적인 이유는 어리석음입니다. 나를 중심으로 뭔가 이루고 취하려 하는데 그게 안 되니까, 욱 하고 올라오고 확 하고 끌리는 것이지요. 그러니까 연기의 진리를 확연히 알고 체득한 지혜 있는 사람은 둘 다 안 올라옵니다. 지혜가 없는 상태, 즉 무명無明의 상태는 어리석은 마음이죠. 이를 치심癡心, '멍'이라고 표현할 수 있어요.

그래서 '확·욱·멍'입니다. 순우리말 의태어로 하니 탐·진·치라고 하는 것보다 쉽게 와 닿지요? 확·욱·멍이 우리 삶 전체를 휩싸고 있기에 그 결과가 괴로움인 것입니다. 우리가 연기 지혜를 알아 탐·진·치, 즉 확·욱·멍의 번뇌를 다 소진했을 때 바로 무명이 아닌 명明의 상태, 보리菩提의 상태, 깨달음의 상태로 전환되는 것입니다.

나와 남을 구분해서 내 욕심을 채우려는 것은 무명에 휩싸인 범부중생의 삶입니다. 나와 남이 따로 없음을 확연히 깨닫는 것은 성자의 지혜로운 삶입니다. 너와 내가 떨어져 있는 것이 아니고, 둘이 될 수 없다는 것을 확연히 알았을 때, 나 중심의 삶을 살아갈 수 없다는 뜻이죠. 그렇게 되면 공존하는 삶을 살 수밖에 없는데, 이게 연기적 삶이고, 바로 거기가 자비 실천의 자리입니다.

그래서 불교는 자기 욕심과 탐심을 개입시키지 않고 있는 그대로 삶을 여실지견如實知見하는 지혜의 종교이며, 지혜의 발현에 의해 자비의 방식으로 느끼고, 생각하고, 말하고, 행동하도록 하는 자비의 종교인 것입니다. 그렇기 때문에 우리는 지혜를 바탕으로 한 자비를 개발해야 합니다. 불교에서 말하는 '자리이타自利利他'는 자기희생이나 배타적 이기주의가 아닌, 상호존중, 상호배려, 상생공존을 원칙으로 합니다.

_ 자리와 이타

우선 자기를 이롭게 하고(아타 헷따), 동시에 남도 이롭게 하는(빠라 헷따) 방식으로 행동하는 것이 자리이타입니다. 자리가 이타를 의미하고, 이타가 자리를 의미하므로 상황에 따라 더 절실하게 요청되는 것을 선택하는 것입니다. 만약 자리와 이타를 양립시키지 못할 상황이라면 둘 중에서 더 절박하게 요청되는 것을 택하면 됩니다.

실제로 살다보면 이런 경우가 많이 있습니다. 자기를 희생해서 남을 살려야 하는 상황이 분명 있어요. 그럴 땐 과감히 희생하는 것, 이것이 자리이타를 성취하는 것입니다. 또 자리를 위해 타인의 이익을 희생해야 하는 상황도 있어요. 그런 상황에선 과감히 하는 것이 중도적 행입니다. 이도 저도 아닌 우유부단한 상태에 놓여 있으면, 그 또한 보살행의 실천이 아닙니다.

자리이타의 자비 원칙은 존재들을 인간, 동물, 생물과 무생물로 나누는 경계선을 넘어서 하나의 유기적·전인적 생명으로 보게 된다는 겁니다. 자리이타를 실제로 체험하는 경지에 가면 모든 존재들을 하나로, 이어진 것으로 파악하게 됩니다. 수행 경험을 통해 이런 것을 체득하기도 하지요.

미산 스님 초기경전 강의

_ 사무량심의 바탕, 우뻬까

지금까지는 사무량심이 불교의 핵심인 지혜와 자비 사상과 어떤 연관을 갖는지를 말씀드렸습니다. 여기서 사무량심 전체를 모두 공부할 수는 없겠지만, 원리는 이겁니다.

'자'는 사랑과 자애의 마음, 늘 고맙고 존경하는 마음을 잃지 않는 것입니다. '비'는 같이 슬퍼함입니다. 힘들고 고통 받는 존재에게 늘 마음을 나누어주고 보살펴주고 고통을 나누려는 마음자세입니다. 그래서 자와 비를 '자비'라는 한 단어로 통용하기도 합니다. 초기불교에서는 자와 비를 확연히 나누어서 수행합니다. 그래서 우리가 흔히 자비관이라 부르는데, 자애에 토대를 둔 초기불교의 수행 방법은 어디까지나 자애관입니다. 함께 슬퍼하는 연민의 마음에 토대를 둔 수행은 비관悲觀이지요.

'희'는 더불어 기뻐하는 마음입니다. 사촌이 논을 사도 배가 안 아프고 기쁜 마음을 늘 유지하는 것이 희관 수행입니다. 사실 실천하기란 쉽지 않습니다. 겉으로는 "이번 승진 정말 축하한다." 하더라도 속으로는 '그 사람이 승진하는 바람에 내가 승진 못한 거야.'라는 마음이 생길 수 있겠지요? 그런 미묘한 마음이 생길 때 그걸 관찰하고 내려놓는 것이 희관입니다.

여기까지 자·비·희는 한자의 의미 그대로 잘 해석이 됩니다. 그런데 네 번째 '사관捨觀'은 '우뻬까'라는 원어를 꼭 살펴보고 넘어가야 합니다. '버릴 사捨'로 번역했기 때문에 조금 부정적인 의미로 해석될 수 있기 때문입니다. '버린다, 포기한다'는 의미로 해석하면 많은 것을 놓칩니다. 우뻬까의 어원을 따져보면, '우뻬'는 접두어로

'가까이'라는 뜻이고, 에까는 '이까'라는 동사 원형에서 나온 말로 서, '보다look'라는 뜻입니다. '가까이서 본다'는 뜻인데, 무엇을 가까이 본다는 뜻일까요? 바로 존재현상을 있는 그대로 가까이에서 보는 겁니다. 그러면 존재현상은 늘 무상·고·무아, 삼법인의 법칙 속에서 이뤄지고 있다는 것을 명료히 알 수 있습니다.

그래서 '우뻬upa + 이까ikkhā = 우뻬까upekkhā'는 가까이 봄으로써 존재의 실상을 바로 알기에 어떤 존재현상에도 이끌려가지 않아 좋고 나쁨의 분별심에 빠져들지 않는다는 뜻입니다. 서양 사람들은 이걸 'equanimity'라고 하고, 우리는 '평정심'이라고 번역해서 씁니다.

우뻬까의 마음이 사실은 중도의 마음이고, 중도의 마음은 연기, 삼법인을 투철히 깨친 사람만이 가질 수 있는 마음 상태입니다. 실제 삶 속에 우뻬까가 함께하는 사람이야말로 진짜 수행을 잘하는 사람입니다. 간화선의 경지를 체험하고도 평정심이 흔들리게 되면, 자꾸 참회해서 다시 평정심 상태로 되돌리는 수행을 끊임없이 해야 합니다. 평정심 수행을 하면 좋은 것은 끌어당기고 나쁜 것은 거부하는 분별심의 질곡으로부터 거리를 두고 그대로 바라보는 지혜의 안목을 갖추게 됩니다. 그러므로 사무량심 수행 중에서도 다른 것보다 훨씬 더 깊이 있는 수행이라고 할 수 있습니다.

자애관, 희관, 비관 모두 좋은 수행이지만, 그 밑바탕에 평정심 수행이 자리하지 않으면 자관, 비관, 희관을 한다 할지라도 그것이 온전하게 되지 않아요. 이 세 가지 수행이 온전해지려면 바로 이 평정심 수행이 바탕이 되어야 합니다.

미산 스님 초기경전 강의

_ 봉사도 평정심을 바탕으로

요즘 불교 복지활동이 많이 발전하고 있어요. 불쌍한 이웃을 돕고 자비를 베푸는 일은 참 좋습니다. 좋은 일이 있으면 같이 기뻐해주는 것, 이것도 좋습니다. 그런데 이것이 진정한 가치를 가지려면 그 바탕에 평정심이 있어야 합니다. 이것이 불교 사회복지와 일반 사회복지를 나누는 기준입니다.

저는 늘 불교 복지활동을 하시는 분들께 이런 얘기를 합니다. 다른 종교에서도 복지활동을 많이 하는데, 일반 복지와 불교 복지는 무슨 차이가 있냐고 물으면, 저는 평정심 수행이 바탕이 되는가 여부가 차이점이라고 말합니다. 예를 들어, 인도의 오지나 아프리카 사막 지대 같은 곳에 가서 복지활동을 하는 분들은 사람에 대한 연민의 마음이 가득 차 있습니다. 극한의 상황에서 죽어가는 사람들을 돕고 시체를 치우고 치료를 해주는 일은 보통의 마음으로 하기 힘든 일이니까요. 그런데 그 마음의 바탕에 평정심이 있는 것과 없는 것과는 질적인 차이가 매우 큽니다.

연민의 마음은 있으나 평정심이 없는 사람은 그 상황에 휩쓸려서 그대로 자기가 희생되어버리기 쉽습니다. 그렇지 않겠어요? 시체가 가득 찬 곳에서 그것을 처리하면서도 마음이 흔들리지 않을 만큼 강한 자기 에너지가 없으면 거기에 휩쓸려버립니다. 그래서 몸과 마음이 상하고 진정한 봉사를 하지 못하는 경우도 주위에 있습니다.

틱낫한 스님께서도 과거에 그런 경험을 많이 하셨더군요. 베트남 전쟁 때 불교 청년들과 함께 산더미같이 쌓인 시체를 치우는데,

그 젊은이들이 내면의 힘이 없어서 너무도 두려워하고 좌절하고 휘둘리는 모습을 많이 보셨답니다. 그래서 유럽으로 가셔서 마음수행, 특히 '평정심 수행'을 매우 강조하셨습니다. 일상의 삶에서 늘 깨어 있는 평정심을 훈련하지 않으면 우리에게 역경계가 닥쳤을 때 진정한 자·비·희 수행을 할 수 없습니다. 그런데 이 평정심 수행은 하루아침에 이뤄지는 것이 아닙니다. 사무량심 중 앞의 세 가지에 기초한 자애관, 비관, 희관 수행을 꾸준히 했을 때, 이것이 에너지로서 우리 삶 속에 가득 차게 됩니다.

그런데 사무량심 수행은 지혜 수행, 삼매 수행 둘 중에서 어느 것일까요? 많이들 지혜 수행 쪽이라고 착각하는데, 이 수행은 삼매 수행의 하나입니다. 주석문헌의 성격을 띤 《청정도론》에 보면 삼매 수행으로 명확히 분류되어 있습니다. 그러니까 위빠사나 수행이 아니고 사마타 수행이지요. 위빠사나 수행은 통찰지를 개발하는 수행인데, 사무량심 수행은 마음을 집중하여 삼매를 얻는 사마타 수행에 속합니다. 이 사무량심 수행 중에 자·비·희까지는 쉽게 성취할 수 있지만, 가장 맑고 고요하며 깊이 있는 제4선은 오직 '우뻬카(평정심) 수행'을 해야만 성취할 수 있습니다. 사무량심 수행을 '평정심'까지 제대로 수행하면 바로 4선을 성취할 수 있다는 것이지요.

사무량심 수행은 지혜 수행과도 바로 연결되지만, 이를 구체적으로 닦아갈 때는 삼매의 행법으로 닦아갑니다. 다음 시간에 《청정도론》에 나오는 자애명상의 실제를 자세히 살펴보겠습니다.

자애명상의
실제

지금부터는 자애명상을 어떻게 하는지 《청정도론》의 제9장에 나오는 방법을 중심으로 말씀드리겠습니다. 자애명상은 자애를 보낼 대상을 정해두고 하나하나 떠올리면서 하는 명상입니다. 그런데 《청정도론》에 보면, 처음에 이 자애명상의 대상으로 삼지 말아야 할 사람의 부류가 열거되어 있습니다. 저는 일요 법회 때마다 법우님들과 함께 척추를 곧바로 세운 자세로 앉아 자신의 호흡을 관하다가 마음으로 차츰 몸 전체를 스캐닝한 뒤 하나하나 대상을 떠올리면서 이 명상을 하지요. 그럴 때 전제조건이 있습니다.

첫째, 싫어하는 사람을 첫 번째 대상으로 삼으면 안 됩니다. 싫어하는 사람은 일단 뒤로 미뤄두어야 합니다. 수행을 시작할 때 맨 처음부터 그를 떠올리면 아직 삼매가 순수하게 익지 않은 상태라서 오히려 마음이 더 혼란해지고 미운 생각만 나게 됩니다.

둘째, 아주 많이 좋아하는 친구도 첫 번째 대상으로 삼지 않습니다. 왜냐하면 이 경우는 애착심이 생기기 때문입니다. 또 이성異性을 대상으로 떠올렸을 때 성적 욕망이 자극되는 경우는 이 수행의 효과가 매우 떨어집니다.

셋째, 자신과 무관한 사람을 첫 번째 대상으로 떠올려서는 안 됩니다. 그렇게 하면 동기부여가 되지 않기 때문입니다. 그리고 원한이 맺힌 대상도 안 됩니다. 생각만 해도 '욱' 하게 되는 대상을 맨 처음에 떠올리면 안 됩니다. 그건 나중에 수행이 충분히 익었을 때 천천히 해야 합니다.

제가 한번은 승가대의 일반인 대상 강좌에서 자애명상에 관한 강의를 한 적이 있습니다. 보살님 한 분이 제 강의를 듣고 이런 질문을 하시더군요. "스님, 어떻게 원한 맺힌 사람에게 자애의 마음을 보냅니까? 그건 도저히 불가능한 일입니다. 저는 그 말을 듣고 가슴이 답답해졌습니다." 그래서 그분에게 제가 구체적인 방법을 알려드리고, 일단 해보고 나서 이야기하자고 했지요. 3~4주 지나니까 그분이 제게 고백하더군요. "스님, 그게 되던데요." 라고.

그래요, 됩니다. 이 수행법은 검증된 방법입니다. 예로부터 지금까지 남방불교 국가들에서는 이 방법으로 계속 수행을 하고 있습니다. 《청정도론》에도 아주 자세하게 나와 있는 검증된 수행 방법이어서 부작용도 없습니다.

_ 《청정도론》에 따른 자애명상의 방법

《청정도론》에 보면 다음과 같은 순서가 제시됩니다. 자애의 에너지를 보낼 대상은 첫째가 자기 자신, 둘째는 존경하는 스승이나 좋아하는 친구, 셋째는 무관한 사람, 넷째는 원한 맺힌 사람. 이런 식으로 단계를 두어서 자애명상 수행을 해야만 실질적인 효과가 있습니다.

그런데 이 자애명상에서 첫 번째 대상을 자기로 삼는다는 것이 의미심장합니다. 이 세상에서 가장 소중한 사람이 누구죠? 바로 자기 자신입니다. 예를 들어 머리에 불이 붙었다고 상상해보세요. 내 머리에 불이 붙은 경우와 남편(아내)의 머리에 불이 붙은 경우를 비교해보세요. 반응 속도가 어떻겠습니까? 내 머리에 붙었을 때는 생각할 겨를도 필요도 없겠지요. 바로 손으로 불을 끄려고 하겠죠. 그런데 남편(아내) 머리에 붙으면 어떨까요? "여보, 불 붙었어!" 그러겠죠. 자식들 머리에 붙으면 어떨까요? 이 경우는 굉장히 대응 속도가 빠르겠죠. 만약 잘 모르는 사람 머리에 불이 붙었으면 "야! 저것 봐라. 머리에 불이 붙었는데, 저 사람은 가만 있네." 이러면서 구경하겠죠. 이것만 봐도 우리가 나 자신을 가장 소중해한다는 걸 알 수 있지요.

그리고 자기 자신을 사랑할 수 없는 사람은 남도 사랑할 수 없습니다. 교도소에 있는 분들 중에는 자기를 사랑하지 않는 분이 많아요. 그래서 교도소에서 재소자들과 함께 자애명상을 해보면 처음에는 잘 안 됩니다. 오히려 질문을 해요. 어떻게 자기 자신을 사랑할 수 있냐고 말이죠. 무엇보다 먼저 자기 자신을 매우 사랑하고 소중하게 생각하고, 마음이 자애로 가득 차 있지 않으면 절대로 남과 나눌 수 없습니다.

_ 부디 행복하기를, 고통 없기를

자애명상은 고전적인 방법으로 "부디 내가 행복하기를, 고통이 없기를…" 이렇게 포괄적으로 할 수도 있고, 아니면 다음과 같이 네 가지로 나눠서 할 수도 있습니다.

부디 내가 원한이 없기를
부디 내가 악의가 없기를
부디 내가 근심이 없기를
부디 내가 행복하기를

아니면 앞의 세 가지(원한, 악의, 근심)를 고통이라는 말로 함축해서 그 말을 계속 반복할 수도 있습니다. 남방불교에서 빨리어로 하는 경우는 이렇게 합니다.

아함 아웨로 호미 aham avero homi
아함 아위빠조 호미 aham avyāpajjho homi
아함 아니고 호미 aham anīgho homi
아함 수키아따남 빠리하라미 aham sukhī-attānaṃ pariharāmi

내가 증오에서 벗어나기를!
내가 성냄에서 벗어나기를!
내가 격정에서 벗어나기를!
내가 행복하게 지내기를!

미산 스님 초기경전 강의

이런 말을 속으로 계속 반복하면서 명상을 합니다. 자기 자신에 대해 명상을 하고 나서 바로 다른 대상을 떠올리면 됩니다. 존경하는 분, 좋아하는 사람, 이런 순서로 떠올려서 '부디 이 참된 분께서 행복하기를, 고통이 없기를…' 이렇게 요약해도 됩니다. 아니면 세분해서 '부디 무엇, 무엇, 무엇이 없기를, 부디 행복하기를…' 이렇게 반복해서 자애의 에너지를 상대에게 보냅니다.

그 다음에는 내가 아는 사람, 모르는 사람, 지금 같이 공부하는 도반들, 그리고 이 공간에 같이 살고 있는 많은 생명체들, 모든 중생에게 자애의 마음을 보냅니다. 지금은 가을이라 법당 뒤쪽에 귀뚜라미들이 삽니다. 새벽에 예불 모시러 오면 귀뚜라미 소리가 아주 좋고 아름다워요. 이 공간에는 우리뿐만 아니라 수많은 생명들이 공존하고 있지요. 그런 모든 존재들에게 행복과 축복을 나누는 어구를 반복합니다.

부디 이 집에 사는 모든 중생들이
악의가 없기를 원한이 없기를 근심이 없기를
그리고 행복하게 살기를…
부디 이 거대한 대륙에 사는 모든 중생들이
다 평화롭고 안녕하기를
전쟁도 분규도 불행도 병고도 없기를
우애와 행복, 자비와 지혜로 빛나는 가운데
이 거대한 국토의 모든 사람들이 평화와 풍요를 누리기를….

자기가 앉아 있는 지금 이곳에서 나라 전체로, 세계로, 우주 전체로 에너지를 방사하는 자애명상을 차례대로 합니다. 그러고 나면 자기가 정말 미워하거나 원한이 맺힌 사람에게도 자애명상을 합니다.

저는 법회 중에 짧은 시간 동안 자애명상을 할 때는 미워하는 사람 부분을 될 수 있으면 크게 언급하지 않습니다. 괜히 언급해서 미워하는 사람을 생각하게 되면 오히려 반대 효과가 나거든요. 완전히 삼매가 형성되지 않은 상태에서는 그 사람에 대한 '욱' 하는 마음이 먼저 일어납니다. 수행이 좀 되어서 평상시 화를 잘 안 내거나, 화가 나더라도 흘려보내는 분은 마음속에 담아둔 원한 맺힌 사람이 없지요. 그런 분들은 좋아하지 않는 사람을 향해서 명상을 해도 괜찮습니다. 그런데 마음속에 원한이 맺혀 있는 사람의 숫자가 많으면 많을수록, 욱, 욱, 욱, 하고 계속 일어나서 도저히 수행이 안 됩니다.

《청정도론》에 보면 그런 사람들을 위해 특별히 장치를 해놓았습니다. 그런 경우는 무조건 자기 자신에게 다시 돌아가도록 해놓았어요. 자기 자신에게 돌아가 처음부터 순서대로 다시 해보는데, 혹시 그래도 안 된다면 부처님의 인욕행忍辱行을 떠올리며 다시 한 번 해봅니다. 그래도 안 되면 또다시 원점으로 돌아갑니다. 한 열 번쯤, 될 때까지 끝까지 합니다. 마지막 단계는 내가 미워하고 원한 맺힌 사람에게 무엇이 필요한지를 먼저 알아 그 필요한 것을 직접 갖다 주는 것입니다. 그럼 그 원한이 안 풀리겠습니까? 풀리죠. 《청정도론》에 보면 그 부분에 대한 자세한 해설이 나와 있습니다.

_ 포괄적, 한정적, 방향별 자애명상법

이제는 좀 특수한 부분을 말씀드리죠. '본삼매에 든 자들의 자애관'이라는 것이 《청정도론》에 나옵니다. 실제로 본삼매, 즉 색계 1~4선을 체험한 분들이나 간화선 체험을 농도 있게 하여 나름대로 깊은 삼매 체험을 하신 분들의 경우에 이 수행 방법대로 하면 굉장히 강력한 효과가 납니다. 《청정도론》에 따르면 세 가지가 있습니다.

포괄적 방사의 자애관

이 방법은 자애의 대상을 특정하게 제한하거나 한정짓지 않고 일체 중생 모두를 대상으로 삼으므로 포괄적 방사라 합니다. 여기서 모든 존재를 중생, 생명, 사람, 몸을 가진 자들, 이렇게 다섯 가지로 표현하지만, 실제로는 이 다섯 가지가 다 동의어고 서로 통한다고 할 수 있습니다. 어쨌든 이 중에서 하나를 택해 계속해서 대상에게 자애의 에너지를 포괄적으로 방사하는 것입니다.

특히 1선이나 2선을 체험하고 있는 사람들은 그 체험 내용 중에 희열감과 행복감이 있습니다. 그것이 1선과 2선의 특징이거든요. 그렇다면 자기가 체험하는 이 희열감과 행복감을 계속 밖으로 방사해 내는 것입니다. 그렇게 하고 있을 때 식識이 맑은 사람이 밖에서 보면, 방사하는 사람이 부드러운 빛으로 환히 빛나는 것이 보이기도 합니다.

사실 수행을 잘하신 스님들을 뵈면 몸 전체에서 광채가 날 때가 있거든요. 그럴 때는 그분의 깊은 의식 속에서 자애의 에너지가 방사되는 것입니다. 도를 많이 닦으신 큰스님들이 돌아가셨을 때 일어나는 방광放光 현상도 그런 에너지의 표출로 볼 수 있습니다.

한정적 방사의 자애관

이것은 수행자가 자애의 대상을 특정한 그룹별로 한정해서 자애를 방사하는 것입니다. 《무애해도》라는 수행에 관한 주석서에 보면 여성, 남성, 성인, 범인, 천신, 인간, 악도중생, 이렇게 일곱 가지로 나눠 특정 대상에게 한정적으로 방사를 합니다. 여성에게만 집중해서 방사하고, 남성에게만 방사하고, 성인에게만 방사하고, 이런 식으로 목표를 분명히 하여 방사하는 것을 '한정적 방사'라고 합니다.

방향별 방사의 자애관

불교의 방향 개념에 '시방十方'이라는 것이 있죠, 열 가지 방향입니다. 동서남북 사방에다 남동, 남서, 이렇게 중간 방향들을 더하면 팔방이 되죠. 여기다 상하를 더하면 열 방향, 즉 '시방'입니다. 이 열 방향으로 자애 에너지를 방사하는 것입니다.

이 열 방향 각각에다 앞에 말한 포괄적 방사 다섯 가지를 적용하면 10×5=50가지가 되겠죠. 또 여기에 한정적 방사 7가지를 적용시키면 70가지가 되지요. 그래서 50+70 하여 모두 120가지가 됩니다. 이 120가지 범주의 자애관 수행에 각각 위에 발원하는 네 언구言句를 적용시키면 480가지가 됩니다. 그래서 방향별 방사에서만 480가지 범주가 있고, 포괄적 방사에서 5×4=20가지, 한정적 방사에서 7×4=28가지 범주가 있습니다. 따라서 자애관에는 모두 528

가지 자애 대상의 범주가 있을 수 있습니다.

이 중 어떤 것을 택해서 하든지 모두 '자심慈心 해탈'이라는 선정 상태에 이를 수 있다고 쓰여 있습니다. 듣기에는 복잡한 것 같아도 직접 수행을 해보면 복잡하지 않습니다. 그리고 본삼매를 체득해서 자애관 수행을 하는 경우에는 매우 조직적입니다. 특히 미얀마의 파욱 스님의 자애관 수행은 다른 수행처의 수행과 많이 달라서 삼매를 체득한 사람에게 이 수행을 시키기 때문에 체계적입니다. 그리고 앞에서 말한 이런 방사적 방법을 많이 씁니다.

_ 주위의 모든 이가 행복하기를

그렇다고 해서 꼭 삼매 체험을 한 상태에서만 자애명상을 할 수 있는 것은 아닙니다. 보편적 수행 주제로서의 자애관 수행도 있습니다. 우리도 법회에서 일상적으로 하고 있어요. 법문을 마친 후 모두 자리에 앉아서 다 같이 합니다. 다른 수행을 시작하기 전에 먼저 자애관 수행부터 하는 경우가 있고, 수행을 마치고 나서 회향의 의미로 자애관을 하는 경우도 있습니다.

수행 전에 하는 자애관의 의미는 '우리가 이렇게 수행을 하니 주위의 모든 존재들이여, 우리가 잘할 수 있도록 공감하고 협조해주면 감사하겠다.' 하는 요청의 마음입니다. 대승불교에서도 백일기도 시작할 때 신중님들께 공양 올리고 여러 의식을 하잖습니까. 이것도 비록 의식은 다르지만 '우리가 이렇게 기도에 들어가니 신중님들께서 공감하시고 지켜주십사.' 이런 의미에서 하는 것이므로 어찌

보면 자애관 수행과 비슷하다고도 볼 수 있습니다. 남방불교권의 수행처로 잘 알려진 마하시 센터, 쉐우민 센터에서는 자애명상 수행을 이렇게 하고 있습니다.

또 하나의 유명한 수행처인 고엔까 센터에서는 느낌을 관찰하는 수행을 하는데, 총 10일 코스로 이뤄진 수행 마지막 날에 이 자애관 수행을 합니다. 9일 동안 공부한 내용을 잘 갈무리해서 많은 존재들에게 회향한다는 의미로 하는 것입니다. 자애명상을 할 때는 "이 사원의 모든 비구들이 다 행복하기를, 괴로움이 없기를, 원한, 악의, 근심이 없기를, 또 이 사원의 모든 천신들이 다 행복하기를…"이라고 발원을 합니다.

우리 주위에는 눈에 보이는 것만이 전부가 아닙니다. 비록 눈에 보이지는 않지만 여러 존재들이 같이 공존하고 있습니다. 천상세계의 천신들도 임하여 있을 수 있고, 또 여기 관심 있는 모든 존재들이 지금 우리를 바라보고 있을 수도 있습니다. 이런 존재들과 늘 자애의 마음을 같이 나누는 것이지요.

"부디 이 사원 근처 마을에 있는 모든 지도자들, 모든 사람들이 다 행복하기를…" 이런 식으로 포괄적 대상을 정해 자애관을 하는 것은 보편적 수행주제로서의 자애관 수행입니다. 보통 우리가 절에서 법회 때 이렇게 하지요. "우리가 앉아 있는 이 법당 근처 마을 사람들이 행복하기를, 동작구의 구민들이 행복하기를, 서울 시민들이 행복하기를, 나라의 지도자들이 행복하기를…" 이렇게 말입니다.

미산 스님 초기경전 강의

_ 전문적인 자애명상을 위해
   참고할 것들

전문적으로 자애명상을 해보고 싶다면, 몇 달의 기간을 정해서 계속하는 것이 중요합니다. 자애관 수행을 위한 책들도 여러 권 나와 있습니다. 고요한소리에서 나온 《자비관》*이 있고요. 김재성 씨가 번역하고 정신세계사에서 펴낸 《붓다의 러브레터》**는 미국의 한 여성 불자가 미얀마에 가서 자애관 수행을 집중적으로 하고 그 체험을 글로 쓴 책입니다.

그런 책들뿐만 아니라, 최근에는 심리상담자들이 직접 자애명상을 하고 체험한 내용을 집필한 논문도 있습니다. 14인의 심리치료 상담자들이 직접 자애관 수행에 참석하여 자기들이 겪은 여러 경험들을 기록하고 그것을 분석해서 쓴 것입니다. 우리나라에서 이 계통의 논문으로는 처음 쓴 것인데, 꽤 좋은 결과가 나왔습니다. 이런 연구가 바탕이 되어 앞으로 더 방대하고 우수한 연구가 이뤄지리라 생각합니다.***

---

* 《자비관》, 아차리야 붓다락키따 지음, 강대자행 옮김, 고요한소리, 2004.
** 《붓다의 러브레터》, 샤론 살스버그 지음, 김재성 옮김, 정신세계사, 2005.
*** 《자비, 깨달음의 씨앗인가 열매인가》, 미산·김재성·차상엽·이정기·박성현 공저, 운주사, 2015.

_ 체험을 글로 써보자

동양 사람들은 서양인에 비해 자기가 경험한 것을 기록하고 서술하기를 좀 꺼려하는 경향이 있습니다. 요즘 들어 한국에서도 그런 문화를 하나하나 정착시켜가고는 있지만, 서양에 비해 많이 떨어집니다. 이번 여름 수행 이후에도 제 마음 같아서는 경험자들에게 수행 경험을 글로 써내라고 요청하고 싶었지만 부담을 줄 것 같아서 하지 않았습니다. 하지만 수행 후에 각자 체험한 내용을 써서 그 기록들을 정리해보면 다음에 수행하는 사람들에게 많은 도움이 됩니다. 앞으로는 한국에서도 적극적으로 기록과 자료들을 남겨야 한다고 생각합니다.

앞에 말한 논문에 나오는 자애관 수행 경험자들이 쓴 여러 가지 소감문을 보면 긍정적인 현상들이 많이 나타났더군요. 자애명상을 하고 나서 배려하는 마음, 타인을 수용하는 마음이 커졌다는 소감이 많았습니다. 또한 비판적 수용도 하게 되었고, 자신에 대해 부정적으로 생각하고 폄하하며 자기 존재에 대해 부정적이고 회의적인 태도를 가졌던 사람은 자신의 존귀함을 발견하고 자존감과 자신감이 향상되었다는 평가도 많더군요.

또한 '수행 후 충만감을 느꼈다, 세상이 아름답게 보였다, 생명을 존중하는 마음이 들었다, 심신이 맑아지고 편안해졌다, 예전보다 마음이 따뜻해졌다, 일상이 늘 긍정적으로 느껴진다, 작은 일들도 소중하게 여겨진다, 분노가 많이 약해졌다'는 등 내면의 감정이 정화되고 긍정적으로 변했다는 소감이 많았습니다. 또한 '존재들 간에, 가족 간에 친밀감과 연결감이 생겼다(이건 연기적 관점이 확실해진 것

미산 스님 초기경전 강의

이죠), 인지적 통찰력이 강화되었다'는 소감도 있었어요. 요컨대 수행 체험 전보다 연기적 관점에서 삶을 보는 통찰력이 분명해졌다는 것이지요. 그리고 '모든 존재에게 정말 고마운 마음이 들고 사소한 부분도 배려하게 되어 자신에게 도움이 된다'는 소감도 있었습니다.

물론 수행이라는 것이 그냥 쉽게만 되는 것은 아니지요. 중간 중간 힘든 과정들도 이 글을 통해 보고되어 있어요. 졸음에 빠진다든지, 타성에 젖어 자애심이 생기지 않는다든지 하는 어려움도 나와 있습니다. 자애관 수행이 갖고 있는 장점들을 잘 정리해놓은 이 논문은 서울불교대학원대학교 상담심리학과 정연주 씨가 연구하고 쓴 것입니다. 한번 읽어보세요.

남방불교만이 아니라 대승불교에도 이런 구체적인 자애관 수행이 있느냐는 질문을 많이 받는데요, 티베트 불교에는 '통렌 수행'이라는 것이 있습니다. 주고받는 수행인데, 꽤나 강력한 수행법입니다.

예를 들면, 숨을 들이쉴 때 타인의 모든 부정적인 고통이나 힘든 것을 내가 다 빨아들여 나의 정화 스크린으로 여과시켜서 부정적 에너지를 나를 통해 완전히 긍정적으로 바꿉니다. 그리고 변화된 그 에너지를 다시 숨을 내쉬며 상대방에게 보내주는 것입니다. 이런 수행은 방법을 제대로 체득하지 않으면 위험할 수 있습니다. 서양에서는 여러 곳에서 이 수행을 하고 있다고 들었는데, 언젠가 이 수행을 전문으로 하는 티베트 스님을 만나 뵙고 자세한 내용을 들어보려고 합니다. 문헌을 통해 제가 정리해놓은 것은 있는데, 이 강의 내용에는 포함시키지 않았습니다.

끝으로 최근에 상도선원에서 계발한 하트스마일 명상HeartSmile

Meditation, 즉 자애미소명상이 있습니다. 하트스마일 명상은 대승불교와 선불교의 입장을 바탕으로 계발된 자애명상 프로그램입니다. 관심 있는 분은 2박 3일 기본과정을 하시면 초기경전 강의에서 공부한 것을 직접 행법으로 체험하실 수 있습니다.

_ 보석 같은 세 경전

자애명상 방법을 알았다면 이제 자애명상의 바탕이 되는 경들을 독송해봅시다. 〈자애경〉과 함께 또 하나의 중요한 경으로 글자 그대로 보석 같은 〈보배경〉이 있습니다. 〈자애경〉과 함께 늘 수지 독송할 만한 소중한 경입니다. 그리고 또 〈최상의 행복경〉이 있습니다. 〈자애경〉, 〈보배경〉, 〈최상의 행복경〉, 모두 매일같이 독송하면 편안하고 행복해지는 경이며, 부처님의 지혜와 자비를 삶 속에 그대로 녹여낼 수 있는 경들입니다. 이 세 경은 모두 〈숫따니빠따〉, 즉 〈경집〉 속에 시로 수록되어 있습니다. 산문이 아닌 시라서 더욱 간결하고 명쾌하며 선율이 무척 아름답습니다. 여기서는 한글로 번역된 것으로 보겠습니다.

〈자애경〉의 제목이 흔히 여러 곳에 '자비경'이라고 나와 있는데, 빨리어로 〈메따 숫따Metta-sutta〉이죠. 그러므로 '자애경'이 정확한 표현입니다. 〈자애경〉과 함께 널리 애송되는 《무애해도》의 〈자애송〉도 아름답습니다. 경을 읽기 전에 부처님께 귀의하는 빨리어 염불을 하겠습니다. 〈자애경〉과 〈자애송〉, 〈보배경〉과 〈최상의 행복경〉을 이어서 읽겠습니다. 이 경전들의 미덕은 표현이 아주 쉽고 간결하여

미산 스님 초기경전 강의

더 이상 토를 달 필요가 없다는 점입니다. 부처님께서 바로 옆에서
구어체로 일러주시는 것 같지요. 그렇게 생각하면서 읽어봅시다.

> 나모 땃사 바가와또 아라하또
> 삼마 삼붓다사

> 존귀로운 분, 공양받아 마땅한 분, 바른 깨달음을
> 성취하신 분께 귀의합니다. (세 번 되풀이)

자애경

> 유익한 일에 능숙하여
> 적정의 경지를 이루려는 이는
> 유능하고 정직하고 고결하며,
> 온순하고 부드럽고 겸손해야 합니다.

> 만족할 줄 알고 공양하기 쉬우며
> 분주하지 않고 생활이 간소하며
> 감관은 고요하고 슬기로우며
> 거만하거나 탐착하지 말아야 합니다.

> 슬기로운 이가 나무랄 일은
> 그 어떤 것도 하지 않으며

안락하고 평화로워
모든 중생들이 행복하기를 바랍니다.

살아있는 생명이면 그 어떤 것이든
움직이거나 움직이지 않거나 남김없이
길거나 크거나 중간이거나
짧거나 작거나 비대하거나

보이거나 안 보이거나
가깝거나 멀거나
이미 있는 것, 앞으로 태어날
모든 중생들 행복하기를 바랍니다.

서로 속이지 말고 얕보지도 말지니
어느 곳, 누구든지
분노 때문이든 증오 때문이든
남의 고통을 바라지 말아야 합니다.

마치 어머니가 하나밖에 없는 아들을
목숨으로 보호하듯이
모든 생명을 향해
가없는 자애를 키워나가야 합니다.

또한 일체의 세계에 대해

위, 아래 그리고 옆으로
장애 없이, 원한 없이, 적의 없이
무량한 자애를 닦아야 합니다.

서서나 걸을 때나
앉아서나 누워서나 깨어 있는 한
자애의 마음을 굳게 새기는
이것이 거룩한 마음가짐입니다.

사견에 빠지지 않고
계행과 정견을 갖추어
감각적 욕망을 제거하면
다시는 윤회의 모태에 들지 않을 것입니다.

―

〈자애경〉은 초기불교 경전인 〈숫따니빠따(경집)〉
제143~152번 게송에 포함되어 있다.(일창 스님 번역)

자애송

내가 증오에서 벗어나기를 바랍니다!
내가 악의에서 벗어나기를 바랍니다!
내가 몸과 마음의 괴로움에서 벗어나기를 바랍니다!
내가 자신의 행복을 유지하기를 바랍니다!

나의 부모님

스승들과 친척들, 친구들

함께 수행하는 도반들이

증오에서 벗어나기를 바랍니다!

악의에서 벗어나기를 바랍니다!

몸과 마음의 괴로움에서 벗어나기를 바랍니다!

그들이 자신의 행복을 유지하기를 바랍니다!

이 사원에 있는 모든 수행자들이

증오에서 벗어나기를 바랍니다!

악의에서 벗어나기를 바랍니다!

몸과 마음의 괴로움에서 벗어나기를 바랍니다!

그들이 자신의 행복을 유지하기를 바랍니다!

이 사원의 모든 비구 스님들과 사미승들이

우바새(남성신자), 우바이(여성신자)들이

증오에서 벗어나기를 바랍니다!

악의에서 벗어나기를 바랍니다!

몸과 마음의 괴로움에서 벗어나기를 바랍니다!

그들이 자신의 행복을 유지하기를 바랍니다!

우리에게 네 필수품(의식주약)을 보시한 분들이

증오에서 벗어나기를 바랍니다!

악의에서 벗어나기를 바랍니다!

미산 스님 초기경전 강의

몸과 마음의 괴로움에서 벗어나기를 바랍니다!
그들이 자신의 행복을 유지하기를 바랍니다!

우리를 지켜주는 천신들이
이 절에서, 이 처소에서
이 사원에서 지켜주는 천신들이
증오에서 벗어나기를 바랍니다!
악의에서 벗어나기를 바랍니다!
몸과 마음의 괴로움에서 벗어나기를 바랍니다!
그들이 자신의 행복을 유지하기를 바랍니다!

모든 중생들, 모든 숨 쉬는 존재들
모든 존재들, 모든 개인들
모든 개별적인 존재들
모든 여성, 모든 남성
모든 성인聖人, 모든 범부
모든 천신, 모든 인간
모든 4악처(지옥, 아귀, 아수라, 축생)의 중생이
증오에서 벗어나기를 바랍니다!
악의에서 벗어나기를 바랍니다!
몸과 마음의 괴로움에서 벗어나기를 바랍니다!
그들이 자신의 행복을 유지하기를 바랍니다!
괴로움에서 벗어나기를 바랍니다!
이미 얻은 행복을 잃지 않기를 바랍니다!

모든 중생은 자기 업의 주인입니다.

동쪽에 있는, 서쪽에 있는

북쪽에 있는, 남쪽에 있는

남동, 북서, 남서, 북동에 있는

아래쪽에 있는, 위쪽에 있는

모든 중생들, 모든 숨 쉬는 존재들

모든 존재들, 모든 개인들

모든 개별적인 존재들

모든 여성, 모든 남성

모든 성인(聖人), 모든 범부

모든 천신, 모든 인간

모든 4악처(지옥, 아귀, 아수라, 축생)의 중생들이

증오에서 벗어나기를 바랍니다!

악의에서 벗어나기를 바랍니다!

몸과 마음의 괴로움에서 벗어나기를 바랍니다!

그들이 자신의 행복을 유지하기를 바랍니다!

괴로움에서 벗어나기를 바랍니다!

이미 얻은 행복을 잃지 않기를 바랍니다!

모든 중생은 자기 업의 주인입니다.

위로는 가장 높은 천상有頂天에서부터

아래로 무간 지옥에 이르기까지

세계를 둘러싼 철위산鐵圍山에 있는

미산 스님 초기경전 강의

땅 위에서 다니는 생명들이
악의도 없고, 증오도 없이
괴로움도 없고, 재난도 없기를 바랍니다!

위로 가장 높은 천상에서부터
아래로 무간 지옥에 이르기까지
세계를 둘러싼 철위산에 있는
물속에서 다니는 생명들이
악의도 없고, 증오도 없이
괴로움도 없고, 재난도 없기를 바랍니다!

위로 가장 높은 천상에서부터
아래로 무간 지옥에 이르기까지
세계를 둘러싼 철위산에 있는
공중에서 다니는 생명들이
악의도 없고, 증오도 없이
괴로움도 없고, 재난도 없기를 바랍니다!

—

〈자애송〉은 초기불교 경전인 《빠띠삼비다막가(무애해도)》에 포함되어 있다.
(김재성 교수 번역)

보배경

모든 살아 있는 것들이여,
지상에 사는 것이건 공중에 사는 것이건 다들 기뻐하라.
그리고 마음을 가다듬고 내 말을 들으라.

모든 살아 있는 것들이여, 귀를 기울여라.
밤낮으로 제물을 바치는 사람들에게 자비를 베풀어라.
함부로 대하지 말고 그들을 지키라.

이 세상과 저 세상의 그 어떤 부라 할지라도,
천상의 뛰어난 보배라 할지라도,
우리들의 완전한 스승에게 견줄 만한 것은 없다.
이 뛰어난 보배는 눈뜬 사람 안에 있다.
이 진리에 의해서 행복하라.

마음의 통일을 얻은 스승은
번뇌와 욕망과 죽음이 없는 경지에 도달한다.
그 이치와 견줄 만한 것은 아무것도 없다.
이 뛰어난 보배는 그 이치 속에 있다.
이 진리에 의해서 행복하라.

가장 뛰어난 부처가 찬탄해 마지않는 맑고 고요한 마음의 안정을
사람들은 '빈틈없는 마음의 안정'이라고 한다.

미산 스님 초기경전 강의

이 마음의 안정과 견줄 만한 것은 아무것도 없다.
이 뛰어난 보배는 그 이치 속에 있다.
이 진리에 의해서 행복하라.

착한 사람들이 칭찬하는 여덟 지위를 가진 사람들은
이러한 네 쌍의 사람이다.
그들은 행복한 사람(부처님)의 제자이며
베풂을 받을 만한 사람들이다.
그들에게 베푼 사람은 커다란 열매를 얻는다.
이 뛰어난 보배는 승단 안에 있다.
이 진리에 의해서 행복하라.

고타마의 가르침에 따라
굳은 결심으로 부지런히 일하고 욕심을 버리면
죽음이 없는 곳에 들어가고 도달해야 할 경지에 이르며
평안의 즐거움을 누리게 된다.
이 뛰어난 보배는 승단 안에 있다.
이 진리에 의해서 행복하라.

성문 밖에 선 기둥이 땅 속에 깊이 박혀 있으면
거세게 불어오는 바람에도 흔들리지 않는 것처럼,
성스런 진리를 관찰하는 착한 사람은
이와 같다고 나는 말한다.
이 뛰어난 보배는 승단 안에 있다.

이 진리에 의해서 행복하라.

깊은 지혜를 가진 사람이 말씀하신 거룩한 진리를
분명하게 아는 사람들은
어떤 커다란 잘못에 빠지는 일이 있다 할지라도
여덟 번째 생존을 받지는 않는다.
이 뛰어난 보배는 승단 안에 있다.
이 진리에 의해서 행복하라.

자신이 실제로 존재한다고 믿는 견해와 의심과 형식적인 신앙.
이 세 가지가 조금 남아 있다 해도,
진리를 깨닫는 순간 그것들은 사라진다.
그는 네 가지 악한 곳을 떠나
여섯 가지 큰 죄를 다시는 범하지 않는다.
이 뛰어난 보배는 승단 안에 있다.
이 진리에 의해서 행복하라.

또 그가 몸과 말과 생각으로 사소한 나쁜 짓을 했을지라도
그는 그것을 감출 수가 없다.
절대 평화의 세계를 본 사람은 감출 수가 없다.
이 뛰어난 보배는 승단 안에 있다.
이 진리에 의해서 행복하라.

초여름의 더위가 숲속의 나뭇가지에 꽃을 피우듯이,

눈뜬 사람은 평안에 이르는 방법을 가르치셨다.
이 뛰어난 보배는 눈뜬 사람 안에 있다.
이 진리에 의해서 행복하라.

뛰어난 것을 알고,
뛰어난 것을 주고,
뛰어난 것을 가져오는 위없는 이가
으뜸가는 진리를 설했다.
이 뛰어난 보배는 눈뜬 사람 안에 있다.
이 진리에 의해서 행복하라.

묵은 업은 이미 다했고,
새로운 업은 이제 생기지 않는다.
그 마음은 미래의 생존에 집착하지 않고,
집착의 싹을 없애고,
그 성장을 원치 않는 현자들은 등불처럼 꺼져 열반에 든다.
이 뛰어난 보배는 승단 안에 있다.
이 진리에 의해서 행복하라.

모든 살아 있는 것들이여,
지상에 사는 것이건 공중에 사는 것이건,
신과 인간이 다 같이 섬기는 완성된 눈뜬 사람에게 예배하자.
행복하라.
모든 살아 있는 것들이여,

지상에 사는 것이건 공중에 사는 것이건,
신과 인간이 다 같이 섬기는 완성된 진리에 예배하자.
행복하라.

모든 살아 있는 것들이여,
지상에 사는 것이건 공중에 사는 것이건,
신과 인간이 다 같이 섬기는 완성된 승단에 예배하자.
행복하라.

—

《숫타니파타》, 법정 스님 옮김

최상의 행복경

이와 같이 나는 들었다.
한 때에 세존께서 사위성의 제따 숲에 있는 기원정사에 머물고
계셨다. 어느 날 깊은 밤 한 천신이 제따숲을 두루 비추며 나타
났다. 세존께 다가와서 인사를 한 다음 한 켠에 서서 다음과 같
이 게송으로 여쭈었다.

수많은 천신들과 인간세상은
행복을 소망하고 축복 원하니,
최상의 행복한 삶 설하옵소서.

우매한 사람들과 사귀지 않고
현명한 사람들과 가까이하며
훌륭한 스승들을 공경하나니
이것이 더없는 행복이어라.

알맞은 곳에 살며 공덕을 쌓고
스스로 바른 서원 세워 사는 것
이것이 더없는 행복이어라.

기술을 숙련하고 많이 배우며
계율을 잘 지키고 늘 실천하며
유익한 언어생활 하고 있으니
이것이 더없는 행복이어라.

동반자 부모자녀 잘 돌보는 것
모든 일 정연하여 혼란치 않아
이것이 더없는 행복이어라.

베풀며 정의롭게 살고 있으며
친지를 보호하고 보살피나니
남에게 비난받을 행동 안 하네.
이것이 더없는 행복이어라.

악함을 멀리하고 술 절제하며

덕행을 쌓아가고 복을 지으니
이것이 더없는 행복이어라.

존경과 겸손함을 길러가면서
만족과 감사함의 마음으로써
알맞은 때에 따라 법문 들으니
이것이 더없는 행복이어라.

인내와 용서 관용 온화함으로
진지한 태도 갖춰 수행을 하며
선지식 친견하여 법을 논하니
이것이 더없는 행복이어라.

열심히 정진하고 청정히 살며
거룩한 진리세계 관조하여서
궁극적 열반세계 실현하나니
이것이 더없는 행복이어라.

세상의 온갖 일에 동요치 않고
안온과 담담함이 충만하여서
슬픔과 욕심에서 자유로우니
이것이 더없는 행복이어라.

이처럼 수행하며 살아간다면

그 어떤 경우에도 좌절치 않아
언제나 평온함이 함께하리니
더없는 행복함이 충만하리라.

이렇게 경을 읽고 함께 자애명상도 했습니다. 이 세 가지 경은 스리랑카, 타이, 미얀마 등의 상좌부불교 국가에서 가장 널리 애송되는 경입니다. 독송 후 감흥을 만끽하실 수 있도록 더 이상 해설은 하지 않겠습니다.

이 경전 강좌를 마치는 회향게廻向偈로, 남방불교권에서 경전 독송 후에 읽는 축복의 경구와 한국의 불교 강원에서 강설을 마칠 때 독송하는 구절을 함께 읽겠습니다.

바와뚜 삽바 망갈람 　모든 존재들이 다 행복하기를
락깐뚜 삽바 데와따 　모든 신들이여, 저희를 보호하소서.
삽바 붓다누바웨나 　모든 부처님의 공덕으로
사다 소띠 바완뚜 떼 　상서로운 일이 있게 하소서.
바와뚜 삽바 망갈람 　모든 존재들이 다 행복하기를
락깐뚜 삽바 데와따 　모든 신들이여, 저희를 보호하소서.
삽바 담마누바웨나 　모든 가르침의 공덕으로
사다 소띠 바완뚜 떼 　상서로운 일이 있게 하소서.

바와뚜 삽바 망갈람 　모든 존재들이 다 행복하기를
락깐뚜 삽바 데와따 　모든 신들이여, 저희를 보호하소서.
삽바 상가누바웨나 　모든 승가의 공덕으로

사다 소띠 바완뚜 떼　　상서로운 일이 있게 하소서.

사두 사두 사두　　　　그러합니다, 그러합니다, 그러합니다.

강경공덕수승행講經功德殊勝行

경을 강독하는 공덕은 수승한 행이며

무변승복개회향無邊勝福皆回向

한량없는 복을 모두 회향합니다.

보원침익제유정普願沈溺諸衆生

모든 중생에게 널리 이익을 베풀기를 발원합니다.

속왕무량광불찰速往無量光佛刹

속히 무량한 빛 가득한 부처님 세계가 성취되기를

시방삼세일체불十方三世一切佛

시방삼세에 두루 계시는 모든 부처님이시여,

제존보살마하살諸尊菩薩摩訶薩

모든 보살 마하살들이시여,

마하반야바라밀摩訶般若波羅蜜

크나큰 반야바라밀에 귀의합니다.

이것으로 초기경전 총 8강을 모두 회향합니다. 함께하신 여러분, 이 책을 읽으시는 여러분 모두에게 지혜와 자비가 가득하시기를 발원합니다. 성불하십시오.

미산 스님
초기경전 강의

2016년 5월 20일 개정판 1쇄 발행
2024년 9월 10일 개정판 4쇄 발행

지은이 미산
발행인 박상근(至弘) • 편집인 류지호 • 편집이사 양동민
편집 김재호, 양민호, 김소영, 최호승, 하다해, 정유리 • 집필지원 임희근
디자인 쿠담디자인 • 제작 김명환 • 마케팅 김대현, 이선호 • 관리 윤정안
콘텐츠국 유권준, 김희준
펴낸 곳 불광출판사 (03169) 서울시 종로구 사직로10길 17 인왕빌딩 301호
      대표전화 02) 420-3200 편집부 02) 420-3300 팩시밀리 02) 420-3400
      출판등록 제300-2009-130호(1979. 10. 10.)

ISBN 978-89-7479-314-2 (03220)

값 23,000원